O CRISTO DOS PAGÃOS

TOM HARPUR

O CRISTO DOS PAGÃOS

A Sabedoria Antiga e o Significado Espiritual da Bíblia e da História de Jesus

Tradução:
HENRIQUE AMAT RÊGO MONTEIRO

Editora Pensamento
SÃO PAULO

Título original: *The Pagan Christ*.

Dados Internacionais de Catalogação na Publicação (CIP)
(Câmara Brasileira do Livro, SP, Brasil)

Harpur, Tom
O Cristo dos pagãos : a sabedoria antiga e o significado espiritual da Bíblia e da história de Jesus / Tom Harpur ; tradução Henrique Amat Rêgo Monteiro. — São Paulo : Pensamento, 2008.

Título original: The pagan Christ.
Bibliografia.
ISBN 978-85-315-1536-1

1. Cristianismo e outras religiões — Egito 2. Jesus Cristo — Historicidade 3. Mitologia egípcia 4. Egito — Religião I. Título.

08-02890 CDD-232.908

Índices para catálogo sistemático:
1. Jesus Cristo : Existência histórica : Cristologia 232.908

O primeiro número à esquerda indica a edição, ou reedição, desta obra. A primeira dezena à direita indica o ano em que esta edição, ou reedição, foi publicada.

Edição	Ano
1-2-3-4-5-6-7-8-9-10-11	08-09-10-11-12-13-14-15

Direitos de tradução para o Brasil
adquiridos com exclusividade pela
EDITORA PENSAMENTO-CULTRIX LTDA.
Rua Dr. Mário Vicente, 368 — 04270-000 — São Paulo, SP
Fone: 6166-9000 — Fax: 6166-9008
E-mail: pensamento@cultrix.com.br
http://www.pensamento-cultrix.com.br
que se reserva a propriedade literária desta tradução.

Em memória do
Professor Alvin Boyd Kuhn, Ph.D. (1880-1963),
um homem de imenso conhecimento e coragem ainda maior

A própria idéia do que atualmente se chama de religião cristã existia entre os antigos também, e nunca deixou de existir desde o começo da raça humana até a vinda de Cristo em pessoa, e nesse momento a verdadeira religião, que já existia, começou a ser chamada de cristã.

— SANTO AGOSTINHO, Retratações

Temos, porém, este tesouro em vasos de barro.

— SÃO PAULO, 2 CORÍNTIOS 4:7

Não sabeis vós que sois santuário de Deus,
e que o Espírito de Deus habita em vós?

— 1 CORÍNTIOS 3:16

Ainda que Cristo nasça em Belém mil vezes,
E não dentro de ti mesmo, tua alma seguirá perdida;
Em vão olharás a Cruz do Gólgota,
Até que ela seja erguida dentro do teu coração.

— ÂNGELO SILÉSIO (1624-1677)

Sumário

Nota do Autor

Milhares de almas do mundo pagão já ardiam com a chama pura da paixão divina do amor cristão séculos antes de Jesus viver.

— ALVIN BOYD KUHN, A Rebirth for Christianity

Antes de começar, há algo que você, leitor, precisa saber a respeito do título deste livro: a palavra "pagão" é quase totalmente mal interpretada hoje em dia. O sentido profundamente pejorativo da palavra — o resultado cabal de séculos de preconceito e subjetivismo cristão — é muito bem ilustrado pela definição quase indelicada do *Concise Oxford Dictionary:* "(pessoa) idólatra, ignorante ou sem religião". Mas a fonte citada ainda admite que, na origem, a palavra era totalmente neutra. "Pagão" deriva do latim *pagus*, a zona rural. Um pagão, um *paganus*, inicialmente era um camponês. O termo foi adotado pelas primeiras autoridades da Igreja para indicar todos os que não fossem cristãos ortodoxos. Conforme veremos, os "pagãos", que foram perseguidos, depreciados, mortos e, por fim, totalmente dizimados pela Igreja, sustentavam a visão do "Cristo interior" que a Igreja plagiaria descaradamente — e depois encobriria com a queima de livros, anátemas e assassínios. Ironicamente, séculos depois, a Igreja finalmente seria forçada a voltar-se para o "pagão" Aristóteles e para o mestre dele, Platão, para salvar a própria pele teológica. O trabalho monumental de Santo Tomás de Aquino — que é o fundamento da teologia católica romana e se baseia nos escritos de Aristóteles, incluindo toda a teoria da lei natural dele — testemunha isso.

Agradecimentos

Ao governo do Canadá: a minha sincera gratidão pelo prêmio a mim atribuído e o seu apoio à pesquisa e redação desta obra.

Muitas vezes perguntam aos autores quanto tempo levam para escrever um livro. A resposta sincera, na maioria dos casos, é o que eu certamente diria com relação a este aqui: a vida inteira. *O Cristo dos Pagãos* é o resultado de todas as minhas vivências e do que li até o presente momento na vida. Conseqüentemente, tenho uma dívida enorme com os meus professores, amigos, os inúmeros leitores dos meus livros e da minha coluna ao longo dos anos, com uma infinidade de outros escritores e pensadores, numerosos demais para serem relacionados. Em particular, entretanto, desejo agradecer ao reverendo Larry Marshall, que me apresentou os textos do doutor Alvin Boyd Kuhn. De início, quando ele me enviou algumas amostras dos escritos de Kuhn, tratei-as como normalmente faço com a avalancha de material religioso e espiritual que costuma chegar à escrivaninha de todo aquele que se especialize nesse campo em um importante jornal de abrangência mundial — deixei-as de lado. Felizmente, porém, o reverendo foi persistente, enviando-me mais textos e indagando sobre o que achara do material que recebera. Por fim, como o juiz cansado na parábola do Evangelho sobre a mulher que não aceita um não como resposta na sua busca por justiça, cedi e me prontifiquei a ler alguma coisa como um meio de me desvencilhar do problema. Foi uma revelação surpreendente, além de qualquer coisa que pudesse imaginar, um momento decisivo e fundamental na minha jornada espiritual. Após ler com total descrença a princípio, e depois vislumbrando cada vez mais a verdade radical do que era exposto com tanta erudição e autoridade diante dos meus olhos, comecei a devorar os textos de Kuhn e logo mais de duas das suas fontes mais importantes, em especial o egiptólogo, poeta e reformador social Gerald Massey. Marshall foi uma fonte de informações constante, um amigo e incentivador ao longo da pesquisa e da redação de *O Cristo dos Pagãos*. Ele leu o segundo esboço bastante imperfeito do meu livro e sugeriu muitas correções pertinentes. Não sei o que fazer para agradecer-lhe o suficiente. Também devo um agradecimento a Bill Denyar, pela leitura e pelas críticas sutis do rascunho inicial.

Patrick Crean, o diretor-editorial da Editora Thomas Allen, desde o início revelou-se calorosamente entusiasmado por este projeto. Dou-lhe um voto de gratidão pela coragem e pela sensatez dos seus conselhos em geral, especialmente nas etapas finais. Ao meu editor, Jim Gifford, devo um agradecimento especial pela eficácia, pelo "amor impiedoso" em relação ao texto e pela pressão discreta mas constante sobre mim, para que me fizesse ouvir acima do coro de fundo das fontes antigas e modernas. Devo agradecer ainda à Alyssa Stuart, a chefe de publicidade da Thomas Allen, e aos demais funcionários da editora.

Finalmente, à minha esposa, Susan. Não imagino como expressar o que ela significou para mim na elaboração e na conclusão de *O Cristo dos Pagãos*. Os conhecimentos técnicos e editoriais que ela adquiriu e aperfeiçoou ao longo de 28 anos de trabalho no *Toronto Star* foram de uma utilidade inestimável, sempre à disposição de alguém que se confessa sinceramente um "idiota tecnológico" — uma expressão usada pelo romancista Robertson Davies para caracterizar a si mesmo, durante uma entrevista que me concedeu em certa ocasião. Susan desempenhou um papel decisivo em todas as etapas, mas a colaboração que me prestou realmente superou tudo isso. Não direi mais nada. Ela sabe, e isso basta para mim.

— TWH

1

DESCOBERTA

Uma História Bíblica de que Eu Nunca Tinha Ouvido Falar

Na minha opinião, como sempre digo, não é que os antigos tenham contado histórias literalmente e hoje sejamos inteligentes o bastante para interpretá-las simbolicamente, mas que as contaram simbolicamente e agora somos tolos o bastante para interpretá-las literalmente.

— JOHN DOMINIC CROSSAN, Who Is Jesus?

UM CERTO DIA, no início da década de 1960, quando eu lecionava na Escola de Teologia do Wycliffe College, em Toronto, uma aluna de inglês muito inteligente do Victoria College, na Universidade de Toronto, procurou-me na minha sala para discutir um assunto urgente. Era filha de um amigo e estava matriculada em um curso de graduação ministrado por Northrop Frye, um curso pelo qual ele ficou justamente famoso. O problema dela era que a sua crença evangélica conservadora estava sendo profundamente desafiada. O eminente acadêmico, que depois se tornaria internacionalmente conhecido, em especial pelos seus livros clássicos sobre a Bíblia, ensinava nas suas aulas, com o seu estilo espirituoso e a sua eloqüência habitual, que a Bíblia não era um documento concernente à história, mas uma vasta coleção de mitos e metáforas sublimes. Embora eu nem de longe seguisse alguma forma de fundamentalismo, lembro-me de tentar tranqüilizá-la — não sem dificuldade — dizendo-lhe que na realidade se tratava de um conjunto de conhecimentos essencialmente históricos. Eu me formara segundo essa tradição, e ela também estava de acordo com os hábitos e costumes fundamentais da própria faculdade. Na ocasião, eu sabia muito pouco a respeito do pensamento efetivo de Frye além do que ela me havia contado. Quinze anos se passaram até que eu lesse o seu livro *Great Code*, logo após ser publicado, e depois a sua continuação, *Words with Power*, quando vim a ter um conhecimento muito mais completo do que Frye verdadeiramente tinha a dizer e a que linguagem bíblica se referia. Aquele episódio e as palavras dele calaram fundo nos meus pensamentos e me acompanharam durante todos os meses em que me dediquei à pesquisa para a redação deste livro. Eu me lembrava especialmente de algumas frases de Johan L. Aitken na introdução do último livro de Frye, *The Double Vision*. "Em um lendário curso de graduação", escreveu Aitken, "Frye lembrou aos seus alunos que, quando a Bíblia é historicamente precisa, é apenas por acaso; seus autores não tinham nenhum interesse em fazer uma reportagem dos fatos. Eles tinham uma história para contar, a qual só poderia ser contada por meio do mito e da metáfora; o que escreveram se tornou uma fonte de visão em lugar de uma doutrina". De todas as minhas leituras desde então, considerei essa observação a mais sábia, além de quaisquer considerações que já tivesse lido sobre as Escrituras. Essa é uma compreensão fundamental para este estudo.

Permita-me dizer que escrevo aqui, assim como em toda a minha obra, como um jornalista com formação especial em Teologia e Religião. Tenho a grande responsabilidade de compartilhar a "história" que segue com o público mais amplo possível, porque o que explico e documento nas páginas seguintes é uma das tragédias de maior alcance e importância da história. A premissa de todo este trabalho é que muito no princípio, nos séculos III e IV d.C., a Igreja cristã cometeu um erro fatal. Fosse deliberadamente, numa tentativa agressiva de conquistar a adesão do maior número de pessoas em meio às massas totalmente iletradas, fosse por ignorância intencional da verdade, do sentido oculto da profunda sabedoria espiritual que herdara de tantas fontes antigas, a Igreja adotou uma perspectiva literalista, populista, histórica, em relação à verdade sublime. O que havia sido preservado no âmbar da alegoria, ela representou falsamente como fato consumado. O significado transcendente dos mitos e símbolos gloriosos foi reduzido a uma mixórdia de "eventos" milagrosos ou irrelevantes, ou até mesmo inacreditáveis. A grande verdade de que o Cristo viria *dentro do ser humano*, de que o princípio de Cristo existia potencialmente em cada um de nós, foi mudado para o ensinamento exclusivista de que o Cristo veio *como homem*. Ninguém poderia equiparar-se a ele, nem mesmo aproximar-se dele. A Idade Média — e tantas outras coisas mais — foi o que acabou resultando disso.

Embora a maioria do que é apresentado neste livro possa surpreender e abalar igualmente tanto os crentes quanto os que estão de fora da religião, essa não foi a minha intenção primordial. Este livro não tem como finalidade suscitar a controvérsia ou as manchetes; é uma busca séria e honesta da verdade espiritual. Com certeza, de maneira nenhuma pretende ser um ataque à religião cristã — nem a nenhuma outra religião nesse sentido. Muito ao contrário, na verdade trata da percepção de uma fé mais fecunda, mais espiritual de que eu nunca tivera conhecimento antes.

Desde o início, quero externar com a maior ênfase e a maior sinceridade possível que as provas levantadas aqui, as descobertas que fiz, além dos conflitos espirituais e das profundas percepções decorrentes desse conhecimento, influenciaram-me de maneira positiva, mudando definitivamente a minha vida. Quando dei início à pesquisa para este livro, surpreendi-me perguntando: "E se isso for verdade?" As implicações seriam imensas. O significado seria, entenda-se, que quase todo o pensamento de grande parte do Ocidente civilizado tem se fundamentado em uma "história" que nunca aconteceu, e que a Igreja cristã teria sido fundada sobre uma série de milagres que literalmente nunca se deram. Por fim, entretanto, disse a mim mesmo, por causa do simples peso das evidências que se apresentavam: "Sim, é claro que é verdade". E isso fez toda a diferença, uma diferença enorme e imensamente positiva sobre a minha compreensão, a minha fé e a minha própria vida espiritual. Ao mesmo tempo, isso transformou a minha visão do futuro da religião cristã em algo esperançoso.

Só para antecipar um pouco, eis por que posso fazer essa afirmação com convicção. Você vai descobrir que o tratamento alegórico, espiritual, mítico, em relação à Bíblia e à fé cristã — quer dizer, a religião cristã verdadeira, espiritual, antes da tomada do poder pelo cristianismo oficial —, resolve os enigmas das Escrituras e da história do Khristós como nenhuma outra linha de pensamento seria capaz de resolver. As histórias da Bíblia ressurgem com uma vitalidade, uma verossimilhança e uma eloqüência inteiramente novas. O nosso próprio potencial para a messianidade, e para sentir a presença interior de Deus aqui e agora, transmite uma mensagem clara e relevante a todos. A esperança por uma fé verdadeiramente cósmica é inflamada e insuflada até converter-se em chama plena. Existe um conhecimento teológico dado pelo nosso próprio anseio por uma crença que ressoe juntamente com a nossa própria "matéria", o elemento natural. Você vai descobrir que o tratamento alegórico, espiritual, mítico, em relação à Bíblia e à fé cristã — quer dizer, a religião cristã verdadeira, espiritual, antes da tomada do poder pelo cristianismo oficial —, resolve os enigmas das Escrituras e da história do Khristós como nenhuma outra linha de pensamento seria capaz de resolver. E isso não é tudo. Vistos sob essa nova luz, os rituais da Páscoa e do Natal, juntamente com os símbolos cristãos como a cruz e a Eucaristia, resplandecem com uma importância e uma profundidade renovadas.

Com toda a franqueza, porém, essa não foi uma jornada simples nem fácil para mim. Em face de uma formação e um compromisso judaico-cristãos, e de uma vida inteira dedicada a transmitir a verdade espiritual, nunca antes havia encontrado em tamanha profundidade o tipo de questionamento à minha própria fé do que o de que trato aqui. Com certeza, pouquíssimo do que segue jamais me foi apresentado pela Igreja institucional durante os meus dez anos de formação universitária para o sacerdócio anglicano há muito tempo. Nem esse assunto alguma vez foi discutido seriamente por nenhum dos meus colegas durante os praticamente dez anos que passei como professor de Novo Testamento e Grego em uma proeminente faculdade canadense de Teologia. Todos pressupunham, em todos os sentidos, que a religião cristã tradicional sempre foi mais ou menos o que é hoje. A sua superioridade em relação às outras religiões raramente era questionada, se é que isso chegou alguma vez a acontecer.

É claro que eu havia lido a obra do grande antropólogo Sir James George Frazer, *Golden Bough*, escrita entre 1890 e 1915, com as suas descobertas no estudo comparativo das religiões; lera Platão e Aristóteles em grego, na Universidade de Toronto, e de novo em Oxford, e estudara tanto o orfismo quanto as religiões de mistérios. Entretanto, poucos dos exatos paralelos egípcios com os textos dos Evangelhos examinados jamais chegaram ao meu conhecimento, se é que isso aconteceu. As semelhanças existentes entre as crenças cristãs e as primeiras religiões pagãs sempre eram rapidamente desprezadas no seminário como "prefigurações" da Boa Nova proclamada pelo Novo Testamento. A exemplo das diversas "profecias" e protótipos do Velho Testamento, as semelhanças com as religiões anteriores eram representadas como tendo sido "realizadas" integralmente em Jesus. Ninguém jamais sugeriu que o contrário pudesse ser verdadeiro, que a Bíblia em geral e o Novo Testamento em particular na realidade copiam ou repetem temas ou idéias estabelecidas ao longo de muitos séculos, e em alguns casos muitos milênios antes. Eu tinha conhecimento do comentário impiedoso de Sigmund Freud de que a Bíblia era um "plágio total" das mitologias sumérias e egípcias, mas o desconsiderara como uma distorção grosseira, típica da bem conhecida predisposição do fundador da psiquiatria moderna contra todas as religiões. Também cheguei a tomar conhecimento da opinião da doutora Anna Bonus Kingsford, de que os "livros sagrados hebraicos" eram todos "de origem egípcia", mas arbitrariamente a desprezei como um absurdo.

Quando comecei o meu ministério em uma paróquia, e até mesmo enquanto ensinava no seminário, não fazia absolutamente a menor idéia das inúmeras verdades espantosas que você, leitor, está prestes a conhecer. Por exemplo, não entendia plenamente a natureza e a importância, para os pensadores religiosos dos primeiros tempos, do que hoje chamo de "um mito verdadeiro" — de que o significado do mito é mais eterno do que a história. Seria uma novidade para mim que Moisés fosse um nome egípcio — como em Ramose ou Thutmose — e até mesmo que houvesse um Jesus nas tradições egípcias muitos milhares de anos antes. O nome dele era Iusu, ou Iusa (aparecem as duas versões), com o significado de "o Filho divino que virá para curar ou salvar"[1]. Eu não sabia nada então sobre um Khristós egípcio, ou Cristo, chamado Hórus. Ele e a mãe, Ísis, foram os predecessores da Madona com o Filho dos cristãos e juntos constituíam uma imagem dominante na religião egípcia por milênios antes dos Evangelhos. Como teria sido diferente a minha pregação e o meu ministério se entendesse que esse Hórus mítico antecipou por milhares de anos a maior parte das palavras e dos milagres de Jesus Cristo — que Hórus também fora concebido sem pecado e que em um dos seus papéis fora "um pescador de homens com doze seguidores". Teria feito uma profunda diferença para mim saber que penetrar o sentido literal da Bíblia para revelar o seu sentido essencialmente oculto, alegórico e místico poderia nos libertar e oferecer vislumbres e percepções espirituais novos e transformadores. Por exemplo, imagine a minha surpresa ao descobrir, durante a pesquisa para este livro, que Marta e Maria figuram em uma história sobre a ressurreição de El-Asar, ou Lázaro, dentre os mortos, em uma Betânia egípcia cerca de 4 mil anos atrás. O "milagre" descrito no evangelho de João nunca foi um acontecimento histórico; ao contrário, era um símbolo recorrente, profundamente arquetípico e amplamente usado do poder de Deus de promover a ressurreição dos mortos.

Não há muito mais a estudar e divulgar — como as letras KRST que aparecem em caixões de múmias egípcias muitos séculos antes de Cristo, e como essas letras, quando os votos eram feitos (e eles foram muitas vezes omitidos das línguas antigas), significam na realidade Karast ou Krist, significando Cristo. O que me causou o maior impacto de todos foi o conhecimento cada vez mais enfático que obtive de como o fundamento da doutrina cristã no início, a encarnação do espírito na carne humana ou matéria em cada um de nós, é na realidade o mito mais antigo e universal conhecido das religiões. Era comum na religião de Osíris no Egito ao menos 4 mil anos antes da era cristã. Mas estou me antecipando.

Em todo caso, posso prometer ao leitor o seguinte: encontrei realmente, no que me diz respeito, no curso de todo esse embate emocional e intelectual, envolvido em entender profundamente este assunto, não só uma fé mais profunda, mas também um tipo de crença muito mais abrangente, mais intelectualmente honesto, mais sintonizado com o universo, com que jamais sonhei. Vejo a minha fé cristã com uma visão transformada.

O que escrevi não foi basicamente direcionado para acadêmicos, embora espero que se sintam profundamente questionados e aprendam com essas informações também. Embora tenha o maior respeito pela pesquisa acadêmica e recorra a obras de especialistas em muitos assuntos — assim como à minha própria formação e experiência —, dediquei toda a minha carreira profissional como teólogo e jornalista a tentar simplificar o quanto possível as questões complexas para o público comum e instruído. Os pesquisadores têm as suas bibliotecas e as suas próprias fontes ocultas. Muitos deles, ao que parece, só conseguem comunicar-se entre si. Na realidade, alguns deles até preferem que seja assim. Mas com muita freqüência o resultado tem sido, e ainda é, que os cidadãos comuns, convencionais, a maioria de toda a sociedade, são ignorados ou deixados à própria sorte, para recolher as migalhas que eventualmente caiam das mesas acadêmicas. Isso nunca é mais verdadeiro do que em relação às questões teológicas — às crenças e doutrinas religiosas.

Grande parte, talvez até mesmo a maior parte, do que está contido neste livro é conhecido há anos por alguns pesquisadores dedicados ao estudo comparativo das religiões — desde a descoberta, em 1799, da Pedra de Roseta na margem ocidental do delta do rio Nilo pelo coronel Broussard, um oficial do exército de Napoleão, acontecimento esse que possibilitou pela primeira vez que se decifrassem os antigos hieróglifos egípcios. No entanto, uma imprecisa combinação de medo, interesses disfarçados da Igreja e a crença de que algumas coisas não deveriam ser deixadas à discussão do *hoi polloi*, convenceu muitos desses especialistas ao longo dos anos a praticamente guardar silêncio diante do público. Eles conhecem o potencial para a controvérsia e a hostilidade por parte dos poderes eclesiásticos e outros assemelhados, assim como daquelas muitas ramificações de integrantes da Igreja que temem a mudança mais do que qualquer outra coisa. Sempre que um material desses é levado a sério, aparecem aqueles que se apressam a destruí-lo, desacreditando-o sumariamente ou rotulando-o de heresia grosseira. Eles citam — normalmente fora do contexto — quaisquer versículos da Bíblia que ajudem a sustentar a sua opinião. O que o falecido pesquisador acadêmico de religiões e lingüista Alvin Boyd Kuhn chamou de "a sombra do século III" ainda faz sentir a sua presença.

A Igreja atual encontra-se numa encruzilhada. Muitos dos seus melhores pensadores advertem que pode haver apenas mais uma geração antes da extinção, por causa do seu fracasso em comunicar-se eficazmente com a época pós-moderna. Richard Holloway, ex-primaz da Igreja Episcopal Escocesa, observa corretamente que a carência religiosa-espiritual dos homens e mulheres modernos nunca foi tão forte mas, diz ele, "O fim da religião cristã está próximo porque há um sistema solapando a tradicional 'economia da salvação', que mais se preocupa em preservar o seu próprio poder do que em discutir a verdade"[2]. O meu próprio pensamento e a minha experiência confirmam isso. A resposta a essa crise está em uma compreensão adequada de onde e como tudo começou. No entanto, envolver-se nesse desafio revela alguns fatos extremamente perturbadores.

A dura verdade é que a pesquisa de grande impacto conduzida por alguns eruditos neutros, mais notavelmente orientalistas e egiptólogos, tem sido deliberadamente ignorada pelas autoridades eclesiásticas há muitas décadas. Pesquisadores como Godfrey Higgins (1771-1834), autor da monumental obra *Anacalypsis;* o egiptólogo britânico Gerald Massey (1828-1908); e, mais recentemente, e mais importante, o já citado especialista norte-americano em literatura sacra antiga, Alvin Boyd Kuhn (1881-1963), deixaram claro, em obras volumosas e eminentemente eruditas, que as religiões judaica e cristã realmente devem as suas origens a raízes egípcias.

Certamente, há muito tempo é necessária uma avaliação plena da imensa contribuição que especialistas como Higgins, Massey e, em especial, Kuhn prestaram à descoberta de uma nova compreensão da religião em geral e do cristianismo em particular. Esses homens e seus desafios acadêmicos apresentam o cristianismo na essência e ainda assim inquestionavelmente oferecem uma saída radicalmente nova e esperançosa. Foram homens que se anteciparam bastante em relação ao tempo em que viveram. Acima de tudo, no entanto, eles acreditavam firmemente na presença de um poder divino ou de uma mente cósmica que está por trás do universo e que o perpassa, e na sobrevivência da alma após a morte. Pessoalmente eu lhes devo muito mais do que seria capaz de dizer.

Godfrey Higgins terá sempre uma posição sólida nos estudos comparativos das religiões por causa da sua obra imensa, em dois volumes, *Anacalypsis: An Enquiry into the Origins of Languages, Nations, and Religions.* Essa obra exerceu uma influência profunda na formação de Alvin Boyd Kuhn, muitos anos depois. Permanece como um dos estudos mais eruditos e abrangentes que já encontrei sobre as origens da religião. Publicada originalmente (com apenas duas centenas de exemplares) em 1833, foi o produto final de muitos longos anos de estudo.

Gerald Massey foi um homem de gênio vívido e verve poética, que se distinguiu como reformador social, poeta e especialmente como egiptólogo. A sua poesia ganhou a admiração de Tennyson, tanto como de Ruskin. A sua fama, contudo, repousa principalmente em seis volumes monumentais que tratam extensamente da mitologia e da religião do Egito antigo. Ele estudou os inúmeros registros egípcios guardados no Museu Britânico e aprendeu por si mesmo a decifrar os hieróglifos. Embora tenha sido um orador competente, as suas palestras e livros não tiveram muito grande repercussão. Os registros mostram que a sua obra controvertida foi considerada tabu nos círculos literários e religiosos considerados respeitáveis na época. Não obstante, ele se achava anos-luz à frente do seu tempo.

Considerei os textos e a pesquisa do doutor Alvin Boyd Kuhn como os mais eruditos, eloqüentes e convincentes — tanto do ponto de vista intelectual quanto do intuitivo — de todos os escritores modernos sobre religião que encontrei em uma vida inteira dedicada a esses assuntos. Conhecê-lo por intermédio dos livros e monografias é ver-se diante de um destacado polímata a quem a história ainda precisa reconhecer plenamente em todo o seu brilhantismo.

O segundo livro de Kuhn, *The Lost Light,* publicado em 1940, foi uma exposição exaustiva e espetacular das alegorias, parábolas e personagens do cristianismo bíblico e dos fundamentos básicos de todas as religiões. É inquestionável a sua contribuição ímpar e abrangente para uma compreensão racional, convincente, altamente esclarecedora do que a sabedoria antiga tratava realmente e para onde segue a religião, especialmente a religião cristã, nos dias atuais. Tenho um exemplar autografado da primeira edição desse livro sobre a minha escrivaninha no momento em que escrevo estas frases. Impressas na página de rosto lêem-se as palavras: "Este livro será para a religião o que a obra de Darwin foi para a ciência", uma citação do presidente da National Library Board of America. Os livros de Kuhn nunca receberam o reconhecimento amplo que verdadeiramente merecem. Ele simplesmente pisou muitas vezes e com muita força sobre os calos de muitos poderosos, especialmente os das instituições religiosas consagradas e os seus quadros hierárquicos.[3]

Longe de ser uma contribuição original para o mundo do pensamento religioso, conforme esses pesquisadores mostraram de maneira convincente, a religião cristã converteu-se nos primeiros séculos em uma cópia literalista de um resplandecente precursor espiritual. Vou documentar claramente que não há nada do que o Jesus dos Evangelhos alguma vez disse ou fez — desde o Sermão da Montanha até os milagres, desde a fuga de Herodes quando bebê até a própria Ressurreição — que não possa ser mostrado como tendo se originado milhares de anos antes, nos ritos de mistérios egípcios e em outras liturgias sagradas, como o Livro dos Mortos egípcio.

Tudo — da estrela no oriente até a caminhada de Jesus sobre as águas, do pronunciamento do anjo até o massacre dos inocentes por Herodes, da tentação no deserto à conversão da água em vinho — já existia nas fontes egípcias. O Egito e o seu povo já se ajoelhavam ante a visão da Madona com o Filho, Ísis e Hórus, por muitos longos séculos antes de qualquer Maria presumidamente histórica amparar nos braços o seu Jesus supostamente histórico. Mas por todos aqueles séculos antes da tradução da pedra de Roseta por Champollion, em 1822, o antigo segredo de todo esse material egípcio se perdera. Séculos de ignorância abençoada se passaram. Hoje, desde a tradução dos livros do Egito antigo — o Livro dos Mortos, os Textos da Pirâmide, o Amduat e o Livro de Tot, por exemplo —, há provas irrefutáveis de que nenhuma doutrina, rito, princípio ou uso isolado na religião cristã tenha sido na realidade uma contribuição nova ao universo religioso. Kuhn expressa-se de maneira lapidar quando diz que todo o corpo da doutrina cristã é simplesmente um egipcismo adaptado e mutilado. Essas palavras podem parecer extremamente duras, mas uma leitura completa das obras desse autor revela a montanha de evidências inegáveis a que ele se reporta.

A cruz, como a consideramos, foi um aspecto da religião antiga durante um imenso período de tempo antes da era cristã. Mas imagine a minha surpresa quando descobri que algo em que universalmente se acredita ser uma inovação puramente cristã — o monograma grego compreendendo as primeiras duas letras da palavra relativa a Cristo (*qui* e *ro*), letras geralmente superpostas entre si na ornamentação da igreja — também já existia antes da religião cristã. Esse monograma aparece nas moedas dos Ptolomeus e até mesmo nas do rei Herodes, o Grande, quase quarenta anos antes da era cristã. Herodes foi feito rei dos judeus pelos romanos em 40 a.C., e reinou até 4 a.C. O imperador Constantino, o Grande, pôs esse monograma no lábaro, ou estandarte, das suas legiões após a sua famosa vitória na ponte Malvina, trezentos anos depois. Assim, ele ligava a Igreja ao seu poder político e militar, e todos aqueles que se rebelassem contra a nova ortodoxia católica ou universal seriam rotulados de heréticos.

Na introdução a *Who Is This King of Glory?*, em uma das suas revelações comprometedoras mais deliberadamente negligenciadas e ainda assim mais conhecida, Kuhn afirma que toda a Bíblia cristã, a lenda da Criação, a queda e o êxodo do Egito, a alegoria da arca e do dilúvio, a "história" israelita, a profecia e a poesia hebraica, e todas as imagens dos Evangelhos, as Epístolas e o Apocalipse, foram todos comprovadamente transmitidos pelos pergaminhos e papiros antigos do Egito às mãos das gerações posteriores que não conheciam a sua verdadeira origem ou os seus significados insondáveis. Ele declara que: "muito tempo depois de a voz do Egito, expressa por meio das inscrições hieroglíficas, ter silenciado, as relíquias perpetuadas da sabedoria camítica (egípcia), com a sua mensagem críptica totalmente perdida, foram transmitidas ao mundo por partidos de zelotes ignorantes como um novo corpo de verdade". Só depois de reconhecer e reencontrar completamente o seu parentesco com essa fonte pagã sublime é que a religião cristã ascenderá finalmente à sua verdadeira nobreza e ao seu esplendor pretendidos, argumenta ele.

Conforme veremos em breve, a Igreja dos séculos III e IV, quando questionada pelos críticos pagãos quanto às verdadeiras fontes dos evangelhos, dogmas e rituais, reagiu com hostilidade feroz, caçando e eliminando sistematicamente todos os vestígios do seu passado pagão. Ela exterminou a todos, cristãos ou não, que ousassem testemunhar as antigas verdades. Ela fechou as escolas tradicionais "pagãs", perseguiu os envolvidos nas diversas religiões de mistérios greco-romanas, queimou centenas de milhares de livros e arrojou a acusação de heresia — com a pena de excomunhão — a todos os que ameaçassem questionar a linha do partido ortodoxo. Muitos foram mortos. A herança pagã foi negada ardorosamente em todos os lugares. Esse foi o começo de um processo violento que se repetiria ao longo dos séculos e redundaria em um cristianismo que Frye uma vez caracterizou com lucidez como "um fantasma arrastando atrás de si as correntes de um registro histórico de crueldade louca"[4]. Estudar atentamente o tema para desentranhar a verdade em detalhes pela primeira vez foi um choque profundo para mim.

Hoje não existe mais desculpa nenhuma para qualquer integrante das hierarquias ignorar a verdade do que realmente transpirou. Os registros estão aí para todos verem. Não só os primeiros cristãos se apoderaram quase completamente dos mitos e ensinamentos dos seus mestres egípcios, mediados em muitos casos pelas religiões de mistérios, e pelo judaísmo nas suas muitas expressões, mas também fizeram tudo ao seu alcance para destruir as evidências decisivas do que aconteceu — pela falsificação e outras fraudes, queimando livros, eliminando personalidades e cometendo assassínios propriamente ditos. No processo, a própria história cristã, que muito provavelmente começou como uma espécie de encenação dramática espiritual, juntamente com uma fonte de "aforismos" baseados em material egípcio, foi convertida em uma forma de história em que o Cristo do mito tornou-se uma pessoa de carne e osso identificada com Jesus (Yeshua ou Joshua) de Nazaré.[5] O poder dos mitos cristãos milenares para transformar toda a humanidade destruiu-se na adulação literalista de "um presumido modelo Galileu". Seguiram-se séculos de escuridão.

Trabalhei bastante para apresentar este livro da maneira mais clara possível, ainda que em alguns pontos talvez fosse preciso mais algum esforço, e os leitores devem se preparar para pensar por si mesmos e estar abertos a novas idéias. Talvez seja uma boa idéia manter um exemplar da

Bíblia ao alcance das mãos, em caso de querer verificar uma referência por si mesmo, mas isso não é fundamental. Pense que, em tudo o que há de mais negativo — até mesmo chocante — nas evidências, pode parecer, às vezes, uma vasta esperança que brilha acima de tudo. As conclusões esmagadoramente positivas finalmente chegaram a um ponto indicando uma nova abordagem animadora da fé e de uma religião cristã imensamente necessária, verdadeiramente espiritual, neste novo milênio que ainda mal começou. Em todo o livro, a minha meta não é negar sumariamente as crenças arraigadas mantidas por milhões de pessoas na América do Norte, na Europa e, cada vez em maior número, atualmente no hemisfério sul, onde vive hoje a imensa maioria de cristãos. Mas realmente quero que essas pessoas reflitam profundamente sobre a sua fé mais uma vez. Depois que a "cirurgia" passar, você verá, comigo, como a Bíblia volta a ser maravilhosamente iluminada, como uma fé cósmica, racional, não só é possível, mas na realidade é a única coisa que faz sentido em nosso mundo pluralista e em constante mudança. Você saberá como qualquer fé futura deverá e poderá enraizar-se plenamente na natureza e nos seus ciclos. A história de Jesus ganhará vida e atingirá o seu coração e o seu intelecto como nunca antes. Os rituais tradicionais, como a Sagrada Comunhão, o batismo e as festas religiosas importantes do Natal e da Páscoa adquirem uma força nova, depois que compreendemos o seu verdadeiro significado à luz da sabedoria antiga. A crença quase universal em um destino glorioso além da sepultura é fundamentado de vez e para sempre em algo mais sólido do que uma fé meramente piedosa e baseada na emoção. A crença no Cristo interior é estabelecida como o fundamento para a transformação pessoal e comunal. A nossa jornada se inicia.

2

MONTANDO O CENÁRIO

Mitos Não São Contos de Fadas

Do ponto de vista intelectual da religião e da espiritualidade ainda nos encontramos entre as sombras remanescentes da noite medieval, hipnotizados e vitimados pela superstição dos tipos mais insólitos que se exibem nos púlpitos e seminários. Esse sombrio dia melancólico perdurará enquanto não tivermos a argúcia de dissociar mito sublime, alegoria, dramatização e símbolo dos sedimentos da história.

— ALVIN BOYD KUHN, Who Is This King of Glory?

Aqueles que carecem de discernimento poderão citar as Escrituras literalmente, mas na realidade estarão negando a verdade implícita que elas transmitem.

— BHAGAVAD-GITA

AS DESCOBERTAS E REVELAÇÕES deste livro tiveram um efeito profundo sobre a minha própria jornada espiritual. Até mesmo agora, tenho dificuldade em acreditar que, ao longo de toda a minha formação e do meu estudo aprofundado das dimensões espiritual e religiosa da vida, tivesse deixado passar algo tão importante. Na verdade, a descoberta dessas verdades foi inquestionavelmente a experiência mais transformadora da minha vida. A minha esperança é conseguir transmitir o meu entusiasmo e a minha inspiração para você, leitor. Vamos começar analisando detalhadamente o mito.

O Poder do Mito

Seria o caso de supor que, com a enorme popularidade da série de televisão *The Power of Myth*, que teve os seus seis segmentos transmitidos com grande repercussão, dos quais participou o falecido Joseph Campbell em diálogos com Bill Moyers, e considerando ainda os extensos escritos de Campbell sobre o assunto, haveria uma consciência pública generalizada do papel central e da importância da mitologia na cultura e no progresso humano. Essa série da televisão, que tem sido reprisada com freqüência e pode ser encontrada nas estantes de vídeo de muitos milhares de pessoas em todo o mundo, deixou claro, na linguagem mais simples possível, a capacidade essencial dos mitos de mudar os estados de consciência e de comunicar de maneira acessível as verdades sublimes como nenhum outro meio. Ela mostrou, entre outras coisas, como cada um de nós é afetado pelos mitos não só do passado, mas também da cultura em que vivemos no presente.

Apesar disso, é possível afirmar com segurança que existem, no momento atual, poucas palavras menos compreendidas na nossa linguagem, ou valorizada por isso mesmo, do que a palavra "mito". Mencione "mito" ou "mitologia" a uma pessoa comum e ela pensará que você está se referindo a assuntos remotos, imateriais, irrelevantes. Na nossa cultura, na melhor das hipóteses, a palavra é sinônimo de contos de fadas e, na pior, definitivamente fábulas e ilusão. Se você prestar atenção, ficará impressionado com a freqüência com que lê ou ouve alguém expressar: "Isso não passa de um mito".

Uma vez que este livro vai tratar com freqüência do mito, é da maior importância que essa distorção e essa incompreensão desastrosas sejam desfeitas logo de início. Uma vez que os argumentos apresentados adiante levarão inexoravelmente à conclusão de que toda a história de Jesus nos Evangelhos — para não mencionar cerca de 95 por cento do restante da Bíblia — é um mito ou uma coleção de mitos, é imperativo atribuir ao verdadeiro significado do mito uma atenção detalhada.

Aqui estão três breves citações de Kuhn para salientar essa questão da maior importância na minha argumentação:

- "O que era conhecido antigamente (...) é que o mito conforme empregado pelos antigos iluminados na escritura bíblica não é ficção, mas o que há de mais verdadeiro em toda a história!"
- "O mito é a única narrativa verdadeira da realidade da experiência religiosa humana. É a única história verdadeira em todos os sentidos jamais escrita (...) uma vez que é a impressão real da vida na sua evolução. Por mais real que a história seja, por fim ela é menos verdadeira do que o mito. O mito é sempre e eternamente verdadeiro; a história real nunca é mais do que uma aproximação da verdade da vida."
- "O mito era o método de ensino predileto e universal nos tempos antigos."

Ignorando o que Realmente Está Acontecendo

Uma verdade de que nos esquecemos muito freqüentemente é que é possível viver os acontecimentos reais da história e *deixar de perceber inteiramente* a realidade por trás do que está acontecendo. O que a história ignora, o mito expressa com clareza. Nas mãos de um gênio, o mito nos dá um retrato perfeito do sentido oculto da própria vida em si. Conforme Campbell deixou claro várias vezes nos seus diversos livros e nas entrevistas com Moyers, as verdades mais profundas sobre a vida, a alma, o sentido pessoal, o nosso lugar no universo, a nossa luta para galgar níveis superiores de percepção e compreensão, e especialmente o mistério do que chamamos Deus, podem ser explicadas apenas por meio de uma narrativa *(mythos)* ou de um ritual dramático. O mito em si é ficcional, mas a verdade eterna que ele expressa não é. Conforme diz Campbell: "O mito é o que nunca foi, ainda que seja sempre". O mito é um meio de expressar a estrutura essencial ou o significado oculto de toda a história. O mito tem o poder inacreditável de inflamar a imaginação e o espírito de modo a elevar a nossa consciência sempre mais alto para estados superiores de evolução. Analisando os mitos gregos mais conhecidos, por exemplo, você verá que cada um carrega em si uma verdade profunda sobre a condição humana que continua eterna muito embora o acontecimento nunca tenha se realizado. Há os exemplos simples de Narciso, que se apaixona pelo reflexo de si mesmo, e de Ícaro, que por sua temeridade e indiferença às advertências voa com as suas asas artificiais de cera para perto do sol. Todos sabemos quantas idéias Freud desenvolveu a partir da saga de Édipo. Seja o filho pródigo, seja o bom samaritano no Novo Testamento, a verdade e a relevância dessas lendas não têm relação alguma com sua comprovação histórica. É por isso que, na visão de Kuhn, "A mitologia é o repositório da mais antiga ciência humana".

Pode ser que algumas pessoas tenham extrema dificuldade de entender isso da primeira vez. Foi assim comigo também. Mas quem quiser compreender a religião, as idéias religiosas e os documentos religiosos — isto é, os textos sagrados de qualquer natureza — deve entender que o divino, o oculto, o inefável, as obras do espírito no coração humano ou no cosmos em geral não podem ser expressos convenientemente de outra maneira a não ser pelo mito, pela alegoria, por um conjunto de imagens, parábolas e metáforas. Uma narrativa literal, descritiva, leva inevitavelmente à idolatria ou ao extremo absurdo. Assim sendo, os mitos não são uma espécie de adorno ficcional ou acréscimo dispensável às crenças mais importantes; eles são a própria essência delas. Deixe-os de fora e o que restar será de pouca valia. A religião cristã não precisa "desmitificar" a sua história; precisa "remitificá-la", conforme veremos.

Ocultando a Verdade Sagrada Daqueles que a Difamariam

Houve outro motivo para o uso dos mitos pelos sábios e escribas antigos: os mitos eram um instrumento para ocultar a sabedoria sagrada, preciosa, da profanação pelas pessoas vulgares ou com intenções malévolas. Houve uma determinação nos antigos círculos dos mais sábios de impedir que o conhecimento espiritual especial, ou gnose, caísse em mãos indevidas, entre pessoas que fariam mau uso delas, que as profanassem ou pervertessem de algum modo. Não sendo o que aparentavam na superfície — narrativas ou descrições históricas — e contendo uma grande quantidade de simbolismos e outros aparatos, os mitos mantinham vivas as tradições para aqueles que estivessem verdadeiramente buscando a iluminação espiritual, aqueles que levavam o assunto a sério. Salústio, um filósofo do século IV, no seu tratado *Sobre os Mitos*, afirma que "ocultar a verdade por meio de mitos previne a profanação pelos tolos e compele os bons a praticar a filosofia". Não era de nenhum modo uma questão de classe ou um caso de discriminação, a não ser pelo fato de que esse procedimento exigia um nível mínimo de perspicácia intelectual e instrução por parte de um investigador sincero. A principal exigência entre os que obtinham acesso ao significado dos mitos ou eram iniciados nas religiões de mistérios largamente difundidas, nas quais esses mitos eram dramatizados e vivenciados, era uma dedicação genuína ao divino. Comentando essa perspectiva esotérica, o grande teólogo do século II, Orígenes, afirmou que as pessoas comuns vêem apenas o símbolo exterior: "É reconhecido por todos aqueles que têm algum conhecimento das escrituras que tudo é transmitido enigmaticamente, isto é, esotericamente". Depois que a antiga Igreja se voltou para o literalismo e para uma interpretação exotérica e sintetizada da fé, Orígenes foi condenado como herege, e os seus livros, banidos.[1] Lê-los era arriscar-se à excomunhão. A Igreja esqueceu ou ignorou o fato de que o próprio São Paulo usou o método esotérico, alegórico.[2]

Os povos antigos realmente *não* acreditavam nos seus mitos. Eles *tinham fé* neles, no sentido de que se fiavam na verdade por trás das histórias. Conforme o professor Kuhn observa, "As pessoas inteligentes nunca acreditaram neles; elas acreditavam no que representavam, simbolizavam, prenunciavam". Essa distinção é imensamente importante porque, conforme veremos em seguida, foi a interpretação totalmente errônea do mito, das alegorias e da dramatização que resultou na transformação de Jesus em um Deus-Homem histórico — um feito que distorceu o cristianismo dos primeiros tempos e efetivamente frustrou o verdadeiro poder do mito para transformar a vida das pessoas. Depois que um homem se tornou a total incorporação de Deus-feito-carne, o resto da humanidade foi deixado olhando para além de si mesmo para um modelo inigualável de virtude, em vez de perceber seu próprio poder do Cristo interior. O ímpeto para a transformação moral e espiritual foi assim virtualmente anulado. Isso acabou levando ao erro colossal, perpetuado desde o século III em diante, de confundir mito, dramatização, ritual, alegoria e outras formas de representação simbólica com história objetiva, e por conseguinte converter literalmente o conjunto de mitos em pretensos acontecimentos.

Em *Shadow of the Third Century*, lemos: "Os textos sagrados estão escritos em uma linguagem de mitos e símbolos, e a religião cristã jogou fora e perdeu a própria alma do significado deles quando traduziu erroneamente essa linguagem em pretensa história, em vez de interpretá-los como uma alegoria espiritual". O resultado foi uma fé patética, cega, em um tipo de supernaturalismo emocional e supersticioso. As evidências disso se encontram por toda parte hoje em dia, nas modalidades extremas, literalistas, ultraconservadoras de religião cristã. Jesus torna-se um mágico ou um personagem parecido com o Super-homem, bem distante do mundo real em que vivemos. No seu livro *Miracles*, C. S. Lewis esforça-se bravamente para justificar os milagres dos Evangelhos em termos racionais, mas acaba em um triste fracasso no campo filosófico e em outros. O seu erro elementar consistiu em tratar como história o que nunca foi história — e na verdade estava prefigurado pelo menos cinco milênios antes na mitologia egípcia. Conforme Gerald Massey impacientemente exclama no seu livro *Luniolatry* (adoração da Lua), "A insanidade reside em confundir mito com história ou Revelação Divina. (...) Os Evangelhos não contêm a história de um homem real, mas o mito do Deus-Homem, Jesus, *vestido em roupagem histórica*". O mito sublime literalizado constitui uma história realmente grotesca. Devemos ver as evidências concretas para essa redução. Esse é um dos principais motivos pelos quais a interpretação tradicional da Bíblia geralmente faz tão pouco sentido para homens e mulheres modernos — e em especial para os jovens.

O Mito Central do Cristo

Tudo isso nos leva ao mito central do Khristós, que nas suas inúmeras formas está no cerne de todas as religiões antigas. As obras de Massey e

Kuhn, reforçadas pela mais rematada erudição, estabelecem para além da dúvida que o único tema vasto (na realidade, o ensinamento central) de toda religião é na verdade a encarnação do divino no humano. Além disso, embora o Sol seja a fonte de tudo o que existe no nosso sistema solar, também é só mediante sua luz que somos capazes de ver e conhecer tudo o que existe, e por essa razão foi um símbolo natural na Antiguidade para o ser supremo, para Deus. Assim, o personagem radiante do deus sol, que realmente representava ao mesmo tempo o divino e também a humanidade divinizada, estava no centro do mito crístico nos tempos antigos. Nos diversos exemplos de deus sol, do Hércules da Grécia a Hórus, ou Iusa, do Egito, os humanos podiam ver caracterizada a sua própria história, o seu destino e a sua conversão final em anjos de luz. O mesmo se aplica à figura de Jesus nos Evangelhos.

Significativamente, a ciência moderna confirma que todas as células do nosso corpo são literalmente atravessadas por partículas do sol. No Sudbury Neutrino Observatory, em Ontário, o local das pesquisas mais aprofundadas e isentas do mundo, os cientistas determinaram que incontáveis bilhões de neutrinos solares permeiam o universo inteiro. Os neutrinos são capazes de atravessar a própria terra e todas as substâncias, incluindo o chumbo. Mais de 100 bilhões de neutrinos atravessam a sua mão enquanto você lê esta frase![3]

O que segue é o melhor resumo que conheço do resultado final da argumentação e dos anos de pesquisas sobre o conceito crístico de Kuhn: "O aspecto animador do conhecimento antigo foi a premissa elementar de que o homem é em si mesmo, no seu ser verdadeiro, uma centelha do fogo divino que brota como uma faísca do Sílex Eterno do Ser e se encerra na carne do corpo para sustentar a existência com uma energia radiante inextinguível. Sobre esse fogo indestrutível, o organismo e as suas funções são 'suspensos', conforme denominação da teologia órfica grega, e todas as suas formas e atividades são a expressão desse princípio divino supremo de inteligência espiritual, energizado na matéria".

Estudei algumas dessas idéias durante a leitura dos Grandes (Clássicos) em Oxford anos atrás, mas ninguém jamais conseguiu reuni-las em uma síntese tão significativa como esta.

Os antigos situaram no centro do mito uma pessoa ideal que simbolizasse a humanidade em si na sua natureza dual humana e divina. Essa pessoa ideal — os nomes eram Tamuz, Adônis, Mitra, Dioniso, Krishna, Cristo, entre muitos outros — simbolizava a centelha divina encarnada em todo ser humano, o elemento "destinado em última análise a deificar a humanidade". Enraizando a sua religião firmemente no núcleo da própria natureza, os sábios antigos viram as fases sucessivas da nossa divinização sendo encenadas diária, mensal e anualmente nas alegorias solares de nascente e poente, crescente e minguante (da lua, que espelha os movimentos solares), e em escala maior, no curso dos equinócios e solstícios solares. A religião antiga baseava-se nos aspectos solares e lunares. Isso é denominado adoração do sol, mas era muito mais espiritual do que sugere ou parece. Os sábios antigos do Egito, da Caldéia e da Suméria eram sensatos e espiritualizados o bastante para não identificar totalmente a sua divindade ainda mais grandiosa como uma manifestação do sol. Deus, entendiam eles, situava-se muito além do sol na sua realidade gloriosa; mas, uma vez que só é possível falar de Deus por meio de metáforas, no fim o disco solar foi o símbolo mais imponente, mais adequado, que eles puderam conceber. O que é fundamental recordar é que, quando exaltavam o esplendor do sol, eles o viam como algo simbólico não só de Deus mas também, em última análise, da nossa própria divindade. O deus sol era a incorporação, ou o modelo, do que cada um de nós, por meio da evolução espiritual, deveria tornar-se finalmente.

Uma vez que mito e ritual sempre andaram lado a lado, toda a história evolucionária da humanidade foi da mesma forma programada por esses mesmos teólogos e retratada em uma grande dramatização que era repetida em representações ocultistas visando elevar a consciência das pessoas e permitir que sentissem a catarse emocional relacionada a passar por uma morte simbólica e ressuscitar "para a novidade da vida". Todos os mitos secundários, alegorias, parábolas, ritos e fábulas foram formulados para apoiar e complementar essa encenação central, ou representação, da verdade única — *que somos almas ou espíritos incorporados destinados, por meio do amor de Deus, à eternidade.* A exemplo do pôr-do-sol no oeste, também descemos à forma mortal por meio da encarnação. Quando o sol nasce diariamente no leste, com força e vigor renovados, também renascemos. Em outras palavras, o que o Cristo central (ou deus sol) representa, também um dia seremos, e não só em teoria ou de acordo com algum ideal mítico, mas em uma realidade final, ressuscitados. Essa é uma espiritualidade plena de esperança e força.

O que é impressionante é a universalidade e a semelhança desses mitos antigos, embora sejam encontrados em culturas completamente diferentes e datando das próprias névoas da antiguidade. Sejam caldeus, sumérios, persas ou egípcios — ou na realidade, como veremos, da África Central ou das Américas —, eles parecem ter se originado de uma única fonte altamente avançada de compreensão intelectual. É quase como se há muito tempo houvesse uma religião virtualmente cósmica que acabou por deteriorar-se gradualmente através das eras. Alguns eruditos eminentes aceitam esse ponto de vista, mas nenhum deles realmente sabe com certeza. Uma coisa é absolutamente certa, porém — a nossa suposição moderna de que antigo equivale a primitivo não poderia ser mais errônea. As civilizações mais distantes no passado ainda nos surpreendem com a sua engenharia e os seus feitos arquitetônicos — as pirâmides e os palácios do Egito antigo ou a "catedral" de Stonehenge —, e o mesmo se pode dizer no campo espiritual.

Vimos como os antigos usavam as alegorias e os mitos para expressar o seu pensamento sobre Deus e outros temas religiosos. No entanto, salvo o seu estudo profundo da única Bíblia originalmente disponível aos humanos — o "livro" completo da Criação em torno deles e nos ciclos da natureza —, de onde vieram essas idéias e crenças notáveis? A resposta parece ser que vieram do fundo do subjetivismo. No decorrer de uma prolongada meditação e uma intensa busca espiritual, os antigos descobriram imagens e símbolos arquetípicos que correspondiam ao que viam e vivenciavam no mundo natural. Eles vieram a conhecer, por exemplo, a realidade do Cristo (ou atman, ou alma) na sua análise subjetiva, espiritual. Descobriram o que Deus plantara aqui por compaixão: o divino, a própria "imagem" de Deus. Uma vez que a linguagem do nosso inconsciente se baseia em símbolos — conforme Jung e muitos outros descobriram —, era natural expressar essas profundidades em um conjunto de imagens, metáforas e alegorias perenes.

O que é da máxima importância, porém, é que por meio dos mitos e do simbolismo esotérico (oculto, subjetivo, espiritual) a realidade da fé desses povos antigos ainda brilha em todo o seu esplendor nos nossos dias. As evidências mostram que a crença deles em Deus, na "semente" ou princípio eterno de Cristo em cada ser humano, e na certeza de uma vida futura radiosa era tão forte ou mais forte do que a de qualquer crente literalista ou fundamentalista dos nossos dias. Os textos egípcios, conforme veremos, brilham com uma força transformadora vital e uma moralidade elevada a ser imitadas. Os Dez Mandamentos, por exemplo, estão todos previstos nos ensinamentos da Antecâmara do Julgamento, onde no fim da vida a alma era pesada na balança.

Eis aqui um resumo do que era o Cristo espiritual tanto dos pré-cristãos quanto da mais antiga gnose ou vivência religiosa cristã e até que ponto essa realidade se manifesta entre nós hoje em dia:

1. O Khristós é o nome atribuído à presença encarnada do Deus interior.
2. O Khristós, embora conhecido por muitos nomes, está presente em toda a humanidade; é uma propriedade espiritual de todos, mas nem todos os cristãos e não cristãos a reconhecem ou compreendem na própria vida.
3. Para liberar o potencial poder do Khristós interior, cada um deve se aperceber da sua própria natureza e energia espiritual interior.
4. Doutrinas, credos, dogmas, ritos e rituais tendem a substituir essa consciência de uma essência espiritual inata, embora ainda possam ser usados para ajudar-nos a celebrar a presença do Cristo interior.
5. Os Evangelhos são realmente dramatizações sobre o Khristós, com Jesus no papel do protagonista como uma personalidade dramática. Jesus é a personificação simbólica do Khristós.
6. O nascimento, a morte e a ressurreição de Jesus são acontecimentos subjetivos do Cristo interior que cada um de nós deve vivenciar. O Cristo nasce dentro da manjedoura do nosso coração; o Cristo interior dá a vida "dele" por nós da mesma maneira que uma semente deve morrer para germinar. A Ressurreição é o

nosso ser elevado a uma nova vida fora da sepultura da nossa carnalidade e da nossa temporalidade, e no fim, conforme professa o credo, renascemos para "a vida do mundo vindouro".

7. É com a nossa permissão que o Khristós se desencadeia para espiritualizar a nossa natureza. Não nos tornamos Deus, mas cada um de nós é um fragmento de Deus com potencial divino.
8. As religiões devem dar oportunidade às pessoas para dedicar a vida não a um Jesus pessoal, histórico (no caso da religião cristã), mas com o Cristo eterno, independentemente de como seja descrita essa presença divina.[4]

Todos esses temas retornarão outras vezes à medida que prosseguirmos.

3

O CRISTIANISMO ANTES DO CRISTIANISMO

Como Tudo Começou

A própria idéia do que atualmente se chama de religião cristã existia entre os antigos também, e nunca deixou de existir desde o começo da raça humana até a vinda de Cristo em pessoa, e nesse momento a verdadeira religião, que já existia, começou a ser chamada de cristã.

— SANTO AGOSTINHO, Retratações

ESSA AFIRMAÇÃO IMPRESSIONANTE de Santo Agostinho, um dos pensadores mais notáveis dos primeiros séculos da Igreja, embora de óbvias raízes judaicas, praticamente caiu do céu como uma religião completamente nova, singular, superior a todas as anteriores, destinada a realizar ou eclipsar todas as outras crenças. Inequivocamente, Santo Agostinho afirma aqui que, "desde o início da raça humana", a religião cristã esteve presente, e que ela existia "também entre os antigos". Em outras passagens, referindo-se a Sócrates (que antecedeu o cristianismo em cerca de quinhentos anos), ele afirma que aquele filósofo grego era tão bom cristão quanto qualquer santo ou mártir da Igreja. De fato afirmou que o tipo de cristianismo pagão de Sócrates era tão elevado e puro como o tipo que ele próprio conhecia. Poucos cristãos estão cientes de que o próprio Agostinho recebeu a doutrina cristã da

Trindade do filósofo pagão Plotino (c. 205-270 d.C.), que "alimentou os pensamentos com os atributos das divindades pagãs e absorveu a religião e o esoterismo helenísticos".

De maneira significativa, as palavras de Santo Agostinho encontraram eco em extensão considerável no historiador da Igreja Eusébio (c. 260-340), o mais importante — embora altamente tendencioso — historiador dos primeiros tempos do cristianismo. "A religião propagada por Jesus Cristo a todas as nações não é nem nova nem estranha", escreveu Eusébio. "Porque, embora sem controvérsia sejamos dessa última, e o nome de cristãos seja em verdade novo, ainda assim o nosso estilo de vida e os princípios da nossa religião não foram recentemente imaginados por nós, mas instituídos e observados (...) desde o começo do mundo, pelos homens bons, aceitos por Deus; *a partir das noções naturais que estão implantadas na mente dos homens.*" Este último conceito é decisivo. Ele explica a natureza arquetípica do simbolismo do Khristós da maneira como aparece ao longo de toda esta pesquisa.

De fato, em seu famoso livro *História Eclesiástica,* Eusébio, bispo de Cesaréia e um dos principais formadores da nova ortodoxia cristã que ele defendia, diz que os Evangelhos do Novo Testamento são realmente os antigos livros dramáticos dos essênios, desde os tempos pré-cristãos.[1] Sobre um grupo de essênios chamados terapeutas (agentes de cura) do Egito, ele escreve: "Esses antigos terapeutas eram cristãos e os seus escritos são os nossos Evangelhos e as Epístolas". A palavra "essênio" deriva da raiz comum tanto a Iusa quanto a Jesus-Yeshua. O nome bíblico Jessé também tem a mesma raiz.

Até mesmo o teólogo e historiador do século II Justino Mártir admite igualmente o mesmo quando escreve que todas as coisas corretamente ditas entre os antigos "são agora de propriedade dos cristãos"! Ele tinha importantes e numerosos motivos para fazer essa afirmação, e muitas vezes correu um sério risco ao mostrar que o cristianismo não diferia de maneira nenhuma do paganismo. Em uma declaração posterior, endereçada aos críticos pagãos da sua fé, Justino Mártir argumenta que ao "declarar o Logos, o primeiro Senhor gerado, o nosso mestre Jesus Cristo, a nascer de uma mãe virgem, sem nenhum contato humano, e a ser crucificado, e morto, e a ressuscitar de novo e subir ao céu, *dizemos não mais do que o que vós dizeis daqueles a quem intitulais os filhos de Jove*".

Celso, um filósofo pagão famoso com quem Orígenes manteve um bem conhecido e minucioso debate, afirmou: "A religião cristã nada contém exceto o que os cristãos têm em comum com os pagãos; nada novo". Contra essa afirmação, Orígenes não teve argumento. Assim também, Amônio Sacas (c. 175-240), o grande fundador do neoplatonismo (ele próprio nascido de pais cristãos) e mestre de Orígenes, defendeu com denodo que o cristianismo e o paganismo não diferiam em pontos essenciais.

As Evidências

As palavras dessas primeiras testemunhas desferem um duro golpe na teologia ortodoxa. Mas elas só são verdadeiramente compreendidas quando não se tem pressa em examinar meticulosamente as evidências nas quais elas se baseiam. As evidências da grande semelhança entre a religião cristã e outras crenças do mundo antigo são volumosas, detalhadas, extremamente específicas e incrivelmente vastas, estendendo-se desde a sabedoria védica na Índia aos mitos nórdicos da Escandinávia, às lendas dos incas e à espiritualidade original dos povos indígenas da América do Norte. O conquistador espanhol Hernando Cortez (1485-1547), depois da conquista do México em 1519-21, queixou-se nos seus diários de que o diabo positivamente ensinara aos mexicanos "as mesmas coisas que Deus havia ensinado à cristandade". Os primeiros exploradores a ter contato com os nativos norte-americanos viveram experiências semelhantes.

Sem exceção, todos os elementos da religião pretensamente "nova", exclusivamente revelada, já existiam antes do primeiro século cristão nas tradições, práticas e literatura de muitas outras terras e pessoas. Quando o abade Huc tornou-se o primeiro cristão a entrar na região do Turquistão, encheu-se de consternação ao encontrar os nativos tártaros celebrando a Eucaristia com pão e vinho. Francisco Pizarro ficou impressionado quando descobriu ritos e crenças astecas e maias semelhantes aos do sistema católico romano. A verdade é que ninguém com um mínimo de perspicácia que observe as muitas centenas de semelhanças entre os textos da Bíblia e passagens muito específicas de inúmeros livros e pergaminhos pré-cristãos continue acreditando que isso seja tudo puramente acidental. Kuhn afirma categoricamente que "ninguém que faça uma pesquisa e descubra essas inúmeras semelhanças deixa de formar a convicção de que os textos da Bíblia são reescritos, geralmente (...) corrompidos, a partir da literatura sagrada antecedente". Conforme eu lia as evidências, verificava e tornava a verificar as fontes, pouco a pouco entendia a verdade dessa afirmativa.

No seu altamente detalhado *Anacalypsis*, de 830 páginas, Godfrey Higgins, um gigante de erudição sobre a antiguidade, afirma: "Uma coisa está clara — os mitos dos hindus, os mitos dos judeus e os mitos dos gregos no fundo são os mesmos; e o que é chamado de a sua história primitiva não são histórias da humanidade, mas invenções sob a aparência de histórias para perpetuar doutrinas (...) de uma maneira só compreendida por aqueles que conhecem a chave do enigma".[2]

Gerald Massey, a cujo estudo de uma vida inteira sobre os mitos e o simbolismo antigos Kuhn e eu devemos enormemente, afirmou: "A mente humana há muito tempo sofreu um eclipse e obscureceu-se, minimizando à sombra das idéias o verdadeiro significado do que se perdeu para os modernos. Mitos e alegorias cuja importância se revelava nos Mistérios foram adotados na ignorância e reeditados como verdades reais direta e divinamente outorgadas à humanidade pela primeira e única vez! Nas religiões antigas os mitos eram interpretados. Na nossa, são mal interpretados. E grande parte do que nos foi imposto como a revelação única da própria verdade de Deus é um acervo de mitos invertidos".[3]

Paralelos entre Jesus e Buda

Numerosos autores comentam sobre os paralelos entre Buda e Jesus.

Eis um parágrafo da apresentação de Oliver Wendell Holmes à famosa narrativa de Sir Edwin Arnold sobre a vida do Senhor Buda, *The Light of Asia:*

> Se contassem a alguém que muitos séculos atrás um raio celestial caiu sobre o corpo de uma mulher adormecida, conforme pareceu a ela num sonho, e que em conseqüência disso o advento de um filho prodigioso foi predito pelos adivinhos; que anjos apareceram no nascimento dessa criança; que mercadores vieram de longe trazendo presentes para ele; que um antigo santo reconheceu o bebê como divino e caiu aos seus pés para venerá-lo; que no oitavo ano a criança confundiu os seus mestres com o seu grande conhecimento, sem deixar de devotar-lhes o devido respeito; que esse menino cresceu cheio de ternura piedosa por todos os viventes e sofredores; que para ajudar os semelhantes sacrificou todo e qualquer bem e prazeres mundanos; que passou pelo suplício de uma terrível tentação na qual todo o poder e o mal se abateram sobre ele, e conseguiu vencê-los todos; que pregou a santidade e praticou a caridade; que reuniu discípulos e enviou apóstolos para divulgar a sua doutrina a muitas terras e pessoas; que esse "serviçal dos mundos" poderia reivindicar uma linhagem mais do que terrena e uma vida que datasse muito tempo antes de Abraão — de quem essa pessoa poderia pensar que se tratava? Acaso não diria que essa poderia ser uma outra versão da história do Único que veio à nossa terra em uma aldeia síria durante o reinado de Tibério? O que diria essa pessoa se lhe afirmassem que a narrativa datava entre cinco e seis séculos antes do Fundador do cristianismo? Tal é a história desse homem [Buda]. Tal é a data assinalada. A religião que ele ensinou é reconhecida por muitos como a mais amplamente difundida de todas as crenças.

Uma vez que Holmes vivia na serena Nova Inglaterra por volta da década de 1830, e considerando ainda que nenhuma parte do material hieroglífico egípcio recém-traduzido tivesse sido ainda publicada — na verdade, o estudo comparativo das religiões como um todo ainda se encontrava na infância — foi bem ousado da parte dele estabelecer esse estreito paralelo. O que vale a pena observar, porém, uma vez que isso mostra a freqüente inércia da humanidade em face das verdades não ortodoxas, é que as palavras dele parecem ter tido pouco ou nenhum efeito sobre o clima predominante entre os cristãos em geral na época.

Buda, quando se prepara para partir, promete (a exemplo de Jesus) enviar o Paracleto, "o espírito mesmo da verdade que deve guiar os seus seguidores na direção de toda a verdade".[4] Buda sofreu a sua transfiguração quando subiu uma montanha do Sri Lanka chamada Pandava, ou Amarelo-esbranquiçada. "Lá os céus se abriram e uma grande luz apareceu e o envolveu totalmente e a glória de sua pessoa resplandeceu com 'energia redobrada'. Ele refulgiu com o esplendor do Sol e da Lua." Isso se equipara exatamente — embora com seis séculos de antecedência — à história evangélica da transfiguração de Jesus no monte Tabor.

O que é verdadeiro nos acontecimentos reais na vida de Buda — e eu poderia fornecer muitos exemplos mais — também é verdadeiro nos seus aforismos. Jesus disse que quem olhasse para uma mulher com desejo já teria cometido adultério no íntimo. O terceiro mandamento, de acordo com Buda, é: "Não cometer adultério; a lei é desrespeitada pelo simples fato de olhar para a esposa de outro homem com desejo nos pensamentos".

Entre outros aforismos atribuídos a Buda inclui-se um que trata do trigo e do joio, como nos Evangelhos. Você deve lembrar-se de que, em uma ocasião (Mateus 13:24ss), Jesus narra uma parábola sobre um agricultor que semeou "a boa semente" no seu campo. Enquanto ele dormia, um inimigo apareceu e plantou sementes nocivas (o joio) no mesmo lugar. Quando a lavoura cresceu, os servos do homem quiseram arrancar os brotos. O proprietário, contudo, os advertiu a não fazê-lo por causa do risco de arrancar o "trigo" também. Disse-lhes para esperar até a ceifa (julgamento final), quando o joio poderia ser arrancado e queimado enquanto o cereal seguiria em segurança para o celeiro.

Outro aforismo refere-se à parábola do semeador, a única parábola encontrada em todos os três Evangelhos sinópticos. Nessa história, Jesus explica como um semeador lança as suas sementes à beira da estrada e elas caem em diversos tipos de solos — um bom, outro pedregoso, outro espinhoso — com uma série de resultados previsíveis. Assim se dá, disse ele, com aqueles que recebem a palavra de Deus. Buda contou essa história antes.

De maneira parecida, Buda referiu-se à parábola do tesouro escondido que era para ser guardado em segurança onde nenhum ladrão pudesse entrar, e a história de um jovem rico a quem foi dito para vender todos os seus bens e distribuir entre os pobres. Também é relatado que Buda disse: "Podeis mover da sua base as montanhas nevadas, podeis exaurir as águas do oceano, o firmamento poderá cair sobre a terra, mas as minhas palavras no final serão cumpridas". Jesus disse: "Céu e terra passarão, mas as minhas palavras não passarão". O grande acadêmico Joseph Warschauer observou que não só cada uma das respostas de Jesus a Satã na tentação do deserto saíram do Deuteronômio da Bíblia hebraica (Velho Testamento), como também que um encontro entre a pessoa do Salvador e o princípio do mal encontra pleno paralelo nas literaturas do zoroastrismo (persa) e do budismo, assim como nos textos sagrados egípcios. O famoso Sermão da Montanha de maneira nenhuma foi exposto pela primeira vez no Evangelho de Mateus. Esse Evangelho pertencia, de uma forma ou de outra, a todo o corpo das religiões antigas, arcanas ou secretas. Por exemplo, não há uma única palavra ou aforismo nele que não seja semelhante ou não se encontre explicitamente nos textos judaicos do Mishnah, do Midrash ou do Talmud. Por ter sido durante um certo período professor do Novo Testamento, eu tinha conhecimento disso, mas não de todos os outros paralelos. Os Livros Herméticos do Egito estão entre os livros mais antigos do mundo. O Sétimo Livro de Hermes intitula-se "Seu Sermão Secreto sobre o Monte da Regeneração". A dura verdade é que a maior parte dos aforismos atribuídos a todos os mestres ou deuses em todas as primeiras religiões foram antes ensinamentos orais nos mitos antigos e nas diversas religiões de mistérios "muitas eras antes de terem sido registrados por escrito".[5]

Outros Paralelos

Os aforismos de Jesus não são o único item de uma fonte antiga comum. Os estudos mostram que há "ciclos paralelos" próximos de "acontecimentos" alegóricos nas representações míticas e dramáticas de trinta a cinqüenta deuses (ou Cristos) nas antigas bíblias sagradas do mundo. Os paralelos entre o nascimento e a vida do Senhor Krishna, o Cristo hindu, são atualmente bem conhecidos. O deus persa Zoroastro nasceu em inocência e de uma concepção sem contato carnal, de um raio de razão divina (Logos). Finalmente, ele foi suspenso na madeira ou "na árvore" — a cruz ou árvore do Calvário posterior. Há também a história de Salivahana, uma criança divina nascida de uma virgem no Ceilão (Sri Lanka). Essa criança era o filho de Tarshaca, um carpinteiro. A vida desse menino foi ameaçada na infância por um tirano que depois foi morto por ele. A história mostra tamanha afinidade com a de Jesus que seria difícil negar uma fonte comum para ambas. Muitas das outras circunstâncias, com ligeiras variações, também são as mesmas das contadas sobre o Senhor Krishna.

O ensinamento central da religião cristã foi e é a doutrina da Encarnação (isto é, que Deus deixou as glórias do céu e tornou-se um ser humano como qualquer um de nós). Conforme é exposto no Evangelho de João, "O Logos ou Palavra se fez carne". Seria possível continuar a ilustrar essa afirmação citando interminavelmente as passagens, referências e exemplos do Novo Testamento, mas certamente não há necessidade de explicações mais elaboradas. É disso que se compõe a fé como um todo, pura e simplesmente. Conforme está escrito no Credo de Nicéia, "Para a salvação de todos nós humanos ele desceu do céu e se encarnou por meio do Espírito Santo na Virgem Maria, e se fez homem". No entanto, e isso é de uma imensa importância, os estudos minuciosos das religiões antigas feitos ao longo de muitos anos pelos pesquisadores que citei até aqui estabeleceram com a certeza mais absoluta que a encarnação — a presença de Deus ou essência divina no ser humano, todo ser humano — *é o ensinamento essencial de todos os sistemas de crenças em todos os lugares*. Isso ficou claro quando continuei as minhas pesquisas de que os cultos antigos concentravam todos os seus esforços em cultivar o deus interior de cada ser humano. Esse, em última análise, é o núcleo da única religião cristã verdadeira. Era verdadeiro entre os sumérios e os caldeus; era verdadeiro entre as dinastias egípcias ao longo de incontáveis milênios; era verdadeiro para os autores do Velho Testamento (o salmista orava: "Não retireis de mim o vosso santo Espírito"), para Pitágoras e Platão, e para todas as diversas religiões de mistérios do mundo greco-romano nos quatro séculos antes de Cristo e depois disso. Esse era o centro de praticamente todo o paganismo. Quando vi as evidências disso continuarem a aumentar e me aprofundei ainda mais nelas, todo um mundo novo de compreensão começou a se abrir à minha frente. Lembrei-me de uma vez ter lido em Plutarco (c. 45-125 d.C.) que todos os antigos sábios gregos — Sólon, Tales, Pitágoras e Platão — na sua época estiveram no Egito e receberam ensinamentos dos sacerdotes sobre os conhecimentos antigos. Mas naquela época me escapou a verdadeira importância dessa informação.

Foi no Egito que os gregos, e os povos de todo o Oriente Médio, aprenderam a doutrina de Deus no homem — a Encarnação. Por volta do ano 1425 a.C., foi pintado na tumba do faraó Tutmés III, embaixo de uma montanha de pedra onde o sol nunca penetra e a escuridão é perpétua, um mosaico complexo narrando uma história que já na época contava mais de mil anos de idade. Essa pintura misteriosa, toda feita com antigos hieróglifos egípcios ou escrita pictográfica sagrada, é chamada *O Livro do Que Está no Duat* (ou o Amduat). O mural é dividido em doze painéis que representam as horas da passagem do sol pelo céu a cada dia. No entanto, conforme as figuras complexas mostram, a história ali contada é realmente a da jornada espiritual de cada pessoa, de homem ou mulher natural a herdeiro de Deus. O que é importante para o nosso discurso aqui é que o único ser supremo, Ra — geralmente representado como um disco solar ou um ser humano —, é mostrado encerrado dentro de um tabernáculo, uma cobertura em forma de dossel que serve como sacrário. O sacrário entre os antigos egípcios simbolizava a carne. Em outras palavras, a pintura mostra claramente Deus incorporado na carne — como uma pessoa, como se representasse "todos os seres humanos". Esse é o próprio conceito que Paulo repete quando diz, 1,5 mil anos depois, que somos o templo, ou tabernáculo, de Deus, "e que o Espírito de Deus reside em vós". Uma cópia espetacular do Amduat foi exibida nos EUA em 2002 como parte de uma mostra itinerante intitulada *A Busca da Imortalidade: Tesouros do Egito Antigo.*[6]

A partir de todos os seus anos de estudo dos mitos e símbolos egípcios, Kuhn diz que a essência dessa perspectiva religiosa antiga era que o local onde a mente e o corpo se encontram "é o nosso monte sagrado". A nossa vida, de acordo com a sabedoria antiga, estende-se do portão ocidental do nascimento material (o nascer do sol simboliza o ingresso na matéria), atravessa o tenebroso mar noturno da vivência terrena e chega ao horizonte oriental de onde a luz irrompe. Nesta vida, estamos no "monte do horizonte", a montanha do Senhor, o nosso monte Sinai, e com a face velada podemos nos aproximar da divindade o bastante para ouvir-lhe a voz, a sua Palavra da Verdade pronunciada, manifesta (no entanto, assim como de Moisés, não podemos encarar a sua glória plena).

A única e *decisiva* diferença entre os mitos antigos e a religião cristã é que a religião cristã terminou por concentrar esse conceito universal em uma pessoa histórica isolada. (A discussão sobre se Jesus de Nazaré, chamado Cristo, foi uma pessoa histórica não está resolvida de uma vez por todas como muitos supõem, mas discutirei esse assunto controvertido mais adiante.) O que estava sendo simbolizado, alegorizado, figurado e vestido — mesmo às vezes deliberadamente oculto, para evitar "atirar pérolas aos porcos" — em todos os tipos de mitos e histórias sagradas, como aquela de Jonas na barriga de um grande peixe, ou Daniel na cova do leão, era a verdade da presença de Deus em cada vida humana. Da metade para o final do século II d.C., porém, a história de Jesus foi convertida em uma "história" literal da divindade de uma única pessoa. Só por intermédio dele, e da sua suposta "entrega perfeita" de si mesmo em sacrifício para o Pai, a humanidade poderia alcançar a salvação. Qualquer livro, qualquer academia ou escola, qualquer pensador que contrariasse essa interpretação oficial da religião antiga testemunhada claramente por Agostinho era rudemente contestado — e sempre que possível, destruído. Fraude, falsificação, engodo e violência, como veremos em breve, tornaram-se os instrumentos usados pelos ortodoxos para esmagar os "hereges". Os hereges foram simplesmente o lado perdedor. Os vitoriosos ficaram para contar a história — à sua maneira.

O Tema do Salvador

Pense no seguinte: os estudos comparativos das religiões revelam que quase todas as crenças tradicionais do mundo repousam em uma história central do filho de um rei celestial que desce para um mundo de trevas inferior, sofrendo, morrendo e ressuscitando, antes de voltar ao seu mundo superior de origem. Representada em um ritual dramático tocante, multifacetado, a história nos diz como esse rei/deus conquista a vitória sobre os seus inimigos, tem um cortejo triunfante e é entronizado nas alturas. Os pesquisadores dedicados ao estudo comparativo das religiões fizeram listas de trinta a cinqüenta desses avatares ou salvadores, incluindo Osíris, Hórus, Krishna, Baco, Orfeu, Hermes, Balder, Adônis, Hércules, Atis, Mitra, Tamuz da Síria, Tor (filho de Odin), Bedru do Japão, Deva Tat do Sião, e muitos mais. Kersey Graves, no seu livro *The World's Sixteen Crucified Saviours,* cita uma profecia de Zoroastro, divindade persa: "Uma virgem deverá conceber e gerar um filho, e uma estrela deverá aparecer brilhando no meio-dia para indicar o acontecimento". Zoroastro disse aos seus seguidores: "Quando virem a estrela, sigam-na até onde os levar. Adorem a criança misteriosa, oferecendo-lhe presentes com profunda humildade. Ela é na realidade a Palavra Onipotente que criou o céu. Ela é na realidade o seu Senhor e Rei eterno".[7]

Na sua obra de 1999, *The Jesus Mysteries: Was the "Original Jesus" a Pagan God?,* dois pesquisadores britânicos, Timothy Freke e Peter Gandy, examinam as estreitas semelhanças entre as religiões de mistérios greco-romanas e o cristianismo inicial. Os seus dados provam a qualquer um, a não ser aos limitados intelectualmente, que a velha linha de refutação do tipo "a semelhança ou contigüidade no tempo não é a mesma coisa que uma ligação casual ou imitativa" não convence mais.

Freke e Gandy mostram que a religião cristã e as religiões de mistérios dos períodos anteriores e contemporâneo compartilham praticamente todas as mesmas crenças, doutrinas, rituais e ritos. Para citar apenas um exemplo, no caso daquelas baseadas no mito Osíris/Dioniso, o "herói" é o salvador da humanidade, Deus encarnado, nascido de uma virgem em uma gruta em 25 de dezembro; uma estrela aparece na hora do seu nascimento, ele é visitado por magos do Oriente e converte a água em vinho durante um casamento; ele cura os doentes, afasta os demônios e faz milagres; ele se transfigura perante os discípulos, entra em uma cidade montado em um burro, é traído por trinta moedas de prata e promove uma refeição comum com pão e vinho; é morto na cruz, desce ao inferno e ressurge dos mortos no terceiro dia; morre para redimir os pecados do mundo; sobe ao céu e está sentado ao lado de Deus como um juiz divino. Ele representa o Khristós, ou a alma divina, de todo ser humano.[8]

Literal ou Mítico?

A única diferença — e essa era bem radical — entre a história de Jesus do Novo Testamento e os inúmeros mitos antigos retratando o que parece ser a combinação idêntica de conceitos e características é que ninguém entre os antigos, antes que o movimento cristão se desenvolvesse plenamente, acreditava nem por um momento que algum dos acontecimentos nas suas dramatizações fosse histórico de alguma maneira. O que contava eram as verdades espirituais profundas, eternas, por trás ou além da roupagem ficcional. Havia um mito primal, central — originado sem dúvida nenhuma do Egito — e todo o resto fluía a partir dele. No cristianismo, contudo, o mito foi finalmente literalizado. Jesus foi historicizado. As conseqüências disso se revelariam muito prejudiciais durante os séculos vindouros. Bastava a um crente depositar a sua confiança em Jesus para conhecer a divindade tanto quanto a ressurreição final. Esse é o tipo de religião na qual eu, a exemplo de muitos de vocês, fui criado. A religião cristã antes de Cristo mencionada por Agostinho tornou-se então o "cristianismo".

O cristianismo, conforme os seus milhões de seguidores foram considerados tradicionalmente, tem relação com a chegada na história do Messias, o Filho de Deus, como uma pessoa real. Mas na religião egípcia — e todas as outras crenças supostamente primitivas mencionadas anteriormente — o "filho messiânico", simbolizado pelo filho em si, aparece sempre miticamente "como a manifestação e testemunha do Pai", que mergulha a própria vida na matéria para reproduzir-se na sua próxima geração. De acordo com o historiador Heródoto, o "pai da história", o Jesus egípcio, conhecido como Iu-em-hetep, ou Iusu, foi um dos oito grandes deuses descritos nos papiros como tendo existido quase 1,2 mil anos antes. Ele recebeu diferentes nomes à medida que cada um dos cultos mudava. Mas para os sábios da antiguidade, o advento era um acontecimento constantemente recorrente e puramente simbólico. O antigo messias era um personagem antropomórfico, representativo, que aparecia de tempos em tempos, ciclo por ciclo. No ritual egípcio, ele aparecia simbolicamente todos os dias, mas também aparecia periodicamente; aparecia "regular e continuamente". O seu símbolo solar e lunar apareciam ciclicamente e em eterna renovação com as estações. Os solstícios e os equinócios marcavam a sua presença crescente e minguante. Esse messias egípcio não era esperado em nenhuma data histórica, em nenhuma época. Ao contrário, os símbolos da sua vinda espiritual se manifestavam em fenômenos naturais diariamente (o nascer e o pôr-do-sol, por exemplo), anualmente ou segundo o ciclo lunar. *A repetição constante dos símbolos era a garantia da sua realização infalível.* Eles significavam que uma elevação da consciência distintamente divina aos poucos assumia o controle sobre a humanidade, um reino de bondade, verdade e beleza, um reino de amor.

Hoje está claro para mim que, para os antigos, a realização final dessa vinda, ou advento, teria como significado deter a marcha do universo. E para que uma pessoa fosse salva aqui e agora, de um modo estático para toda a eternidade, ela precisaria entrar em sintonia com a pulsação rítmica da vida. Para eles, a salvação significava consumar o ciclo evolucionário corrente e continuar acompanhando a natureza até perceber a divinização total. Não havia uma expectativa maníaca pelo "segundo advento" sobrenatural, apocalíptico. Acontecia assim com todos que se abriam no momento, passo a passo. Significativamente, nesse caso, a tradução da Bíblia do rei Jaime para o "fim do mundo" causou um dano incrível. O texto grego sempre usa palavras que significam explicitamente o fim de uma época, de um ciclo, de uma era, não o fim do cosmos em si.

Cristicidade

Na religião cristã do pré-cristianismo se acreditava que a vinda do Messias, ou Cristo, acontecia na vida de todas as pessoas o tempo todo. Cada pessoa tinha o seu solstício evolucionário, o seu Natal e, finalmente, também a sua Páscoa. Os símbolos para isso tudo, emprestados do livro da natureza, eram anuais; os acontecimentos reais que tipificavam (simbolizavam) na história da humanidade eram perenes. Na natureza, todos os processos eram considerados como típicos e repetitivos. No entanto, eram também, e são, típicos de todos os outros processos, e da vida na sua integridade. O Cristo retratado na natureza e depois personificado de modo dramático nos rituais egípcios representava o "sol" da divindade nos seres humanos. A "vida" de Jesus nos Evangelhos resulta em última análise, portanto, como uma cópia de alguma forma deturpada e fragmentária de um protótipo egípcio que era um personagem puramente dramático retratando a divindade no ser humano. Estudaremos mais detalhadamente essa dimensão da história no capítulo 9. Significativamente, Meister Eckhart (1260-1327), o dominicano germânico místico que morreu antes de ter a sua acusação de heresia plenamente comprovada pelo arcebispo de Colônia (ele morreu enquanto ia apelar ao papa), escreveu que o Cristo não foi um personagem histórico, por si mesmo, mas, sim, "a alma coletiva da humanidade".

Podemos resumir tudo da seguinte maneira: a verdade primária da cultura humana apresentada por todas as religiões dos sábios da antiguidade é que reside profundamente incrustado no âmago da nossa constituição básica um núcleo do que, por falta de melhor designação, deve ser chamado de centelha divina, ou "sol". O brilho da cristicidade — algo que Kuhn classifica ao mesmo tempo como quimicamente radioativo e intelectual — em nós é, na realidade, como o próprio Paulo afirma, a nossa "esperança de glória". Todo o simbolismo solar nas religiões, antigas ou modernas, é uma tentativa de expressar essa verdade única manifesta. Todos os Cristos da antiguidade eram denominados como deuses solares. Todos nós temos participação nesse "fogo" primordial.

Adoração do Sol e Cristianismo

A maioria dos membros da Igreja não faz idéia do período de coexistência entre a antiga adoração do sol "pagã" e o que foi gradualmente evoluindo como cristianismo "ortodoxo". Constantino, por exemplo, geralmente reconhecido como o primeiro imperador cristão, tolerou a religião cristã por volta de 313 no Édito de Milão, depois da vitória na ponte Malvina, onde teve a lendária visão de *in hoc signo vince* (conquista sob este sinal, o sinal da cruz). Mas as moedas dele continuaram a ostentar a inscrição *sol deus invictus* (sol invencível) por muitos anos. Ele recusou o batismo até achar-se no leito de morte, em 337, para morrer sem cometer novos crimes. Tinha bons motivos para se preocupar. Muito embora conseguisse reunir cerca de 318 bispos em Nicéia, em 325, para resolver a questão ariana*, e assim conseguir a união política e religiosa no império — o resultado foi o ainda repetido Credo de Nicéia —, ele continuou a ser um homem violento. Depois de estabelecer a doutrina da Trindade de uma vez por todas, conforme pensava, ao voltar de Nicéia assassinou ou fez com que fossem assassinados o filho, Crispus; a esposa, Fausta (cozida viva e sufocada na banheira); o cunhado, Licínio, e o filho (açoitados até a morte); e vários outros.

Constantino nunca desistiu da esperança de um dia unir o império em torno da adoração de um deus sol único combinando em si mesmo o Deus-Pai dos cristãos e o tão adorado Mitra (deus solar). Significativamente, de acordo com a Enciclopédia Católica, o papa Leão, o Grande (pontífice de 440 a 461), testemunhou que, na época, era costume de muitos cristãos permanecer em frente aos degraus da basílica de São Pedro, em Roma, "e prestar homenagem ao sol por meio de reverências e orações".

A edição de fevereiro de 2003 da prestigiosa publicação arqueológica *Bible Review* trazia um artigo ilustrado, "Faces of Jesus" ("Faces de Jesus"), apresentando um famoso teto em mosaico do Túmulo M, no subterrâneo da basílica de São Pedro, no Vaticano. Ele data do século III ou IV d.C. O mosaico mostra a videira do deus sol grego, Dioniso, reinterpretado como a videira de Jesus Cristo e envolvendo uma grande imagem de Cristo, como o deus sol, sentado em uma carruagem solar puxada para os céus por quatro cavalos brancos.[9] Assim, Jesus foi literalmente o "sol dos justos" para muitos integrantes da Igreja por várias centenas de anos. O bem conhecido cântico de Natal "Eis dos Anjos a

* Ário foi o autor do termo "heresia" debatido no Concílio de Nicéia. A posição dele era de que Jesus Cristo foi criado por Deus pai, e assim era inferior a ele.

Harmonia" tira o verso das Escrituras: "Toda a terra e os altos céus". Uma representação do sol comum nos tempos antigos mostra-o com asas de ambos os lados. O descanso semanal cristão, o domingo, deriva da expressão original latina *dies dominicus* (dia do Senhor, o domingo), mas antigamente o nome pagão para esse dia era *dies solis* (dia do sol; no atual inglês, *sunday*), que é um vestígio desse fenômeno solar. A expressão "Nosso Senhor, o Sol" foi usada pelos cristãos nas orações até o século VI, e estava até mesmo incluída na liturgia da Igreja até ser mudada para "Deus, Nosso Senhor".

O Símbolo Cristão Supremo

O símbolo da cruz — "a velha rude cruz", conforme apregoa o hino — será sempre associado no cristianismo tradicional à vergonha, ao sofrimento, ao sacrifício e à vitória suprema de Jesus Cristo na Sexta-feira Santa. Mas é preciso observar que, não obstante esse tenha sido o mais antigo e universal ícone de todas as religiões, a cruz teve uma série de significados totalmente diferentes por incontáveis milênios antes do surgimento do cristianismo literalista oficial.

Os egiptólogos, por exemplo, relatam que o sinal da cruz era encontrado comumente nos peitos das múmias e que a cruz muitas vezes era colocada nas mãos dos mortos como "um emblema tanto da encarnação quanto de uma nova vida futura". A cruz era até mesmo esculpida no dorso dos escaravelhos (uma pedra preciosa representando o escaravelho comum do esterco), outro símbolo da vida eterna.

A cruz com um círculo ou volta no alto, chamada *ankh* pelos egípcios, foi amplamente usada na antiga cultura egípcia como um emblema da vida eterna, mas as cruzes de todos os tipos, desde as suásticas à cruz do homem divino mítico "estampado sobre o universo", aparecem sempre que são estudadas as chamadas religiões primitivas. (Por falar nisso, o símbolo da suástica, marcado para sempre em conseqüência da apropriação pelos nazistas, é encontrado nas tradições antigas hindus, mexicanas e budistas, entre muitas outras. O nome deriva da palavra sânscrita *svastika,* que significa uma cruz mística representando a boa sorte. Alguns especialistas afirmam que representava o sol com os seus raios.) Os acadêmicos conservadores, ansiosos por rechaçar qualquer dependência do cristianismo em relação ao paganismo, normalmente tentam explicar a extraordinária disseminação da cruz em todo o mundo antes de o cristianismo tê-la invocado como um símbolo primordial vinculado a muito mais do que outros símbolos como o centro, o círculo e o quadrado. O seu uso mais evidente nesse sentido seria para dividir o círculo em quatro partes iguais, por exemplo. Ainda assim, outros pesquisadores produziram uma grande quantidade de evidências para um ponto de vista radicalmente diferente.

Espírito na Matéria

Kuhn argumenta que o acontecimento religioso da maior importância em toda a história humana foi o despertar da capacidade da consciência de refletir sobre si mesma. Nesse momento exato, paramos de ser puramente animais e nos tornamos "inspirados" como seres humanos verdadeiros, com intelecto e alma. Uma versão unicamente religiosa desse mesmo fenômeno evolucionário pode, é claro, ser encontrado nos mitos clássicos da criação nos dois primeiros capítulos do Gênese.

O nascimento de todos os impulsos religiosos pode ser localizado em última análise nesse notável acontecimento da criação — a consciência de que a linha "horizontal" da nossa animalidade foi cruzada pela "verticalidade" da razão capaz de refletir sobre si mesma e por um sentido profundo do divino, o Cristo interior. A cruz, argumenta Kuhn convincentemente, simbolizava o espírito mergulhado na matéria. Conforme já vimos, o termo técnico para isso é encarnação. É a interação entre espírito e matéria que é o segredo para conhecermos de que modo o universo como um todo funciona, mas em nenhuma outra parte é mais verdadeiramente vital do que na nossa própria humanidade.

A cruz, então, em todas as suas modalidades e formas, representou alegoricamente essa experiência religiosa e essa realidade primordial. Vem daí a sua universalidade. Ela era um símbolo comum do nosso enraizamento na terra por um lado e do nosso destino com Deus pelo outro. Os filósofos místicos posteriores a consideraram como o "sinal de mais" ideal porque, como um símbolo de adição, um processo de expansão pelo acréscimo, ela significava o caminho total para o desenvolvimento humano. Colocada de lado, como um sinal de multiplicação, a cruz novamente representa do ponto de vista místico o movimento e o impulso dado a toda a vida pela interseção do espírito (o vertical) com a matéria (o horizontal). É o que pulsa em todo o universo com a simplicidade inicial da unidade tornando-se a infinita multiplicidade dos muitos.

As evidências são esmagadoras de que no paganismo e na religião cristã primitiva a cruz sempre foi um símbolo da vida, nunca da morte (a não ser como "morte" no sentido simbólico, significando encarnação). Estar no corpo era ser posto — até mesmo supliciado ou crucificado — sobre essa cruz de existência carnal. Esse é o poderoso significado por trás do mandamento de Jesus: "Assumi a vossa cruz..." — quer dizer, aceitem a disciplina e a ambigüidade e o sofrimento envolvido em ser um ser humano plenamente consciente. (Os gregos diziam que o corpo é o túmulo da alma, e eles tinham uma expressão especial para isso: *soma* [corpo] = *sema* [túmulo].) Também simbolizava a cruz da vida sobre a terra, por causa dos seus quatro braços representando o fundamento quádruplo do mundo, os quatro elementos (terra, água, ar e fogo) e o suporte do templo humano, ou ser.

É preciso dizer que mais bem conhecido que o verdadeiro signo do cristianismo nos primeiros séculos da história cristã não era um crucifixo — uma cruz com a imagem de Jesus — mas, sim, uma cruz lisa ou com um cordeiro impresso. Em toda a iconografia das catacumbas não aparece nenhuma imagem de um ser humano em uma cruz durante os primeiros seis ou sete séculos dessa época. Será uma surpresa para muitos que a primeira figura conhecida de um deus sobre uma cruz é uma imagem do deus sol Orfeu de cerca de três séculos antes de Cristo. O crucifixo sobre um amuleto na capa do livro *The Jesus Mysteries*, de Freke e Gandy, representa claramente essa imagem.

Só em 692, no reinado do imperador Justiniano II, foi decretado pela Igreja (por meio do Concílio de Trento) que a imagem do Jesus histórico sobre a cruz deveria suceder à do "cordeiro dos tempos anteriores". Daí a exibição errônea — e para ser bem honesto, excessivamente destacada

— do crucifixo em todo o mundo Católico Romano da atualidade. A cruz simples é um símbolo mais preciso da fé original.

A Ironia

Acontece uma ironia de certa forma grotesca nesse caso. Para simplesmente mais de 1 bilhão de católicos romanos — e para o mundo secular envolvido — o ícone central do Deus vivo hoje é uma figura humana supliciada e em agonia sobre um instrumento de tortura, sofrimento e dor. É prodigioso tal sistema de crença tirar tanto do sofrimento embora permaneça tristemente indiferente ao sofrimento que causam diversos dos seus ensinamentos. Os éditos do Vaticano sobre controle da natalidade e outras "questões hormonais" são casos a ser considerados. Religião e espiritualidade são supostamente sobre a vida — uma vida de abundância, evoluída, transformadora e em última análise triunfante. Uma cruz vazia pode transmitir tudo isso. Mas um crucifixo simboliza o contrário. Gerald Massey, que assim como Kuhn começou as suas pesquisas sem nenhuma animosidade contra a religião em geral ou a Igreja cristã em particular, tornou-se cada vez mais indignado em relação a esse assunto. Como uma vítima do trabalho infantil cruel e de uma pobreza triturante, ele conheceu diretamente a indiferença constante e cruel da piedade superficial e da devoção ortodoxa das "classes média e superior". Massey sabia bem que a história do cristianismo mostra suficientes evidências de grandes atos individuais de caridade e de movimentos poderosos baseados na compaixão e um amor pela justiça social, mas era inflexível quanto à centralidade do crucifixo — de um Jesus pessoal, histórico, sobre uma cruz — que alimentou inconscientemente a crença em que "sofrer é bom para você", que é preciso resignar-se e, acima de tudo, condescender e se conformar.

A Esperança

Foi uma experiência libertadora para mim aprender sobre a profundidade e os antecedentes de todos esses símbolos da época anterior ao cristianismo, e sobre como o significado literal, superficial, é apenas uma película sobre a sua verdade essencial. Esclareceu-me que os conceitos no âmago do cristianismo realmente fluem do poço profundo do inconsciente, foram plantados lá por Deus. Por exemplo, a idéia do Cristo interior — o ser humano plenamente realizado espiritualmente — atualmente é para mim um arquétipo inconfundível, no estilo junguiano, da nossa psique humana. O mesmo se aplica aos símbolos das outras religiões apresentados aqui. Implantados profundamente pelo Criador, eles pertencem a nós unicamente como seres humanos, quaisquer que sejam os nomes que lhes dêem, e são cheios de promessas e esperança para uma crença expressiva do século XXI.

Lembre-se, acima de tudo, de que o fato de a maioria do material histórico sobre Jesus já existir em outras literaturas sagradas do mundo antigo de maneira nenhuma diminui o seu poder e a sua relevância na nossa vida. Se algo é verdadeiro ou retrata uma realidade profunda, permanece verdadeiro para sempre. Os fatos não são verdadeiros simplesmente porque alguém em algum lugar os comentou, ou porque foram coligidos em livros como a Bíblia. Eles são verdadeiros porque ressoam com plena autenticidade na formação da nossa alma.

4

O MAIOR ENCOBRIMENTO DE TODOS OS TEMPOS

Como uma Religião Cristã Espiritual Tornou-se um Cristianismo Literalista

Há muitas coisas verdadeiras das quais não há utilidade para a multidão vulgar conhecer; e por outro lado, certas coisas que, embora sejam falsas, há conveniência em que as pessoas acreditem.

— SANTO AGOSTINHO, Cidade de Deus

As duas importantes afirmações a seguir compeliram-me realmente a ficar mais atento — a sentar-me e pensar mais profundamente:

- "A religião cristã se transformou e assumiu a forma histórica como o resultado da corrupção de uma elevada sabedoria já existente, e não como a promulgação de uma nova luz e uma nova sabedoria até então desconhecidas."
- "A religião cristã só obteve o reconhecimento e manteve a preferência das grandes massas entre os povos do Ocidente ao longo dos séculos por ter conseguido acomodar a sua mensagem entre os níveis dominantes da ignorância generalizada. Com isso, inevitavelmente, distorceu as suas verdades a uma caricatura ridícula e formas perniciosas de engano e falsidade."

O LIVRO DE ALVIN BOYD KUHN, que de longe me causou a maior impressão, considerando a minha formação e o meu compromisso em geral com a idéia de uma nobreza elevada do cristianismo como um movimento religioso, foi *The Shadow of the Third Century*. As suas 522 páginas eruditamente pesquisadas sobre as mentiras, fraudes, engodos e violências que conspiraram para converter a religião cristã no que Kuhn chama de cristianismo revelou-se uma surpresa e um choque profundos. Só posso esperar que todos os pesquisadores sinceros da verdade ultrapassem este resumo necessariamente breve para lê-lo inteiramente por si mesmos. Não tenho nenhuma dúvida de que todos aqueles que o façam venham a sentir-se tão profundamente tocados quanto eu. Kuhn prova além da menor sombra de dúvida que a verdade sobre a história dos primeiros cristãos foi tristemente omitida. Na realidade, ele afirma — e depois prova — que a trilha de patifaria inacreditável e bastante deliberada passa por quase toda a história do cristianismo eclesiástico. Lendo os seus argumentos e verificando as suas fontes pessoalmente, compreendi que outros pesquisadores não enxergaram a verdade antes não porque fossem condizentes (ou quisessem manter as aparências) em relação ao fato de que uma conspiração se estendeu ao longo de séculos. Eles ignoraram o que foi piedosamente visto como excessos infelizes ou lapsos momentâneos e continuaram seguindo a linha oficial do partido.

Kuhn sustenta a sua argumentação no fato inegável de que aquilo que começou sob o nome de religião cristã no século I não manteve por muito tempo a sua natureza ou conteúdo original profundamente espiritual. Fui rapidamente forçado a entender que a nova religião do século IV não era mais absolutamente a mesma que fora no século I. Apesar de começar como um esforço mais ou menos sincero de religiosidade e misticismo genuíno alimentado por muitas fontes e expresso de muitas formas, rapidamente acentuou-se o seu grau de deterioração, "até que no século IV completou-se a sua calamitosa transformação (a sua transfiguração) em cristianismo".

Analisei com a máxima atenção as principais evidências documentadas minuciosamente por Kuhn e encontrei os seguintes fatos prováveis:

- A religião cristã começou no século I como um culto de origens e motivações quase inteiramente pagãs, "e já no século IV tinha voltado totalmente as costas para o paganismo e repudiado toda e qualquer alusão ou (...) ligação com ele, tratando-o com desprezo desde aquele momento até o presente".
- Os livros que foram altamente considerados pelo movimento no início e durante algum tempo depois acabaram condenados e violentamente repudiados num período inferior a dois séculos.
- Diversas doutrinas tidas em grande estima no período inicial, tais como as doutrinas da reencarnação e a salvação universal, foram posteriormente refutadas.
- Praticamente todos os pensadores iniciais que participaram da criação do novo movimento — os seus verdadeiros pioneiros e líderes — foram, antes mesmo do século IV, declarados heréticos e repudiados por aqueles que se apoderaram das políticas e passaram a controlá-las.
- O método místico/alegórico de interpretação das Escrituras sagradas, usado no início por Paulo e estudiosos eminentes como Clemente de Alexandria e Orígenes, foi substituído por um sistema totalmente literal/histórico.

Permita-me discorrer um pouco mais sobre este último ponto. Todo esse processo de mudança brutal girou em torno da decisão crucial de tomar a sabedoria esotérica antiga do chamado paganismo — a religião dos cristãos anterior ao cristianismo sobre a qual tanto Santo Agostinho quanto Eusébio escreveram — e transformá-la em exotérica (isto é, comum, aberta e simples para as massas ignorantes e incultas). Essa decisão sem dúvida nenhuma tinha um objetivo compensador, e em um certo nível, alimentada pelo talento romano para a organização e o controle das multidões (para não mencionar o uso imediato da força sempre que parecesse necessário), foi um grande sucesso. Mas o preço, tanto no plano intelectual quanto prático, foi terrível.

Em uma passagem bastante inspirada, Kuhn afirma que, no momento em que a doutrina pagã do nascimento da qualidade de Cristo no homem foi transposta exotericamente para um grau de compreensão inferior, como o literal nascimento de um bebê em 25 de dezembro, ela deixou de ser verdadeira. No momento em que a crucificação do poder mental divino na "cruz" da existência no corpo carnal de cada integrante da nossa espécie foi concretizada e historicizada como a agonia literal de um corpo crispado de um homem em uma cruz de madeira, ela deixou de ser verdadeira. No momento em que o desmembramento do poder de união da qualidade de Cristo (com cada ser humano recebendo uma parcela mediante a transfiguração divina do seu interior) foi tornado "compreensível" como a real partição de um pedaço de pão em fragmentos, tornou-se uma crença falsa. Na realidade, "no momento em que a descida da Mônada [o Deus Uno e Origem de Todos os Seres] do Logos da intelecção divina para a água (matéria) do corpo humano foi 'esclarecida' e 'simplificada' para a capacidade mental inferior como o batismo de um homem no rio Jordão, tornou-se uma fraude e um embuste para o pensamento sem crítica. Em vez de esclarecê-lo, iluminá-lo, ela o alucinaria, por absoluta falta de capacidade de elevá-lo do sentido concreto para o espiritual. E no momento em que a doutrina da encarnação foi 'vulgarizada' como a descida do ser radiante de Deus ao *corpus* físico de um homem, então as mentes simples poderiam vê-lo, tornou-se um completo simulacro da verdade. (...) A concepção grosseira acaba assumindo as imagens concretas pela substância factual da verdade".

Os próprios padres da Igreja inicial admitem que aproveitaram o entendimento elevado, simbólico, esotérico (ou secreto) que o movimento cristão herdara do paganismo — da filosofia platônica e das religiões de mistérios — e o expandiram, ou melhor, rebaixaram, por meio de fábulas vulgares para as multidões iletradas. Um papa do século V chegou mesmo a exultar: "Que vantagens essa fabulação nos proporcionou". No seu *Anacalypsis*, Godfrey Higgins comenta: "As explicações deles para o vulgo eram adequadas ao vulgo, e visavam meramente deter as suas dúvidas e perguntas". Na realidade, Higgins, que também começou os seus estudos prodigiosos sem nenhum preconceito em relação ao cristianismo, afirma concisamente que, embora os Pais confessassem — e, por praticamente duzentos anos, sustentassem — a existência de uma profundidade de significado interior e uma série de vivências místicas elevadas que poderiam ser compartilhadas apenas com iniciados e "pessoas genuinamente comprovadas e credenciadas como competentes", logo disseminaram esses ensinamentos espirituais ocultos para o exterior, para o público geral, "e no processo reduziram o copioso e suntuoso banquete de sabedoria a uma mistura requentada e empobrecida de modo que as massas ignorantes pudessem considerá-lo de alguma forma digerível. Assim surgiu o cristianismo, que foi a demolição da religião cristã".

Considerei especialmente convincente que o grande historiador do período, Sir Edward Gibbon, no seu *Decline and Fall of the Roman Empire,* observasse: "As lendas mais exuberantes, uma vez que conduziram à dignidade da Igreja, foram recebidas com reverência e temor pelas multidões crédulas, sancionadas pelo poder do clero e atestadas pelas evidências duvidosas da história eclesiástica".[1]

Em resumo, na opinião desses estudiosos, a Igreja converteu toda uma massa de lendas ou mitos românticos em suposta história, uma multiplicação de "histórias fictícias". O que surgiu daí foi de muitas maneiras um culto da ignorância. Não é de surpreender que, atualmente, os cristãos ultraconservadores não estejam muito satisfeitos com Gibbon. A maioria deles ainda precisaria conhecer Higgins, Massey e Kuhn. Mas precisam ouvir deles se o cristianismo atual é para ser mais uma parte da solução dos problemas do mundo e menos uma parte dos problemas em si. A ainda potente aura de triunfalismo dos cristãos precisa ser quebrantada pelos fatos concretos da história para o surgimento de uma nova ordem de harmonia religiosa mundial. Eis uma afirmação modesta de Kuhn sobre o verdadeiro estado das coisas: "A tradição universal em toda a cristandade conseguiu que a nova fé passasse a existir sem conflito como a detentora da vitória da luz sobre as trevas. Duplamente lamentável; não foi assim. Ela surgiu agitando o estandarte das trevas como vitoriosa sobre a luz. Mas não fez nada mais do que expulsar a luz do mundo".

Essa afirmação sobre expulsar a "luz" pode parecer um exagero da pior espécie — até que se leia e compreenda toda a história. Descobri durante as minhas pesquisas que, a exemplo de Massey e Kuhn, um grande número de outros pesquisadores acadêmicos documentaram uma tamanha história de horrores de queima de livros, falsificações e fraude deliberada ao longo do final do século II e dos séculos III e IV que ninguém que não esteja familiarizado com ela poderia sequer admiti-la. "Imagine a anomalia da hoste cristã saída da luta supostamente carregando o estandarte vitorioso da luz, ao mesmo tempo que amassava com os pés fervorosos as cinzas enegrecidas dos livros da biblioteca de Alexandria", escreveu Kuhn. "Imagine essa portadora do estandarte da nova luz (...) queimando em 553 d.C. os livros do seu teólogo mais exaltado, Orígenes, e invocando o anátema [a maldição da excomunhão] sobre todos os que fossem encontrados lendo-os."

Charles B. Waite, no seu livro *History of the Christian Religion to the Year 200,* conta como Eusébio, cuja *História Eclesiástica* é a principal referência sobre a história do cristianismo desde a época apostólica até os dias dele, foi o mentiroso mais prolífico. O que é quase igualmente ruim é que Eusébio muitas vezes cometeu muitos erros por negligência. "Ninguém contribuiu mais para a história cristã, e ninguém é culpado de mais erros", dispara Waite. "As afirmações desse historiador são feitas não só de maneira descuidada e disparatada, mas em muitas situações como uma falsificação dos fatos da história. Não só as mais descaradas falsidades, mas também invencionices literárias da pior ordem toldam as páginas do seu (...) texto." Nunca ouvi uma palavra sequer a respeito disso durante os meus anos de formação para o sacerdócio anglicano.

Waite cita autoridades que confirmam esse escândalo afirmando que Eusébio na realidade tinha "uma faculdade peculiar para divergir da verdade". Ele estava sempre pronto para fornecer pela fabricação o que era requerido no registro histórico. Em outras palavras, essa grande religião mundial na verdade repousa os seus fundamentos na falsidade e na invencionice.

Poucos integrantes da corrente dominante da Igreja atualmente têm consciência de como Sir Edward Gibbon é extremamente crítico no *Decline and Fall* de todas essas fraudes, enganos e invenções dos primeiros cristãos. Gibbon afirma candidamente que Eusébio, a quem ele chama de "o mais importante" dos historiadores eclesiásticos, "indiretamente confessa que relatara o que quer que pudesse contribuir para a glória da religião, e que suprimira tudo o que pudesse ajudar na desgraça dela". Isso não é história — é uma espécie de revisionismo crônico mais freqüentemente associado hoje em dia aos sistemas políticos repressores. Qualquer um que tenha familiaridade com o relato escrupulosamente cuidadoso de Gibbon sabe que ele considerou tudo sobre a "história" cristã até 250 totalmente inútil e "suspeito". Ele escreveu: "Os materiais escassos e suspeitos da história eclesiástica raramente nos permitem dissolver a nuvem negra que paira sobre a primeira era da Igreja".

Gibbon testemunha, por exemplo, a "falsificação vulgar" da inserção deliberada de duas passagens reconhecidamente espúrias com relação a Jesus Cristo no texto do historiador judeu Josefo. Ele também apresenta autoridades confiáveis para mostrar que, mesmo em um assunto tão importante de registro histórico como o número dos seguidores cristãos martirizados sob diversos imperadores romanos, os cristãos "falsificaram vergonhosamente os números". As declarações genéricas foram para aumentar a simpatia que o martírio desperta naturalmente, explica ele.

Em um artigo sobre a evolução, o historiador Alexander Wilder afirma que homens como Irineu, Epifânio e Eusébio (todos eles apologistas cristãos dos primeiros tempos) "transmitiram para a posteridade uma reputação de práticas tão inverídicas e desonestas que é de cortar o coração a história dos crimes daquele período". A duplicidade, observa ele, é pior ainda uma vez que toda a aparência cristã repousa nisso. Gerald Massey dispara sem piedade que "o esquema ou os esquemas cristãos, conforme são adequadamente chamados no Novo Testamento, são uma fraude".

Ele é específico, chocando com a confirmação de uma avaliação que de outra forma pareceria grotesca por parte de um dos mais respeitados padres da Igreja, São Gregório Nazianzeno (329-389), em uma carta ao estimado São Jerônimo. Apelidado "o Teólogo", Gregório escreveu ao amigo e confidente: "Nada pode se impor melhor sobre as pessoas do que a verborragia; quanto menos elas entendem, mais admiram. Os nossos padres e doutores [cristãos] sempre disseram, não o que pensavam, mas o que a circunstância e a necessidade os forçou a fazer".

Todo o objetivo dessas maquinações maquiavélicas dos séculos III e IV era obscurecer e encobrir todos os aspectos da ligação profunda entre a "nova luz" da revelação cristã e o seu passado pagão. "E quando Eusébio registrou a sua memorável pretensão de que deixara praticamente 'tudo esclarecido' para os cristãos, foi um anúncio agourento do que ele fez para manter fora da vista as raízes míticas e místicas do cristianismo histórico", acusa Massey. "Os gnósticos foram amordaçados, e as suas evidências ainda existentes foram mascaradas ao máximo. Ele e os seus co-conspiradores fizeram o pior possível para destruir documentos e apagar os registros eloqüentes do passado, impedindo que o futuro soubesse o que as épocas passadas poderiam ter-lhes dito diretamente."[2] Eles emudeceram todas as vozes pagãs que teriam "gritado o seu testemunho" contra a impostura sem paralelo então sendo praticada e aperfeiçoada em Roma. Eles na verdade tiveram sucesso em reduzir os primeiros quatro séculos a um silêncio total sobre todos os assuntos da importância mais vital para uma compreensão adequada da religião cristã. A última frase de Massey nessa passagem, porém, é a mais significativa de todas. Ele escreve: "Os mitos tendo sido ao fim publicados como uma história humana, tudo mais foi suprimido para sustentar a fraude".

Se essas práticas desonestas foram sempre motivadas por malignidade, ignorância, fervor distorcido ou conspiração deliberada, pode ser debatido em minúcias pelos pesquisadores. O que não pode ser impugnado por ninguém é que a história dos primeiros séculos da religião cristã testemunhou a perpetuação de uma "série extensa" do que todos os historiadores posteriores se referem como "fraudes piedosas". Muitos, senão todos, dos próprios apologistas cristãos do período admitem isso francamente.

Essa própria admissão da desonestidade básica disseminada fortalece grandemente o caso de que toda a transformação do mito inicial em uma "realidade" aparentemente histórica foi em si mesmo uma mentira. Essa mentira é talvez amenizada um tanto se nos lembrarmos do que G. R. S. Mead escreveu em seu *Fragments of a Faith Forgotten:* "Não se deve supor que aqueles que reescreveram e editaram as antigas tradições forjaram e falsificaram todos os sentidos comuns das palavras. Os antigos em geral *não concebiam* a moralidade literária no seu significado moderno, e todos os textos de caráter religioso foram o produto de um impulso subjetivo". Mead acrescenta mais adiante que a mitificação da história e a historicidade da mitologia foram "comuns à época" e, em um momento ou em outro, a todos os povos antigos. Se a verdade literal dos eventos objetivos não for realmente o tema de interesse, mas sim a vivência espiritual interior, isso poderia explicar parcialmente ao leitor moderno o que muitas vezes de fato acontecia. (De acordo com a minha própria experiência, nenhum crítico literário moderno com formação teológica fez mais para esclarecer essas questões do que Northrop Frye.) Higgins, no seu livro *Anacalypsis*, informa que era comum os sacerdotes das religiões antigas atribuírem aos adversários opiniões absurdas que esses nunca tiveram — simplesmente para desonrá-los. Ele acrescenta: "Isso sempre foi considerado pelos padres como um artifício aceitável na controvérsia religiosa".

O estudioso alemão John Laurence von Mosheim, no seu respeitado *History of the Christian Religion*, afirma a propósito do Evangelho de Hermes: "Na época em que ele escreveu (muito provavelmente), entre 140 e 155 d.C., era uma máxima estabelecida entre muitos dos cristãos que era perdoável ao defender a religião valer-se de fraude e engano se fosse provável que isso levasse a atrair um bem considerável. Da lista de livros e histórias ridículas a que essa noção errônea deu origem dos séculos II ao XV ninguém que tenha familiaridade com a história cristã pode alegar ignorância".

O julgamento áspero de Gibbon foi que, *desde que tenham contribuído para a glória da Igreja*, as lendas e invenções foram louvadas pelas multidões, acolhidas pela hierarquia e sustentadas pelas duvidosas "evidências" de alegada história eclesiástica. Como um exemplo específico, Gibbon observa, na sua obra *Vindication*, que o 32º capítulo do *Décimo Segundo Livro de Anselmo, Preparação Evangélica*, mantém no título a escandalosa proposição: "Como Pode Ser Legítimo e Adequado Usar a Falsidade como um Remédio e para o Benefício Daqueles Que Querem Ser Enganados".[3]

O maior pregador da Igreja inicial, João Crisóstomo (o Boca de Ouro), que viveu de cerca de 347 a 407 e foi tanto bispo de Constantinopla quanto um famoso doutor da Igreja, observou no seu comentário sobre 1 Coríntios 9:19: "Grande é a força do engano, desde que não seja provocada por intenção traiçoeira". Poucas pessoas hoje em dia são capazes de ler essa passagem sem uma reação de repúdio e espanto.

Séculos mais tarde, até mesmo um religioso distinto como o cardeal John Henry Newman, no livro *Apology for His Life*, pareceu pôr o seu selo de aprovação a esse tipo de desonestidade em nome da glória da fé. Ele escreveu: "Os padres gregos pensavam que quando a causa era justa *(justa causa)* uma inverdade não precisava ser uma mentira". Com uma lógica dessas é possível justificar qualquer coisa.

Isso é simplesmente uma pequena amostra de uma grande quantidade de evidências apresentada por Kuhn e outros de que os primeiros padres sustentavam como uma "proposição positiva" o fato de que fraudes piedosas eram não só justificáveis como também até mesmo louváveis. Para impor as suas alegações de salvação exclusiva, eles enchiam toda a literatura eclesiástica "com o vício das mentiras mais deslavadas". Uma vez que o "paganismo" precisava ser combatido, as profecias sobre Cristo por Orfeu e as Sibilas foram forjadas e as "mentiras delirantes" se multiplicaram. Os hereges precisavam ser convencidos, assim foram introduzidas falsificações e consumadas mentiras rematadas. O processo como um todo continuou até que finalmente o próprio sentido e o apego à verdade "pareceram extirpados dos pensamentos dos homens". Conforme veremos, até mesmo os textos desenvolvidos do Novo Testamento foram contaminados.

Higgins afirma categoricamente que todos os autores antigos, sem exceção, chegaram até nós por meio de editores cristãos que "por malícia ou insensatez, os deturpou a todos". Ele escreve: "Sabemos que posteriormente, de uma fornada, todos os padres da Igreja e todos os Evangelhos foram 'corrigidos', quer dizer, desvirtuados pela ação conjunta do bispo romano, Lanfranc, que viria a tornar-se o arcebispo de Cantuária, em 1070, e dos monges beneditinos de Santo Amaro".

Uma revisão semelhante aconteceu séculos antes. Victor Tununensis, um bispo africano do século VI, escreveu uma crônica concluída no ano 566. Ela registra que no ano de 506, em Constantinopla, por ordem do imperador Anastácio, "os santos Evangelhos, escritos pelos evangelistas ignorantes, foram censurados e corrigidos". Um dos padres da Igreja, um bispo Dionísio, queixava-se de que até mesmo os próprios textos dele "foram falsificados por apóstolos do diabo". Não é de admirar, acrescentou ele, "que as Escrituras também tenham sido falsificadas por esse tipo de gente".[4] Até mesmo Orígenes observou que as diferenças entre edições dos Evangelhos já na época dele foram "consideráveis", em parte por causa da falta de cuidado dos próprios copistas mas também em parte por causa da indiferença audaciosa "daqueles que acrescentavam ou retiravam o que lhes parecesse conveniente durante a faina de 'correção'".[5]

Obviamente se deve considerar com profunda desconfiança qualquer grupo ou movimento, por mais nobres que pareçam as suas declarações, que pretenda vencer a sua "causa" silenciando, excomungando ou assassinando os seus supostos adversários. Entretanto, a maioria dos cristãos atuais não tem a menor consciência de que a história da Igreja encobre um longo registro horroroso exatamente desses tipos de táticas praticadas pelos proponentes do que acabou se tornando a crença no credo "ortodoxo". Mais do que isso, o tipo de fúria intolerante desencadeada nos séculos III e IV contra os pagãos, "hereges" e não conformistas de todos os tipos estabeleceu um precedente implacável para os séculos vindouros. O historiador da Igreja relativamente moderno G. R. S. Mead cita, por exemplo, a queima dos manuscritos dos rabinos franceses durante a tristemente célebre Inquisição e o vandalismo dos cruzados fanáticos, "que deixaram atrás de si pilhas fumarentas de pergaminhos hebraicos no seu caminho de sangue e fogo". Kuhn sustenta que as queimas oficiais de livros hebraicos começou em Montpellier, na França, em 1233, com o lançamento às chamas de todas as obras de Maimônides (1135-1204), o conceituado filósofo e teólogo judeu. No mesmo ano, em Paris, cerca de 12 mil volumes do Talmude foram queimados e, em 1244, 18 mil outras obras diversas foram atiradas ao fogo, registra ele.

Epifânio (315-403), o bispo rigidamente conservador de Salamina, em um ataque contra os "hereges sabelianos" (que acharam que não poderiam acompanhar opinião majoritária da Trindade), escreveu que "o conjunto dos seus erros (...) deriva do (...) que é chamado o Evangelho dos Egípcios".[6] Khun comenta: "De um valor inestimável seria esse mesmo Evangelho dos Egípcios *se a fúria cristã não o tivesse destruído*". Outro livro inestimável, *A Palavra Verdadeira,* de Celso, um dos mais notáveis filósofos pagãos do século II, foi igualmente queimado. O excepcional filósofo gnóstico Basilides (c. 135-150), que ensinou em

Alexandria no segundo quartel do século II, alegava ter o conhecimento de uma tradição secreta transmitida pelo próprio São Pedro. Era altamente considerado até mesmo pelo eminente teólogo cristão e padre da Igreja, Clemente de Alexandria (c. 150-215). Entretanto, de acordo com Eusébio, as suas insubstituíveis e amplamente respeitadas *Interpretações dos Evangelhos* — em 24 volumes esplêndidos — foram queimadas "por ordem da Igreja". Mais 36 volumes inestimáveis escritos por Porfírio (c. 232-303), uma das mentes mais cultas e brilhantes da sua época, foram destruídos pelos padres da Igreja. Porfírio, um filósofo neoplatônico que não podia aceitar a divindade de Cristo e que expôs numerosas incoerências nos Evangelhos, tentou adotar o cristianismo oficial por um breve período mas descobriu que era tristemente deficiente. Quinze dos seus livros queimados constituíam uma série especial intitulada *Contra os Cristãos.* Os pesquisadores pagariam caro para tê-los atualmente.

No seu livro *Pagan and Christian Creeds,* Edward Carpenter, um filósofo inglês, escreve sem rodeios: "Os escritores cristãos (...) não só apresentaram novas doutrinas, lendas, milagres e assim por diante — a maior parte dos quais podemos localizar em fontes pagãs antecedentes —, mas também se deram o trabalho de destruir os registros pagãos e assim eliminaram as evidências da sua própria desonestidade". J. M. Robertson, em *Pagan Christs,* concorda com Carpenter e dá como exemplo o tratado de Firmício (c. 350), que foi deliberadamente mutilado na passagem em que acusa os cristãos de seguir as práticas do culto de Mitra, amplamente generalizado.[7]

Kuhn, no seu inspirador mas em certos momentos difícil volume *The Lost Light,* explica que a história da destruição não só de livros mas também de cidades, mosteiros e templos — na realidade, da primitiva civilização pré-cristã gaélica na Inglaterra, na Irlanda, na Bretanha e na Gália — é também uma narrativa triste da fúria cristã. Uma multidão cristã enfurecida destruiu a cidade gaulesa de Bibracte em 389, e Alesia foi destruída antes disso. Bibracte tinha uma faculdade druida sagrada com 40 mil alunos e oferecia cursos de filosofia, literatura, gramática, direito, medicina, astrologia, arquitetura e religião esotérica. Arles, com um centro de cultura fundado 2 mil anos antes da era cristã, foi saqueada pelos cristãos em 270. Esses atos de revolta com todas as probabilidades incluíram a destruição trágica de pergaminhos e livros que poderiam muito bem ter esclarecido inteiramente a nossa compreensão dos misteriosos monumentos rochosos de Stonehenge. Em vez disso, eles continuam envoltos em um miasma de dúvidas e ignorância.

A destruição total dos 500 mil a 750 mil livros e pergaminhos da incrível biblioteca de Alexandria por uma turba cristã permanece talvez como o maior testemunho isolado do esmagador ódio à cultura e à educação por parte das multidões ignorantes que afluíam para a nova religião. Essa gente buscava, conforme já expus, uma religião exotérica (ou literal) adequada ao mais inferior denominador comum.

Esse vasto depósito de conhecimento antigo, com o seu museu e o templo de Serápis (o Serapeum), foi originalmente fundado por Ptolomeu I, um ex-amigo de infância de Alexandre, o Grande, e posteriormente um dos principais generais do conquistador, entre 300 e 290 a.C. Abrigava clássicos de valor inestimável em todos os campos do empreendimento humano, de medicina a teologia, incluindo obras dos grandes dramaturgos gregos Eurípides, Ésquilo e Sófocles. Foi parcialmente queimado por acidente durante um ataque punitivo ao porto por Júlio César, em 47 a.C., e depois foi alvo de destruição pelo imperador Aureliano no século III. Ele reinou de 270 a 275 d.C. Em 400, o Serapeum, para onde a maioria dos livros tinha sido levada na época, foi queimado totalmente por ordem de Teófilo, o bispo de Alexandria. Depois houve tumultos liderados por uma multidão enfurecida de monges cristãos em 415, no reinado do imperador Teodósio, e com o conhecimento ou conivência do bispo Cirilo, que sucedeu a Teófilo como o patriarca. Tudo o que restava da biblioteca, do museu e do templo foi finalmente reduzido a ruínas fumegantes.

Tragicamente, essa mesma multidão enfurecida, liderada por um monge chamado Pedro, o Caixeiro, atacou e assassinou Hipácia, uma mulher amplamente respeitada, a mais brilhante filósofa, astrônoma e matemática da Antiguidade. Filha do ilustre filósofo platônico Theon e professora mais importante da biblioteca e do museu, Hipácia representava o padrão elevado da erudição e do refinamento pagãos — e foi um exemplo de primeira qualidade da igualdade das mulheres na religião supostamente inferior. Ela foi arrastada pela multidão furiosa para uma igreja chamada o Caesareum, onde foi desnudada, apedrejada com telhas e esquartejada; sua carne foi arrancada dos ossos com o uso de conchas marinhas e depois foi queimada em um lugar chamado Cinaron. Sócrates Escolástico (380-450) registra, na sua *História Eclesiástica*, que isso aconteceu durante a Quaresma, no quarto ano do bispado de Cirilo. Algumas autoridades questionam se Cirilo esteve diretamente envolvido na morte de Hipácia, mas era sabido que ele invejava a popularidade daquela mulher e era um inimigo inflamado de tudo que não fosse a nova religião cristã ortodoxa, ou cristianismo. Cirilo caçava impiedosamente os hereges, pagãos e judeus, apoderando-se das suas casas e demais bens. O *Oxford Dictionary of the Christian Church* afirma que, se Cirilo não ordenou o assassínio de Hipácia, este "certamente foi obra de seus seguidores". Essa mesma fonte afirma que o que quer que se pense sobre os "métodos adotados" por Cirilo na luta contra os inimigos identificados da Igreja, "a excelência e a capacidade dele como teólogo [cristão] são inquestionáveis". (Aparentemente é possível ser um bom teólogo e ao mesmo tempo praticar violências da pior espécie.) A propósito, a majestosa biblioteca de Alexandria foi reaberta recentemente, com grande pompa e cerimonial, quase 1,6 mil anos depois da sua destruição.[8]

Todos esses tumultos e destruições foram mais uma tentativa deliberada de "extinguir todas as vinculações" entre o corpo doutrinário cristão e quaisquer textos pagãos. As mais altas autoridades da Igreja não estavam contentes com a alegação original, capciosa, de que Satã estava por trás de todas as incríveis semelhanças — eles até mesmo falaram de "plágio prognosticado", acusando que o diabo introduziu clandestinamente ritos, doutrinas e dogmas séculos antes de serem adotados pela Igreja —, assim destruíram até onde foi possível todos os registros pagãos para apagar as evidências da própria desonestidade. Tratados inteiros sobre o mitraísmo — um forte rival da religião cristã incipiente — foram eliminados. A biblioteca de Apolo em Roma foi incinerada e arrasada. Comentando sobre esse fenômeno totalmente vergonhoso, Sir Gilbert Murray (1866-1957), o grande pesquisador clássico, declarou: "A polêmica literatura do cristianismo é espalhafatosa e triunfante; os livros dos pagãos foram destruídos!" O imperador romano Teodósio I, que reinou de 379 a 395, tornou numerosas heresias ilegais, e o paganismo foi virtualmente proscrito. O sucessor dele, Teodósio II, promulgou o Código Teodosiano, que colocou especificamente 36 heresias sob banimento total e anatemizou completamente o paganismo, os templos pagãos, bem como os astrólogos. Em 529, o imperador Justiniano, em nome do cristianismo, finalmente fechou as portas da famosa Academia de Platão em Atenas, pôs os filósofos em fuga e forçou a todos os que não conseguiram escapar a ser batizados.

As tentativas iniciais da Igreja de culpar as semelhanças óbvias entre as doutrinas cristãs e os originais pagãos como obra do diabo me pareceram a princípio exageradas demais para receberem crédito. Então li o que comentou a respeito Justino Mártir, sob outros aspectos estimado apologista cristão. Ele descreveu a Eucaristia como é descrita nos Evangelhos e depois declarou que "os diabos pecaminosos [a] *imitaram* nos Mistérios de Mitra, ordenando que fossem feitas as mesmas coisas. Pois, o pão e um cálice de água são colocados com determinados encantamentos nos ritos místicos de alguém que esteja sendo iniciado de um modo que não se pode nem saber nem aprender [destaque no original]". Tertuliano (160-220), originário do norte da África e finalmente o primeiro teólogo romano a escrever em latim, também disse que o diabo, "pelos mistérios dos seus ídolos", imita até mesmo a principal parte dos "mistérios divinos [cristãos]". Ele escreve: "Ele batiza os seus adoradores em água e os faz acreditar que os purifica dos seus crimes! (...) Mitra deixa a marca na testa dos seus soldados; ele celebra a oferenda do pão; ele oferece uma imagem da ressurreição (...) ele limita os seus principais sacerdotes a um único matrimônio; ele até mesmo tem as suas virgens e ascetas".

A prova concludente de que o cristianismo posterior medieval e os nossos pontos de vista modernos da religião cristã não são idênticos aos mantidos desde o início reside na triste verdade de que um dos mais influentes e doutos dos padres, um homem cuja erudição foi fundamental para o conhecimento da Igreja primitiva, foi excomungado como herege. Isso foi feito trezentos anos depois da morte dele por uma Igreja que perdera muito rapidamente a luz da sua inspiração original. Orígenes, um discípulo de São Clemente de Alexandria, acreditava que reencarnação, carma e salvação universal eram doutrinas cristãs e ensinava a respeito.

Ele se opunha a uma interpretação literal das Escrituras e à redução das profundezas da verdade espiritual às vulgaridades do exoterismo simplista (isto é, o pensamento literalista, comum, nivelado por baixo). Pagou um preço por isso. Uma das suas mais importantes observações — de que a Igreja precisa ouvir e refletir a respeito novamente hoje em dia — foi que a compreensão literal do "Cristo crucificado" dentro da fé era uma doutrina "só adequada às crianças".

O que acabei de documentar, da maneira mais concisa possível, foi a destruição calculada, a corrupção e o acobertamento de uma religião antiga, respeitável e altamente espiritual. Foi um crime da maior magnitude que a Igreja ainda se recusa a reconhecer, que dirá pedir o perdão divino por isso. A coisa mais importante a lembrar nesse momento é que não pode haver esperança verdadeira de recuperação e renovação, seja para uma pessoa, seja para uma instituição, sem um confronto honesto com o passado. Varrer para baixo do tapete da ignorância mesmo que parte disso, desculpas ou lugares-comuns nunca poderão levar à cura e ao futuro que todos buscamos. Para usar novamente a metáfora que empreguei no início, nenhuma cirurgia é agradável, mas às vezes a cirurgia é a única esperança de um futuro saudável para o paciente.

O lampejo de esperança que ainda continuou brilhando para mim quando li pela primeira vez sobre esse nefasto, sombrio e vergonhoso registro de acontecimentos foi o mesmo que ilumina para sempre as palavras no prólogo ao Evangelho de João: "e as trevas não prevaleceram contra ela". Essa mesma luz, de acordo com São Paulo, brilha no coração de cada um de nós por meio do espírito do Cristo que reside em nós. Essa parte decisiva, otimista, da nossa história ainda está por vir.

5

JÁ ESTAVA TUDO ESCRITO ANTES... NO EGITO

Primeira Parte: A Religião do Egito Antigo

Tudo o que contribuiu para formar o início da história cristã havia muito preexistia como algo bem diferente do que a história, era na realidade expressamente não histórico, na mitologia e na escatologia egípcias. Pois quando o sol no equinócio da Páscoa entrou no signo dos peixes (Pisces) por volta de 255 a.C., o Jesus que é conhecido como o fundador do cristianismo tinha no mínimo 10.000 anos de idade e viajara de um lado para outro como Aquele Que Virá Eternamente por todo o período precedente. (...) Durante aqueles 10.000 anos, a mesma encarnação do ideal divino no personagem de Iusa [ou Hórus], o Filho Vindouro, saturou a mente do Egito com a sua influência exaltada. Os homens daquela época nem sonhavam que a sua figura ideal da divindade humana seria tornada história no momento oportuno como um homem de carne e osso.

— ALVIN BOYD KUHN, Who Is This King of Glory?

Muitos de vocês, se forem como eu, sempre se intrigaram com o mistério envolvendo o Egito antigo. Mas a pessoa comum não tem uma compreensão funcional da religião egípcia, em grande parte porque o simbolismo geralmente tem sido mal explicado. Essa breve explicação ajudará o leitor a perceber o que está por trás de tudo o que é explanado a seguir.[1]

A exemplo dos cristãos que viriam muitos milênios depois, os antigos egípcios acreditavam em um Deus incriado, existente por si mesmo, imortal, invisível, eterno, onisciente, todo-poderoso e inescrutável; esse Deus era o criador do céu e da terra, do ar e do mar, dos homens e das mulheres, dos animais, dos pássaros, dos peixes e dos seres rasteiros, das árvores e das plantas, e dos seres incorpóreos que eram os mensageiros (anjos) que atendiam aos seus desejos e às suas ordens.

A religião e a teologia egípcias como um todo baseavam-se nessa crença monoteísta. (Um hino encontrado nas pirâmides diz: "Ó, tu, Filho divino, que criaste a ti mesmo, não sou capaz de explicar-te".) De maneira incrível, essa crença persistiu desde os tempos mais remotos. Na verdade, um conjunto de idéias e crenças aparentemente politeísta também foi cultivado de tempos em tempos, mas mais como personificações de forças e poderes naturais — de modo muito parecido com o hinduísmo. Nunca se perdeu de vista a idéia do monoteísmo; ao contrário, ela se traduziu na literatura religiosa de todos os períodos. Isso se aplica em especial ao caso das diversas reedições daquele *corpus* conhecido como o Livro dos Mortos egípcio. A palavra usada para as outras divindades não era na realidade a nossa palavra "Deus", mas Neter, um aspecto espiritual do Deus único.

Na sua obra clássica *Egyptian Religion*, Sir Wallis Budge, o famoso encarregado das antiguidades egípcias e assírias do Museu Britânico um século atrás, classifica os antigos egípcios como sem dúvida nenhuma "os primeiros entre as nações no seu potencial para o desenvolvimento e na sua capacidade de desenvolver conceitos sobre Deus e a vida futura, que são considerados como o produto peculiar das nações mais desenvolvidas culturalmente do nosso tempo".

À luz do presente livro, o que importa particularmente é a crença egípcia em uma divindade antropomórfica, ou ideal crístico, cuja vida neste mundo e no além era típica da vida ideal do homem. As incorporações mais importantes dessa divindade foram, é claro, Osíris e o seu filho, Hórus. Nenhum deles, porém, jamais foi considerado histórico.

Uma lista com os nomes de todos os deuses do Egito encheria páginas. Mas todos esses deuses eram apenas formas, atributos ou fases de Ra, o deus solar, o qual em si mesmo era o símbolo ou a metáfora suprema de Deus. "As classes instruídas do Egito nunca situaram 'os deuses' no mesmo nível elevado do Deus único, e nunca imaginaram que o seu ponto de vista a esse respeito fosse mal interpretado", declara Budge.

Ra era indubitavelmente o mais velho dos deuses venerados, "e o seu nome pertence a um período tão remoto que o seu significado pleno é desconhecido. Ele foi em todos os períodos o emblema visível de Deus", afirma Budge. Um hino inscrito no túmulo de Seta I (c. 1370 a.C.) diz: "Que tu sejas louvado, ó Ra, tu o poder exaltado (...) tu que és o Único a dar vida ao que foi gerado, contempla (teu) corpo Hórus". Em outras palavras, Hórus, o filho de Osíris e Ísis, é ele mesmo um aspecto de Ra. Na realidade, Budge afirma: "Encontramos em toda parte a tentativa de enfatizar (...) todo deus [Neter], seja estrangeiro, seja nativo, como um aspecto ou forma de Ra".

Eis algumas caracterizações típicas do texto antigo:

- Deus é Um e único e nenhum outro existe com ele.
- Deus é o Único criador que fez todas as coisas.
- Deus é um espírito, um espírito oculto, o espírito dos espíritos, o espírito divino.
- Deus existe desde o princípio. (...) Ele existia quando nada mais existia. (...) Ele deve sobreviver por toda a eternidade.
- Deus é verdade. (...) Deus é vida. (...) Ele vive pela humanidade e respira o sopro da vida nas suas narinas.[2]
- Deus é pai e mãe, o pai dos pais. (...) Ele é o criador do céu e da terra.
- Ele é o Oleiro primevo que transformou os homens e os deuses em seres com as próprias mãos.

Há também passagens (que me lembram as de Isaías 40) em que o texto egípcio diz: "O céu descansa sobre a sua cabeça e a terra sustenta os seus pés". A seguinte passagem também me faz recordar os Salmos: "Deus é misericordioso com aqueles que o reverenciam e atende àqueles que o invocam. Ele protege os fracos contra os fortes e ouve os lamentos dos que foram postos em ferros". E em uma passagem remanescente do Gênese, capítulo 1, somos informados de que os egípcios acreditavam em um tempo em que nada existia — nem o céu nem a terra — exceto a água primeva ilimitada, Nu, que era envolta pela treva espessa. "Por fim, o espírito pronunciou a palavra e o resultado foi a criação."

Budge afirma que, em um dado momento, "a maior esperança do egípcio parece ter sido que ele poderia não só tornar-se divino, o filho adotado por Deus, mas que Ra tornar-se-ia de fato o seu pai". Homem e mulher tornar-se-iam filhos reais de Deus.

Desde os tempos mais remotos, o egípcio acreditava que Osíris fosse a origem divina; que sofrera traição, morte e mutilação nas mãos dos poderes malignos; e que, depois de uma luta grandiosa com esses poderes, erguera-se novamente. Pelo fato de ele ter vencido a morte, os justos também poderiam vencer a morte. Ele era tão exaltado que se tornou igual e até mesmo, às vezes, superior a Ra, o deus sol. No seu nascimento no mundo, ouvia-se uma voz dizendo: "O senhor de toda a terra nasceu". Budge observa: "A adoração de Osíris era tão disseminada e a crença nele como o deus da ressurreição tão profundamente entranhada (...) que ele representava o ideal de uma pessoa que era tanto divina quanto humana, e tipificava para os egípcios em todas as épocas o ser que em conseqüência dos seus sofrimentos e morte como humano poderia simpatizar com eles na sua própria enfermidade e morte". Isso me faz pensar imediatamente nesta passagem da Epístola aos Hebreus: "Porque naquilo que ele mesmo, sendo tentado, padeceu, pode socorrer aos que são tentados".

Osíris era divino, ainda que no mito se tornasse um humano que viveu na terra, comeu, bebeu e sofreu uma morte cruel, então triunfou sobre a morte com a ajuda dos deuses (Hórus) e alcançou a vida eterna. Budge acrescenta: "Mas o que Osíris fez, eles poderiam fazer, e o que os deuses fizeram por Osíris, poderiam fazer também por eles. (...) Assim como o deus, eles voltariam outra vez e herdariam a vida eterna". Hórus era tão intimamente associado a Osíris que às vezes eles são praticamente intercambiáveis. A essa altura, somos lembrados do Jesus do Evangelho de João. Disse ele: "Eu e o Pai somos um".

Assim, o seguinte hino era entoado para Osíris: "Que o teu coração se alegre, pois o teu filho Hórus assumiu o teu trono". Em outro verso do mesmo hino, surpreendemos o que se parece com uma antevisão do *Messias* de Haendel: "Honra a ti, Ó tu que és o rei dos reis, o senhor dos senhores e o príncipe dos príncipes".

O que é mais significativo é que, por mais longe que os pesquisadores recuem no tempo, não existe um momento em que "não exista uma crença na ressurreição, pois em toda parte se presume que Osíris ressurgiu dos mortos". Finalmente, diz Budge, Osíris "tornou-se a causa da ressurreição dos mortos; e o poder de herdar a vida eterna sobre os mortais foi transferido dos deuses para ele. (...) Ele, que era o filho de Ra, tornou-se igual ao pai e assumiu o seu lugar ao lado dele no céu". Isso lembra a declaração no Credo dos Apóstolos, "e ele subiu ao céu e está sentado à direita do Pai". Assim ele se tornou não somente igual a Ra mas, em muitos aspectos, "um deus tão grandioso quanto ele".

Em outra fase do mesmo conjunto de histórias, Hórus é tudo o que Osíris foi. Em uma litania do Livro dos Mortos egípcio, é dito: "Teu filho Hórus é triunfante. (...) A soberania sobre o mundo foi dada a ele, e o domínio dele se estende às partes mais extremas da terra". Ambos eram "o deus-homem, o ser que era ao mesmo tempo divino e humano".

Budge escreve: "Mais tarde, os egípcios cristãos encontraram em Osíris o protótipo de Cristo, e nas imagens e estátuas de Ísis amamentando o filho, Hórus, identificaram os protótipos da Virgem Maria e o seu Filho". Um tanto singelamente, ele acrescenta que em nenhum lugar do mundo o cristianismo encontrou pessoas cuja mente fosse tão pronta para receber as suas doutrinas quanto entre os egípcios!

Com relação à grande deusa Ísis, Budge sustenta que o que mais sensibilizava os egípcios era o papel dela como "mãe divina". No papel dessa personagem, "milhares de estátuas representam-na sentada e amamentando o filho, Hórus, a quem ampara sobre os joelhos".

O Olho de Hórus

Para aqueles que possam considerar que Hórus, o Cristo egípcio, seja um personagem remoto e obscuro, envolto nas brumas da antiguidade mítica, gostaria de mostrar que a história dele ainda tangencia a vida de praticamente todos os habitantes do nosso planeta, independentemente de nacionalidade, cor ou clima. O mito de Hórus conta que ele estava determinado a vingar a morte do pai nas mãos do tio traiçoeiro, Seth. Durante a luta, Hórus teve o olho arrancado e despedaçado, mas Tot, que personificava o intelecto divino e era o inspirador das leis entre os antigos egípcios, curou-o e restaurou-o completamente. O olho acabado, renovado, veio assim a denotar simbolicamente a integridade, a cura e a saúde. Acabou sendo usado na escrita hieroglífica para representar a saúde incólume e a unidade. Depois, o símbolo tornou-se um sinal místico usado por Galeno, o famoso médico grego do século II, para marcar os pacientes, e a sua pictografia gradualmente evoluiu para a forma de Rx, que atualmente é o símbolo para uma prescrição em todos os países do mundo, qualquer que seja o seu idioma.

Você alguma vez examinou atentamente uma nota de 1 dólar americano? Nela também se encontra o eterno olho de Hórus/Osíris — assim como uma pirâmide. Diversos dos Pais Fundadores americanos, com maior destaque para George Washington, pertenciam à Ordem da Maçonaria. Os maçons baseiam a maior parte dos seus rituais secretos em símbolos e cerimônias que se originaram com a construção das grandes pirâmides do Egito e outros costumes esotéricos egípcios.

A Vida Após a Morte

Na religião egípcia, a crença em que as ações cometidas durante a vida encarnada seriam analisadas e avaliadas pelos poderes divinos depois da morte pertence ao período mais remoto dessa civilização. Essa crença permaneceu essencialmente a mesma em todas as gerações e ao longo de todos os períodos. Cada alma era tratada como um indivíduo isolado, na maioria das vezes sendo "pesada na balança" — um conceito representado por muitas inscrições na pedra. Vemos balanças com o coração das pessoas em um dos seus pratos e uma pena (simbolizando a justiça ou a lei moral) no outro. A meta era conseguir ser admitido no reino de Osíris.

O lugar do julgamento era chamado a Antecâmara de Maat (ou Mate, no plural). Essa palavra se referia originalmente a um caniço ou bastão usado como instrumento de medida. O nome foi depois transferido para duas divindades, Ísis e Neftis, que também eram chamadas de Mate porque participavam do julgamento representando a retidão, a integridade, o que é verdadeiro e certo. Significativamente, tanto Massey quanto Kuhn remontam a origem do nome de Mateus no Novo Testamento a esse conceito original; seja isso verdade ou não, é inegável que, dos quatro Evangelhos, o de Mateus é acima de todos o Evangelho do julgamento (veja especialmente a parábola exemplar das ovelhas e dos cabritos em Mateus 25). Esse também é o Evangelho em que se encontra a nova Torá, ou Lei da Integridade — o Sermão da Montanha.

Na Antecâmara de Maat, o morto recitava uma confissão negativa em uma série de comunicações a um "júri" de 42 deuses. O defunto nomeava cada deus e dizia: "Não cometi tal e qual pecado". Entre os pecados destacavam-se roubo, falso testemunho, engano em pesos e medidas, acessos de raiva, mentira, fornicação, blasfêmia e outras ofensas semelhantes.

Conforme Budge observa, os conceitos religiosos e morais por trás dessa confissão são "muitíssimo antigos" e nos dão uma imagem clara dos valores elevados que assinalavam o que os antigos egípcios acreditavam ser o seu dever tanto em relação a Deus quanto ao próximo. Depois do julgamento, Hórus, que tinha todos os atributos de Osíris, levava o morto ao trono do pai e perguntava se ele ou ela seriam admitidos à presença divina "e se converter-se-iam em seguidores de Hórus para sempre".

O morto então dizia: "Distribuí o pão entre os que tinham fome, água aos que tinham sede, roupas aos que não tinham o que vestir, um barco ao marinheiro naufragado". Essas palavras ecoaram obcecadamente muitos séculos depois no capítulo de Mateus que acabou de ser citado acima: "Porque tive fome, e me destes de comer; tive sede, e me destes de beber; era forasteiro, e me acolhestes; estava nu, e me vestistes".

Nem sempre se pode dizer que o que mais se destaca em todos os estágios e em todas as formas no estudo da história, da literatura e da arte egípcias é a freqüência das alusões à vida futura. A crença em um deus é antiga nessa cultura mas, conforme Budge ressalta com freqüência, a crença em uma vida posterior é mais antiga ainda — "no mínimo tão remota quanto os vestígios mais antigos encontrados no Egito". Os egípcios acreditavam que as pessoas que viveram uma vez neste mundo teriam a vida "renovada" depois da sepultura, "e que ainda vivem e viverão até o final dos tempos". As almas dos abençoados, completadas com corpos espirituais, "habitam o céu com os deuses e participam de todos os benefícios celestiais para todo o sempre".

Os antigos egípcios acreditavam que uma pessoa seria constituída de corpo, alma e espírito. Apesar do que alguns ensinaram sobre o significado da mumificação, os textos egípcios são bem específicos: a alma e o espírito dos justos subsistem ao corpo e vivem com todos os beatificados e os deuses no céu. "No entanto", afirma Budge, "o corpo físico não se elevaria outra vez, e se acreditava que jamais deixaria o túmulo." Em uma inscrição da quinta dinastia, cerca de 3400 a.C., lê-se: "A alma para o céu, o corpo para a terra".

Budge, contudo, vacila no motivo pelo qual os egípcios continuaram a mumificar os seus mortos quando não esperavam que o corpo tornasse a se levantar. Ele deixa de explicar isso. Mas observa que, em todos os textos egípcios, em nenhum momento é dada uma explicação em relação ao processo da mumificação. Kuhn, não obstante, acredita que o significado da múmia é bastante claro. O seu segredo reside na antiga crença egípcia na encarnação, o Deus-tornado-carne em cada pessoa, conforme já discutido no capítulo 3. A múmia era para ser uma lembrança constante da encarnação e da sua significação eterna. O corpo era o veículo para o espírito divino. Assim como era mergulhado em diversos medicamentos e especiarias para ser preservado, assim também cada pessoa é "impregnada", ou untada, com as energias da alma que perdurará para a vida eterna. É por isso que a múmia é chamada de Karast ou Krist (KRST): o conceito de Cristo em si vem de uma palavra de raiz significando "untar". A palavra hebraica *Messias* deriva de uma raiz semelhante.

Os egípcios acreditavam em uma ressurreição corporal, mas ela era de uma espécie puramente espiritual. O corpo do morto transformava-se em um Sahu, ou "corpo espiritual incorruptível" (sombras do que Paulo diz bem explicitamente em 1 Coríntios 15), que saía imediatamente da sepultura e ia ao céu para ficar com Deus. De acordo com Budge, essa crença em um corpo espiritual data até mesmo do período pré-histórico. O destino final da alma é tornar-se inteiramente divinizada. No Papiro de Ani, o morto diz: "A minha alma é Deus, a minha alma é a eternidade". Por fim, a pessoa morta se torna parte do próprio Ra. O Amduat, já mencionado, fazia parte desse conjunto de textos sagrados antigos que tratavam do mesmo tema.

Desde a quinta dinastia se acreditava que o morto (assim como no Livro do Apocalipse, no Novo Testamento) não sofria nem fome nem sede; ele era envolvido em linho branco e comia do fruto da Árvore da Vida. No capítulo 52 do Livro dos Mortos egípcio, fica evidente que, no céu, os relacionamentos são reconhecidos e dão satisfação. Em uma passagem (c. 1000 a.C.), o morto reza para que o pai e a mãe "sejam concedidos a mim como guardiões da minha porta, e para as providências da minha residência". Budge observa: "Ele não pediria isso se pensasse que não haveria perspectiva de encontrar os pais no outro mundo. (...) Assim estamos certos de que os egípcios acreditavam que encontrariam os parentes no outro mundo e os reconheceriam e seriam reconhecidos por eles".

Apesar do tom altamente espiritual de todo esse ensinamento, o capítulo 110 do Livro dos Mortos mostra que os egípcios acreditavam que viveriam uma vida semimaterial na época vindoura. Embora espíritos, eles plantariam e colheriam, comeriam e beberiam alimentos celestiais, fariam amor e "tudo igual ao que uma pessoa faz na terra".

Budge conclui o seu livro com o seguinte: "Assim vemos por quais meios os egípcios acreditavam que o homem mortal seria ressuscitado dos mortos e atingiria uma vida eterna. A ressurreição era o objeto com que toda prece era pronunciada e toda cerimônia realizada, e cada texto, cada amuleto, cada fórmula de todos os períodos e épocas, tinha como finalidade capacitar o mortal a conquistar a imortalidade e viver eternamente em um corpo transformado e glorificado".

Segunda Parte:
Hórus e Jesus São o Mesmo

Assim Moisés foi instruído em toda a sabedoria dos egípcios.

— ATOS 7:22

E do Egito chamei a meu filho.

— OSÉIAS 11:1

O Egito laborou o retrato do Cristo por milhares de anos antes de os gregos acrescentarem os seus retoques finais ao tipo (símbolo) do deus solar sempre jovem. Foi o Egito que primeiro fez a estátua representando um ser de carne e osso com vida própria e o seu ideal do divino humanizado. Os mitos cristãos relacionavam-se originalmente a Hórus ou Osíris, que eram a incorporação dos aspectos divinos de divindade, sabedoria, verdade e pureza. (...) Esse foi o maior herói que já viveu na mente do homem — não na carne — para influenciar com força transformadora; o único herói para quem os milagres eram naturais porque ele não era humano.

— GERALD MASSEY, The Natural Genesis

Chegamos agora à parte mais decisiva da nossa pesquisa — as evidências específicas de que a história de Jesus não é original como nos parece nos Evangelhos do Novo Testamento. Gerald Massey isolou 180 exemplos de semelhança muito próxima ou identidade real entre Hórus, o Cristo do velho Egito, e o Jesus do Evangelho. Lendo inicialmente a pesquisa dele e depois o desenvolvimento minucioso elaborado sobre ela por Kuhn, juntamente com a obra complementar de eruditos como Freke e Gandy sobre o período intermediário entre o Egito e mais tarde os desdobramentos grego e judaico, fui levado inexoravelmente à convicção de que o Egito foi verdadeiramente o berço da figura do Jesus dos Evangelhos. Ali já existia a história de como o filho divino "deixou as cortes celestiais", conforme Massey descreve, e desceu à terra como o bebê Hórus. Nascido de uma virgem (por meio de quem ele "se fez carne", ou entrou na matéria), ele depois se torna um substituto da humanidade, desceu ao Hades como o ressuscitador dos mortos, capaz de perdoá-los e redimi-los, "os primeiros frutos", e líder da ressurreição para a vida futura.

Esse protótipo mítico levou-me, e a muitos outros que estudaram as descobertas que seguem, a uma compreensão aprofundada, mais espiritual, do que significa dizer que Jesus é o Cristo. Essa foi uma experiência profundamente positiva, conscientizadora, plena de esperança renovada de uma fé verdadeiramente "razoável" nas origens eternas, universais. Em vez de destruir as convicções profundamente arraigadas sobre Deus, a importância dos Evangelhos e a imortalidade, essa investigação resultou em uma confirmação dessas convicções em mim e as enriqueceu além de todas as medidas.

Na sua inteligente refutação aos muitos críticos irados que alegavam que ele estaria destruindo a crença na divindade de Jesus ao ressaltar todas as semelhanças, Massey exclama: "Não se trata de negar a divindade de Jesus Cristo; eu a afirmo! Ele foi e nunca poderia ser outra coisa a não ser uma divindade; isto é, um personagem não humano e inteiramente mítico, que foi a divindade dos diversos mitos pagãos, que tinham sido pagãos durante milhares de anos que antecederam a nossa era".

A verdade é que os milagres atribuídos a Jesus na terra já haviam sido mencionados na religião pré-cristã. Quanto a isso, há inúmeras provas. Hórus está, conforme veremos, por trás dos mesmíssimos milagres que são repetidos nos Evangelhos e que foram representados originalmente como mistérios do mundo divino dos mortos, de acordo com os mitos.

Depois que ocorreu a historicização e a literalização do personagem central no mito de Jesus, e que começaram como uma série de dramatizações baseadas em um redentor simbólico ou mítico fortemente cristalizadas nos quatro Evangelhos como histórias reais de um deus disfarçado, as acusações dos inimigos pagãos e dos críticos do cristianismo se fizeram ouvir. Vocês roubaram todas as nossas crenças e os nossos ritos, clamaram eles, e ao transformá-los em eventos concretos, históricos, os reivindicaram como seus. O que vocês escreveram nos seus Evangelhos já estava tudo escrito antes pelos sábios e semideuses a que reverenciamos.

Na minha opinião, esse veredicto dos chamados pagãos é hoje inatacável. Quando se lê, por exemplo, sobre o personagem salvador de Hórus fazendo explicitamente afirmações do tipo "Eu sou", que os cristãos conservadores ensinam enfaticamente como pertinentes integral e exclusivamente a Jesus — em especial no Evangelho de João —, percebe-se o que aqueles críticos pagãos estavam dizendo.

Pense no seguinte: Hórus (O Ritual: O Livro dos Mortos egípcio, c. 78) diz: "Eu sou Hórus em glória"; "Eu sou o Senhor da Luz"; "Eu sou o vitorioso (...) Eu sou o herdeiro do tempo eterno"; "Eu, eu mesmo, sou aquele que conhece os caminhos para o céu". Essas frases todas fortemente remanescentes (ou melhor, talvez se devesse dizer proféticas) das palavras de Jesus: "Eu sou a luz do mundo", e novamente, "Eu sou o caminho, a verdade e a vida".

Você, leitor, deve finalmente decidir se essa acusação "pagã" de plágio religioso em uma escala monumental é defensável. Ainda é muito cedo na nossa análise para uma declaração final. Mas julgando pela extrema ferocidade da reação da Igreja dos séculos III e IV, podemos concluir que essa acusação foi considerada pelas autoridades da Igreja uma reprimenda altamente embaraçosa, até mesmo letal. Conforme já vimos, inicialmente aquelas autoridades tentaram ridicularizar a sugestão como um todo de terem "tomado emprestado" do paganismo. Quando isso fracassou, elas adotaram o argumento grotesco de que o diabo plantara essas semelhanças nas religiões pagãs séculos antes disso, no sentido de enganar os possíveis conversos. No momento em que nem isso funcionou, elas se tornaram extremamente indignadas e deveras violentas. Todos os indícios apontam para o tipo de reação de uma consciência culpada e temerosa.

Turba "Cristã" Enfurecida Queima Livros Preciosos

Conforme já foi mencionado, no final do século IV, uma multidão "cristã" enfurecida, incitada pelos seus líderes fanáticos, invadiu a famosa e secular biblioteca de Alexandria e incendiou-a até a destruição total. Mais de 700 mil pergaminhos ou "livros" de valor absolutamente inestimável contendo obras clássicas e um repositório insubstituível de sabedoria antiga sobre todos os assuntos, desde matemática, astronomia, teologia, filosofia, até medicina, foram completamente destruídos. A última escola de filosofia "pagã" de Atenas foi fechada por ordem da Igreja em 529, mas o processo de eliminação de todos os adversários começara mais de dois séculos antes disso. Lamentavelmente, a Igreja só muito raramente desde aquele tempo simpatizou com as novas idéias dissidentes ou mesmo questionadoras. O famoso caso em que forçou Galileu a abjurar a sua opinião de que a Terra se move ao redor do Sol ilustra essa questão.

A verdade é que os Evangelhos são na realidade os velhos manuscritos dos rituais dramatizados da encarnação e ressurreição do deus sol Osíris/Hórus, rituais que foram inicialmente egípcios, posteriormente gnósticos e helênicos, depois hebraicos e finalmente adotados ignorantemente pelo movimento cristão e transferidos para a arena da história. Eles não eram considerados história até que, em mãos cristãs, o seu significado esotérico viesse a ser obscurecido e a sabedoria necessária para interpretá-los não historicamente fosse inexistente. Kuhn diz bem resolutamente que hoje podemos afirmar, com poucas possibilidades de refutação, que a "vida" de Jesus nos Evangelhos já estava escrita, em essência, pelo menos 5 mil anos antes da vinda dele. Um Jesus egípcio ressuscitou dos mortos um Lázaro egípcio em uma Betânia egípcia, na presença de uma Maria e uma Marta egípcias, nas inscrições daquela terra antiga pelo menos 5 mil anos antes da era cristã. Discutiremos esse incidente de Lázaro em detalhes muito mais específicos um pouco adiante.

Em uma revelação extraordinária, Massey escreve que entalhes retratando cenas de anjos anunciando um acontecimento deificador a pastores nos campos, do anjo Gabriel contando a uma virgem que ela deveria ser a mãe do Cristo, da Natividade na gruta e dos três sábios ajoelhando-se em adoração perante a divindade infante já se encontravam sobre as paredes mais profundas do santuário do templo de Luxor pelo menos 1,7 mil anos antes da era cristã. A Virgem Maria carrega a criança divina nos braços nos zodíacos dos tetos de templos milênios antes de o bebê Galileu ver a luz.

O templo de Luxor foi construído por Amenhotep III, um faraó da 18ª dinastia. Há uma reprodução das cenas que acabei de comentar e os seus respectivos hieróglifos no livro de Massey, *The Historical Jesus and the Mythical Christ* (página 34 da edição Kessinger). O templo de Luxor encontrava-se na realidade onde ainda pode ser encontrado hoje. Gerald Massey explica cada ilustração da Natividade com grandes detalhes. A tese central dele nesse e nos cinco outros volumes eruditos sobre a religião egípcia e os seus paralelos com o cristianismo é de que todas as antigas religiões começaram com uma natureza astronômica e astrológica. Todas as grandes verdades sobre a encarnação divina na matéria, e sobre o Cristo eterno, sempre esperado em cada pessoa, foram gravadas no céu estrelado e simbolizadas pelos movimentos cíclicos dos corpos celestes, especialmente o sol (o qual, conforme vimos, era o símbolo supremo do pleno esplendor, poder e majestade de Deus). Massey demonstra que o cristianismo tradicional é na realidade, nas suas origens, o que ele chama de "cristolatria equinocial" (isto é, a adoração de Cristo baseada no simbolismo do ciclo solar). Os Evangelhos canônicos, sustenta ele, "herdaram os legados do homem primitivo ou arcaico, confundindo-os ignorantemente com revelações divinas". Inconscientes de que os mitos originais do mistério messiânico, a concepção por uma virgem, a encarnação e o nascimento, a vida e o personagem, a crucificação e a ressurreição do Filho salvador que era o verbo divino de todas as eras, o alfa e o ômega, já faziam parte da religião egípcia desde os tempos mais remotos, os compiladores do Novo Testamento deixaram de perceber inteiramente que *tudo tinha um significado alegórico.*

O que tudo isso significa é que a manjedoura da história cristã existia na mitologia egípcia como o local de nascimento do messias, ou o ungido. Embora situado no zodíaco em um ponto conhecido como Aptu ou Abydus, também era mencionado como uma gruta. Na realidade, Justino Mártir usa o "sinal", ou símbolo, tanto de uma gruta quanto de um estábulo como o local de nascimento de Jesus. No solstício de inverno, os antigos egípcios desfilavam com uma manjedoura e uma criança pelas ruas das cidades maiores e mais importantes. O nascimento do deus sol persa, Mitra, também era tido como ocorrido em uma gruta no solstício de inverno, em algum momento entre 3000 e 2400 a.C. O aniversário dele era comemorado em 25 de dezembro. O mitraísmo, forte rival contemporâneo do cristianismo inicial, tinha uma refeição à semelhança da Eucaristia, guardava o domingo como o dia sagrado, tinha a sua festa mais importante na Páscoa (quando se comemorava a ressurreição de Mitra) e caracterizava milagres, doze discípulos e o nascimento a partir de uma virgem.

Os diversos nomes do Cristo na literatura egípcia — Iusa ou Iusu (Jesus), Hórus, Iu-em-hept e Atum (o Adão hebraico) — são sempre associados a expressões significando "aquele que virá" ou o que é "o esperado", porque ele representava o renascimento cíclico da divindade solar. Ele é o "filho esperado" da Mãe Virgem, a grande Ísis, ou uma infinidade de outros. No seu papel de messias, Hórus se anuncia com as palavras: "Eu sou Hórus, que passou para a eternidade. (...) Eternidade e perpetuidade são o meu nome". Ele diz que é o ontem, o hoje e o amanhã, e o nome do seu barco é *Milhões de Anos*. Espiritualmente, ele era o símbolo da alma de cada ser humano. No Evangelho, recordemos, Jesus diz: "Antes que Abraão existisse, eu sou". Na Epístola aos Hebreus lê-se: "Jesus Cristo é o mesmo, ontem, e hoje, e eternamente".

As evidências de que a religião cristã foi no início firmemente enraizada num modo de pensamento ao estilo egípcio, equinocial, ainda são abundantes nos nossos dias. O dia de nascimento de Jesus Cristo era inicialmente comemorado pela Igreja inicial no nascimento do ano. Mas em 345, o papa Júlio decretou que o dia do nascimento (ninguém sabia de nenhuma data exata para ele, sugerindo novamente que tudo era puro mito) deveria ser dali por diante mantido em 25 de dezembro, três dias depois da "morte" do solstício de inverno e o mesmo dia em que os nascimentos de Mitra, de Dioniso, do Sol Invicto e de diversos outros deuses eram tradicionalmente comemorados. Atualmente, poucos cristãos sabem que, no século V, o papa Leão, o Grande, precisou dizer aos integrantes da Igreja que parassem de venerar o sol. O primeiro imperador ostensivamente cristão, Constantino, que se converteu à nova fé no início do século IV, continuaria sendo um adorador do deus sol Hélio por muitos anos mais, conforme revelam moedas e outras evidências.

Mas o nascimento do Salvador cristão não é o único acontecimento ligado às raízes astronômicas/astrológicas ditas pagãs; a maior festa de todas da Igreja, o dia de Páscoa, o momento da Ressurreição de Cristo, também está igualmente ligada a essas raízes. A Páscoa acontece em datas diferentes a cada ano, porque, a exemplo da Páscoa judaica, ela se baseia no equinócio da primavera, aquele momento dramático em que as horas da luz do dia e as horas da escuridão da noite no mínimo caminham em paralelo e então a luz finalmente triunfa*. Assim a Páscoa é sempre fixada no primeiro domingo depois da primeira lua cheia seguinte ao equinócio da primavera. Esse é um acontecimento cósmico, solar e lunar tão profundamente enraizado nas tradições religiosas originadas da adoração a um deus sol quanto se poderia concebivelmente imaginar. Concluí, assim, que o cristianismo tradicional deixou para trás uma grande parte da sua vinculação histórica essencial com o mundo natural e o cosmos como um todo ao minimizar a importância dessa vinculação solar-lunar.

Massey encontrou numerosos paralelos entre as histórias das divindades solares egípcias, Osíris, Hórus e Ra (todos intercambiáveis) e as do Jesus bíblico. Os "três reis", ou magos, do relato bíblico, por exemplo, ecoam uma tríade de divindades solares que simbolizavam o pensamento dos antigos sobre as três regiões: terra, céu e inferno, ou mundo dos mortos (e foram posteriormente simbolizados pelas três estrelas do "cinturão" da constelação de Órion). Entre as outras semelhanças descobertas por ele encontram-se as seguintes:

- A exemplo da "estrela do leste" dos Evangelhos, Sírius, a estrela da manhã no Egito, assinalou o nascimento de Hórus.
- Hórus foi batizado no rio Eridanus (Jordão) por um personagem divino chamado Anup, o Batizador (João Batista), que depois foi decapitado.

---

* Seria interessante notar que todas as datas relacionadas ao hemisfério norte, ao ser invertidas quando transpostas para o hemisfério sul, obrigariam, pelos mesmos critérios, que a Páscoa, por exemplo, fosse aqui comemorada em setembro, quando se inicia a nossa primavera; ou o Natal em junho, e não em dezembro, etc. (N. do T.)

- Assim como no caso de Jesus, desconhecia-se a história de Hórus entre os 12 e 30 anos de idade.
- Hórus caminhou sobre as águas, afugentou os demônios e curou os enfermos.
- Hórus foi transfigurado sobre uma montanha; Jesus levou Pedro, Tiago e João para o "alto de uma montanha" e foi transfigurado diante deles.[3]
- Hórus fez um "Sermão da Montanha" e os seus seguidores recontaram credulamente os "Aforismos de Iusa" (ou Jesus).
- Hórus foi crucificado entre dois ladrões, enterrado em um sepulcro e ressuscitou. O epíteto pessoal dele era Iusa (ou Iusu), o "filho que virá" de Ptah, ou o Pai. Significativamente, Hórus era chamado de KRST, ou "o ungido", de uma palavra que foi inscrita ou pintada na tampa do sarcófago de uma múmia milênios antes de o cristianismo repetir a história.
- Hórus era o bom pastor, o cordeiro de Deus, o pão da vida, o filho do homem, o Logos e o pescador; assim como Jesus.
- Hórus era não só o caminho para o céu, mas também o caminho pelo qual os mortos deixariam o sepulcro. Ele era o deus cujo nome era escrito como o "caminho para a salvação"; era assim "o Caminho, a Verdade e a Vida". *Portanto, o verso fundamental da ortodoxia conservadora atual originou-se de raízes pagãs.*
- O Credo diz que Jesus desceu ao inferno, ou (melhor) Hades, mas Hórus também o fez antes dele. Ambos foram orar para as almas aprisionadas. Ambos foram "mortos e enterrados", mas apenas figurativamente. De novo, isso é simplesmente uma explicação metafórica da descida do divino à matéria — em seres humanos, na realidade. Conforme Kuhn observa asperamente: "Isso não tem absolutamente nada a ver com uma sepultura em um cemitério". A morte do deus é a sua entrega abnegada aos mortais. É por isso que todas as religiões antigas tinham no seu ponto central uma divindade que morria ou era esquartejada/desfigurada. Um dos primeiros personagens de salvador mítico da humanidade, Prometeu, era preso pelos pulsos e tornozelos a uma rocha nas

montanhas do Cáucaso, onde o seu fígado era despedaçado por um abutre.

- Jesus veio em nome do Senhor. Ele foi chamado Kyrios, ou Senhor. Hórus também era chamado de "o Senhor".
- Assim como Jesus, Hórus deveria reinar por mil anos (isto é, liderar por um milênio).
- Hórus veio buscar e salvar os que se perderam. Isso nos faz lembrar das parábolas evangélicas da ovelha desgarrada, da moeda perdida e do filho "perdido".
- Nos Evangelhos, são as mulheres que anunciam a Ressurreição. "As deusas e as mulheres me proclamarão quando me virem", brada Hórus enquanto se eleva do túmulo, "no horizonte da ressurreição."

Ao todo, Massey descobriu aproximadamente duzentos exemplos de correspondência imediata entre o material mítico egípcio e os textos alegadamente históricos sobre Jesus.[4] Na realidade, Hórus foi o arquétipo do Cristo pagão.

A nossa análise minuciosa dos paralelos surpreendentes entre o personagem Hórus do Cristo egípcio e o Jesus dos Evangelhos canônicos determina de um modo impressionante e, para mim, irrefutável a nossa premissa maior — de que o cristianismo na sua ortodoxia final foi simplesmente uma reedição de um conhecimento antigo em um formato literalizado e altamente exclusivista. O resultado foi uma espécie de plágio, mas em uma edição pessimamente urdida e enfraquecida. O que era eterno e universalmente aplicável no mito de Hórus acabou se tornando tragicamente preso a uma única pessoa, a um único tempo e lugar; o que havia de esotérico e simbólico foi transformado em exotérico e histórico. Em vez de um princípio ideal e divino — o Cristo — agindo em cada coração, toda a confiança evolucionária de Deus na humanidade foi vinculada exclusivamente a uma personalidade — a "pessoa de Jesus". O mito foi mal interpretado como biografia. Incontáveis milhões desde aquela época tiverem de olhar além, para um Salvador exterior, moralmente inatingível, em vez de serem fortalecidos pela graça salvadora do onipresente Cristo espiritual de cada um. Isso é o que precisamos urgentemente redescobrir e aplicar. Podemos encontrar essa luz quando ultrapassarmos o texto literal do Novo Testamento e ver a verdade metafórica e alegórica por trás de tudo.

A Importância Espiritual do Número Doze

No Evangelho de Lucas, lemos como os pais de Jesus o levam ao templo para o que hoje em dia seria chamado o *bar mitzvah* — a sua introdução na responsabilidade adulta perante a Torá. No entanto, Hórus e todas as outras figuras de Cristo também passam por um rito especial aos 12 anos de idade. (Hoje em dia, o *bar mitzvah* acontece na idade de 13 anos para os meninos, e o equivalente para as meninas, o *bat mitzvah,* aos 12 anos de idade.)

Significativamente, tanto Hórus quanto Jesus, foram acompanhados por doze discípulos, assim como se deu com Mitra e Dioniso. Depois de ler Massey e Kuhn, descobri que isso tem um significado espiritual mais profundo do que parece à primeira vista. Um imenso caudal de luz ilumina a interpretação do Evangelho quando se compreende que os doze discípulos de Jesus simbolizavam os doze poderes da energia luminosa espiritual a ser decompostos em doze trabalhos (ou estágios) de crescimento, todos representados pelos doze signos do zodíaco. Kuhn afirma que, desde o princípio deveria ter sido considerado, "sem sofismar", que os doze apóstolos eram pouco mais que agentes usados por um personagem histórico para encontrar um eclesiasticismo terreno. Pois quando o Jesus dos Evangelhos diz-lhes que eles se sentariam ao lado dele nos doze tronos celestiais e julgariam as doze tribos de Israel, eles passaram de uma vez da esfera da história pessoal para a do "hierarquismo cósmico".

O Egito deu aos doze seguidores um nome e uma função mais definitivos. Os doze eram potências astronômicas, governantes ou "salvadores do tesouro da luz". Considerando que a luz era o produto supremo de toda a atividade cósmica, os salvadores dela eram os repositórios mais distintos da influência dinâmica. Eles se tornaram os doze grandes espíritos descendentes do poder inimaginável de Ra. Com Hórus, tornaram-se os doze que acompanharam o deus à terra como semeadores da semente e depois como ceifeiros da colheita divina. Em João, Jesus usa as mesmas metáforas da semeadura e da ceifa para explicar a missão dos seus doze discípulos. Ele diz: "Ora, eu vos digo: levantai os vossos olhos, e vede os campos, que já estão brancos para a ceifa". Sem expô-lo a uma quantidade de detalhes adicionais, permita-me dizer simplesmente que são incontestáveis as evidências de que os doze discípulos representam doze potências divinizadas, não homens.

Na antiga gnose, à medida que a alma progride na escala da evolução, atravessa doze graus de existência, acrescentando ao seu estado as virtudes acumuladas em cada nível, até que se complete a absorção da essência de toda a natureza. Essas doze virtudes de compreensão espiritual aperfeiçada é que são representadas pelos doze signos astrológicos do zodíaco. Na sabedoria antiga, a jornada do sol através de cada signo, adquirindo as características de cada um, simbolizava o ciclo dos elementos da alma e a aquisição dos doze talentos. Tudo tinha na sua base a passagem do deus solar pelo céu, que simbolizava a divindade invisível por trás e através de todas as coisas. Somos constituídos de corpo, mente e espírito. Para cada um desses existem quatro elementos: fogo, ar, terra e água. Combinados em uma grande síntese que constitui um ser humano, esses doze aspectos criam o potencial para a consciência de Cristo.

Nas antigas religiões do Egito, da Caldéia e da Grécia, os doze raios espirituais nos humanos eram diversamente representados pelos Doze Salvadores do Tesouro da Luz, os Doze Ceifeiros do Grão Dourado, os Doze Segadores nos Campos de Amenta, os Doze Construtores, os Doze Carpinteiros, os Doze Oleiros, os Doze Tecelões do Padrão, os Doze Pescadores, os Doze Remadores do Barco de Ra (com Hórus na proa), os Doze Marinheiros no Navio de Ra, o Sol. Os Doze Trabalhos de Hércules, os Doze Filhos de Jacó, as Doze Tribos de Israel, os Doze Apóstolos e os doze cavaleiros da távola do rei Artur, todos têm a mesma derivação zodiacal, evolucionária e teológica. E depois há os doze meses do ano. Não foi por acaso que houve doze deuses com Odin na mitologia nórdica. A Bíblia como um todo, conforme sabem todos aqueles que a conhecem, é permeada pelo número doze e os múltiplos dele.[5] Doze vezes doze vezes mil dá o número 144.000, o símbolo de todos os "eleitos" de Deus no Livro do Apocalipse.

Peixe, Escaravelho, Besouro

O Cristo egípcio, manifestado no signo de Peixes, estava predestinado a ser Ichthys (a palavra grega relativa a "peixe"), o pescador, e a ser acompanhado por seguidores pescadores. Doutrinariamente, ele era o "pescador de homens". Hórus, o personagem do Cristo egípcio, era associado desde tempos imemoriais ao peixe, e o livro *Natural Genesis* de Massey apresenta uma reprodução de uma inscrição egípcia mostrando Hórus com um peixe acima da cabeça. Vários dos primeiros padres cristãos também se referem a Cristo por Ichthys, ou "o peixe grande", e a mitra usada por sucessivos papas "nas ponteiras dos pescadores" é moldada exatamente como uma boca de peixe. É bem conhecido que a palavra grega *ichthys* forma um significado acróstico de "Jesus Cristo, o Filho de Deus (Nosso) Salvador". Tendo estado em Roma diversas vezes durante as dezenas de anos em que cobri o tema da religião ao redor do mundo para o *Toronto Star,* com que freqüência testemunhei diretamente a figura de um peixe representada nas catacumbas como um símbolo cristão. Também é um signo representativo da Eucaristia. Próspero Africano, um dos primeiros teólogos cristãos, chama Cristo de "o peixe grande que alimentou por si mesmo os discípulos na praia e se ofereceu como um peixe para o mundo inteiro". Comentando essa mesma passagem do final do Evangelho de João, Santo Agostinho diz que o peixe em discussão na história "é Cristo". As representações artísticas encontradas nos antigos túmulos egípcios comumente mostram peixes, pescadores, redes e armadilhas para peixes de espécies variadas. Todos têm o mesmo significado espiritual.

Muito mais importante, contudo, é o fato de que os textos egípcios sustentam o testemunho de um "deus unigênito" (significando gerado de apenas um dos pais), cujo símbolo era o besouro, porque na ciência antiga essa criatura era considerada como "autogerada, sendo inconcebível por uma fêmea". Massey diz: "O deus unigênito é um tipo [símbolo] bem conhecido, portanto, da divindade adorada no Egito. Em todos os cultos o Messias-filho e manifestado era o filho unigênito. Esse, de acordo com os textos egípcios, é o Cristo, o Logos, o manifestado do Evangelho de João". Na verdade, em uma das primeiras versões do texto grego do Evangelho de João no Novo Testamento, a expressão "o filho unigênito de Deus" realmente se lê como "o deus unigênito"! A sua própria inortodoxia torna-a provavelmente a forma preferida, original.

Assim, revela-se forçosamente a mim a verdade de que esse Cristo egípcio é na realidade a imagem expressa do Cristo do Evangelho de João, que começa no primeiro capítulo sem pai nem mãe e é o Logos do princípio, o iluminador e arquiteto, a luz do mundo, o que se originou de si mesmo e o Deus unigênito. Descobri que a própria fraseologia de João muitas vezes ecoava os textos egípcios, que falam de quem era "o Princípio da existência, desde o princípio, que fez todas as coisas mas não foi feito". Alguns dos padres da Igreja sabiam que o besouro era um símbolo de Cristo. Agostinho, na realidade, escreve: "O meu próprio bom besouro, não tanto porque é unigênito (Deus), não porque ele, o autor de si mesmo, assumiu a forma dos mortais, mas porque ele inscreveu-se na nossa imundície e escolheu nascer ele próprio dessa imundície" — a exemplo do escaravelho.

Quando o deus Osíris veio à terra como o salvador, veio como o seu próprio filho, o filho Hórus. Ele nasceu "tal qual ou assim como o Logos". Os textos egípcios dizem que ele veio à terra como um substituto. Na realidade, uma antiga festa egípcia comemorando o nascimento de Hórus era chamada "O Dia do Filho no Seu Berço".

Quando Hórus vem à terra na história egípcia, é sustentado ou recebe o pão de Seb, que é o deus da terra, "o pai na terra". Portanto, ele é o pai divino na terra do filho-messias, que se manifesta no tempo. Assim como José, o pai adotivo de Jesus, dá abrigo e alimento ao filho, também Seb (Jo-Seph) toma conta de Hórus. A esposa de Seb é a mãe celeste, chamada Nu; Meri (Maria) é outro nome egípcio do céu, assim como o nome da mãe do messias. Massey conclui: "Portanto, Seb e Meri, em lugar da terra e do céu, representam os dois originais míticos de José e Maria no papel dos pais da criança divina". Existem sete Marias diferentes nos quatro Evangelhos. Elas correspondem com surpreendente fidelidade às sete Marias, ou Hators, nas histórias egípcias.

Diante de tamanha coleção de fatos, não me restaram mais dúvidas. As evidências do Egito acham-se claramente além da refutação. Podemos dizer com total segurança que o Jesus que foi ajudado por sete mulheres; foi traído por Judas; que suplantou a sepultura; passou pela ressurreição e a vida; enfrentou Herodes; esteve no Hades e na sua reaparição para as mulheres e os sete pescadores; foi crucificado no 14º ou 15º dia do mês da primavera, nisã, e também crucificado "espiritualmente" no "Egito", conforme está escrito no Apocalipse (11:8); como juiz dos mortos, com o cabrito na mão direita e as cabras na esquerda — é, conforme Kuhn sustentou, "egípcio de um extremo ao outro, em todas as etapas, desde o princípio até o fim". Há uma inegável ironia e uma verdade profunda, íntima, inegável na profecia de Oséias em que "E do Egito chamei a meu Filho". Uma profunda ironia na realidade.

Uma vez mais, é absolutamente fundamental enfatizar que os meus argumentos de que o Cristo dos Evangelhos teve um antecedente no Egito (e também em muitos outros lugares e culturas) não faz parte de nenhuma tentativa de denunciar a impostura do cristianismo ortodoxo. Nada está mais distante dos meus pensamentos. O meu objetivo, em vez disso, é revelar a verdadeira natureza espiritual do arquétipo Khristós em toda a história humana e, em última análise, explicar o que isso pode significar para nós.

6

CONVENCENDO OS CÉTICOS

Considerados como de um ser humano, o caráter e os ensinamentos do Cristo nos Evangelhos são compostos de contradições e opostos impossíveis de harmonizar. Na realidade, as muitas centenas de seitas e denominações cristãs que estão atualmente envolvidas na formulação da teologia do seu suposto fundador e na negação das interpretações uns dos outros, representam inevitavelmente a desunião orgânica do começo e refletem a natureza fragmentária das origens.

A suposição geral com relação aos evangelhos é que o elemento histórico foi o centro de tudo e daquelas fábulas incorporadas ao redor deles; muito embora os mitos, sendo preexistentes, provem que a base do material fosse mítica e então segue que a "história" é incremental. (...) Os piores inimigos da verdade sempre foram os racionalizadores dos mitos. Eles presumiram a existência de um fundador pessoal do cristianismo como o fato fundamental. Eles fizeram o máximo ao seu alcance para humanizar (...) os mitos ao descartar o sobrenatural e milagroso (...) no sentido de serem aceitos. Assim, eles perderam a batalha ao travá-la no lugar errado.

— GERALD MASSEY, The Historical Jesus and the Mythical Christ

UMA VEZ QUE A MAIOR PARTE DESSE MATERIAL, senão todo ele, será nova e até mesmo inimaginável para muitos leitores, e considerando que se trata de algo tão fundamental para os principais argumentos que apresento o tempo todo, quero expor aos que continuam céticos evidências ainda mais relevantes. Lembre-se, a nossa meta final é uma espiritualidade renovada centrada no "Cristo existente em vós, a esperança de glória" e alimentada por ele, para citar São Paulo. Conforme ele diz, podemos fazer todas as coisas por meio dessa consciência cristã, o que "nos fortalece espiritualmente". O nosso corpo é na verdade o templo de Deus, cujo Espírito Santo habita sempre o nosso interior, não importa como estejamos nos sentindo em um determinado dia.[1]

À medida que continuarmos a analisar as semelhanças entre as palavras e milagres de Hórus e as do Jesus dos Evangelhos, descobriremos idéias e significados novos e inesperados nos textos da Bíblia que uma vez pareceram ser, além da crença, absurdos, ou simplesmente inexplicáveis. Comparar os dois Cristos representativos ajuda-nos a nos afastar dos velhos, e agora irrelevantes, paradigmas na direção da universalidade da mensagem muito mais profunda por trás de tudo isso.

A Natividade e os Primeiros Anos

A Natividade de Jesus será sempre associada ao boi e ao jumento, por causa do estábulo e da manjedoura. Mas esses dois animais estavam também ao lado do Iusa egípcio, eras e mais eras antes disso. Do que trata essa caracterização terrena da história do nascimento, é na verdade, no sentido esotérico, a vinda do divino à natureza animal elementar para criar uma realidade totalmente nova — o ser humano (em parte animal, em parte divino). Significativamente, tanto esses animais são num certo sentido assexuados, ou "resultados de permutação genética", o que sugere que em última análise o Cristo em nós é uma fusão dos princípios masculino e feminino. Na realidade, o Cristo da Revelação tem os seios de uma mulher! O espírito (masculino) e a matéria (feminina), quando reunidos, tornam-se no final das contas andróginos. Esse é o verdadeiro significado por trás dessas palavras em Lucas 20:34: "Os filhos deste mundo casaram-se e dão-se em casamento; mas os que são julgados dignos de alcançar o mundo vindouro, e a ressurreição dentre os mortos, nem se casam nem se dão em casamento; porque já não podem mais morrer; pois são iguais aos anjos (...) sendo filhos da ressurreição".[2]

Observe que Hórus, que diz, quando se apresenta na terra, "Eu sou o filho nascido como a ligação entre a terra e o céu", está totalmente em paralelo com o menino Jesus, que veio para trazer "glória a Deus nas alturas e paz na terra aos homens de boa vontade".

Imediatamente depois da história do nascimento de Jesus em Mateus, há a ameaça de Herodes, a que aludi em um capítulo anterior. Na história de Hórus, a vida do menino deus é imediatamente ameaçada por um ser maligno chamado, significativamente, Herut. Herut é "a serpente de muitos mitos", sustenta Kuhn. O outro melhor exemplo é uma serpente que tenta matar o menino Hércules, outro personagem salvador que morreu e foi para o céu.

No Novo Testamento, o anjo do Senhor diz a José, "E, havendo eles se retirado, eis que um anjo do Senhor apareceu a José em sonho, dizendo: 'Levanta-te, toma o menino e sua mãe, foge para o Egito'". No nascimento de Hórus, o deus Tat diz para a mãe: "Vem, deusa Ísis, e esconde-te com o teu filho". Ela é orientada a levá-lo a um lugar retirado nos pântanos do Baixo Egito, chamado Kheb (ou Khebt). Curiosamente, o deus solar sumério, Sargão, precisou ser escondido, assim como Moisés, em um cesto de junco também em um rio para evitar que fosse morto.

Jesus, declaram todos os quatro Evangelhos, foi batizado no rio Jordão pelo primo João, que tinha a alcunha de "o Batista". Posteriormente, João foi decapitado pelo tetrarca Herodes Antipas (4 a.C.-39 d.C.) — em homenagem à famosa dança de Salomé — para agradar à esposa, Herodias, e a morte dele assinalou o início do ministério de Jesus. Hórus, conforme já vimos, foi batizado no rio Eridanus (ou Arutana) pelo João Batista egípcio, Anup, que também foi mais tarde decapitado. Kuhn afirma que Hórus, no seu batismo, foi "transformado do verbo feito carne em verbo feito verdade" — uma mudança do natural para o inteiramente espiritual.

Algo que eu nunca havia percebido antes era que cada personagem de Cristo da antiguidade tem o seu anunciador especial. No caso de Hórus, Anup abre o caminho para o advento dele (embora Hórus precedesse Anup em envergadura e autoridade). Anup, somos informados, vivera na região escura e deserta de Amenta — o termo egípcio para "terra" — até o dia da sua manifestação. Nos Evangelhos, João Batista morava no deserto até o momento do seu "surgimento", ou aparição pública, em Israel.[3] Anup (também conhecido como Anúbis) é "o que prepara o caminho para o outro mundo"; ele é a força que endireita os caminhos para os reinos superiores do céu. Isso traz imediatamente à lembrança a descrição de João Batista feita por Mateus (Mateus 3:3): "Porque este é o anunciado pelo profeta Isaías, que diz: Voz do que clama no deserto; Preparai o caminho do Senhor, endireitai as suas veredas".

A divindade secundária Anup, embora destacada, era apenas um deus estelar — quer dizer, um precursor da luz solar muito maior, o sol propriamente dito. De maneira semelhante, João, embora enormemente importante no Novo Testamento, era de longe sobrepujado por aqueles iluminados por Jesus, de acordo com os Evangelhos. O "último" no reino do céu, dizem eles, é maior do que ele. Em outras palavras, estar no reino espiritual, ser uma alma encarnada, é ser maior do que alguém que simboliza o homem-animal natural. O batismo de Jesus na realidade é um símbolo, ou glifo, do processo encarnante de que todos nós tomamos parte. A água que é despejada denota a matéria (o nosso corpo é feito de cerca de dois terços de água, e a água é o símbolo da matéria na teologia antiga). O pássaro "semelhante a uma pomba" (identificado nas tradições egípcias com Tef, a força respiratória) significa em geral a energia divina da alma. No antigo planisfério egípcio, ou carta do céu, a estrela chamada Phact, a qual era a pomba, tinha a função de anunciar a vinda de todos os novos anos solares e portanto do deus solar Hórus. Hórus, de acordo com o mito, recebeu o falcão como o seu símbolo distintivo e é sempre representado como uma imagem com cabeça de falcão. No entanto, Kuhn observa que ele também se elevou do batismo como a pomba, pois exclama: "Eu sou a Pomba; eu sou a Pomba!" Sete pombas, representando a natureza séptupla de todas as emanações divinizadas, costumam ser encontradas representadas por palavras ou imagens nas religiões arcanas ou esotéricas. Na obra de Didron, *O Livro da Iconografia*, por exemplo, o menino Jesus é retratado nos braços da Virgem, cercado por sete pombas que simbolizavam os sete poderes que eram para ele espiritualizar.[4]

Jesus e Hórus receberam o batismo aos 30 anos de idade. As minhas pesquisas revelaram que há uma lacuna no histórico de vida de todos os deuses solares antigos entre os 12 e os 30 anos de idade. Ambos esses números são simbólicos; eles significam a conclusão e o pleno desenvolvimento dos ciclos, o fim de uma era, ou etapas de transição e transformação. "Aos 30 anos, todos eles aparecem como o Deus Adulto, ou Homem Feito", escreve Kuhn.

De acordo com o relato exclusivo de Lucas, Jesus tem 12 anos quando aparece no templo de Jerusalém e se envolve em perguntas e discussões com os escribas. Essa idade era universalmente reconhecida pelos antigos como sendo aquela em que cada pessoa se torna consciente da própria alma interior. É o despertar da maturidade, quando a voz em falsete da juventude inocente muda completamente para a voz autêntica da responsabilidade adulta do bem e do mal. Hórus tinha 12 anos quando teve restituído o olho — que fora roubado por Sut (que corresponde a Satã) —, um símbolo desse elementar rito de passagem e do despertar para as plenas faculdades intelectuais. Esses tipos de idéias foram os que mais me entusiasmaram e estimularam em toda essa pesquisa.

Ministério, Ensinamentos e Milagres

No mito e no simbolismo egípcios, acreditava-se que "a força majestosa da vida" — quer dizer, o sol e a realidade espiritual que ele representa para cada ser humano — envolvia-se em uma luta contínua contra os elementos que buscavam limitar ou eliminar a sua força. (É por isso que o solstício de dezembro era tão decisivo em todas as religiões antigas.*) Portanto o Khristós, Hórus, que representava a luz espiritual, é retratado como constantemente envolvido em um "intenso estado de guerra espiritual" com diversos seres míticos, incluindo o dragão de sete cabeças das trevas chamado Sut (e uma variedade de outros nomes). De maneira semelhante, os Evangelhos retratam Jesus, o representante da luz contra as trevas, envolvido em uma batalha constante contra o seu adversário, Satã.

---

* De novo, convém recordar que, no hemisfério sul, o solstício de inverno ocorre no mês de junho. (N. do T.)

A história da Tentação de Jesus, conforme é contada nos Evangelhos Sinópticos, simboliza vividamente isso e de novo pode ser encontrada no ritual egípcio em uma forma primitiva. Hórus é posto à prova no deserto de Amenta (terra) e conduzido a uma montanha elevada, chamada Hetep, pelo seu irmão gêmeo mau e arqui-rival, Sut, para um teste espiritual. Sut representa, a cada passo, a oposição das trevas a Hórus, a "boa luz". Mas assim como Satã, ele finalmente é derrotado. A afirmação de Jesus sobre ter visto Satã "cair como um raio" foi antecedida milênios antes por Hórus quando, na suprema vitória sobre Sut, ele diz a Osíris, seu pai, "Trago-te os aliados de Sut acorrentados".

Dos três relatos dos Evangelhos sobre a Tentação, o de Lucas é especialmente interessante, uma vez que apenas ele conclui: "Assim, tendo o diabo acabado toda sorte de tentação, retirou-se dele até ocasião oportuna". A provação, em outras palavras, era para ser compreendida como contínua. Depois de compreendida nesse sentido simbólico, ela fala em um nível muito mais profundo, cósmico, do *yin* e *yang* da existência, a luta para equilibrar as polaridades da vida — luz e trevas, alto e baixo, as forças centrífuga e centrípeta, quente e frio — e assim por diante. A religião antiga estava profundamente ligada às realidades do universo em todos os níveis. Mas a luta de Jesus e Satã (ou Sut e Hórus, compreendidos alegoricamente) realmente se relaciona com a nossa própria luta diária aqui e agora. O nosso Cristo interior nos oferece a vitória. Conforme diz Paulo: "Posso todas as coisas naquele que me fortalece".

Kuhn recorre à sua profunda compreensão dos significados esotéricos e de idiomas antigos para criar uma passagem empolgante sobre todo o conceito do Armagedon, o suposto conflito final entre as forças de Cristo e Satã, ou o Anticristo, no fim de todas as coisas. Ele afirma que o termo "Armagedon" não tem nada a ver com alguma batalha armada final no Oriente Médio (ou onde quer que seja) em algum suposto "fim do mundo". Ele sustenta que ela na verdade significa a contínua luta entre as forças evolucionárias essenciais, simbolizadas por Cristo e Satã, e que, no seu nível mais elementar, ela "nada mais é do que a luta pela vida como um todo" que cada um de nós travamos para sobreviver dia após dia. O inferno, por exemplo, é aqui mesmo, agora mesmo. O suposto Dia do Juízo Final é um processo contínuo, presente em todas as vidas.

No ritual egípcio, quando os aliados de Sut apareceram para testar Hórus, subitamente viram uma coroa dupla na testa dele e abaixaram a cabeça. Os leitores do Evangelho sabem que, quando Judas e os seus aliados chegam ao Jardim de Getsêmani para prender Jesus, ele lhes pergunta (na versão de João) sobre quem estão procurando. Quando dizem Jesus de Nazaré, ele responde: "Sou eu" (ou, em puro grego, "Eu sou"). Depois de ter dito isso, eles "recuaram e caíram por terra". Cena por cena, essas duas histórias são a mesma.

De acordo com os quatro Evangelhos, Jesus era um curandeiro e exorcista. Até mesmo os pesquisadores acadêmicos do controverso "Seminário de Jesus", sediado na Califórnia (sobre o qual farei mais comentários em outro capítulo), admitem isso. Conforme Mateus explica, no capítulo 15: "E vieram a ele grandes multidões, trazendo consigo coxos, aleijados, cegos, mudos, e outros muitos, e lhos puseram aos pés; e ele os curou". Mas fiquei surpreso ao descobrir que Hórus tinha, muito anteriormente, aberto bocas mudas e realizado outras curas à semelhança de Jesus. O ato de dar voz aos incapazes de falar era de importância especial nos registros egípcios. O significado oculto era que a influência espiritual de Hórus fazia com que a vida deles expressassem as palavras de força e verdade. Essa também é a essência alegórica por trás das curas de Jesus. O Cristo interior dá a cada um de nós o poder de encontrar e expressar "a nossa voz verdadeira".

Hórus recupera a visão dos cegos, afasta demônios e faz os surdos ouvirem. Ele é designado como "aquele que dissipa as trevas". Ele é saudado como um príncipe na Cidade dos Cegos, como aquele que "vem para brilhar dentro dos seus sepulcros e para restaurar a visão espiritual aos cegos da terra". Ele também é apresentado como "[capaz de] abrir os olhos dos presos nas suas celas". Isso foi imitado por Jesus no seu primeiro sermão na sinagoga de Nazaré, quando diz: "Ele me enviou para proclamar a libertação dos cativos e devolver a luz aos cegos".

Diante dessas semelhanças, fui forçado a encarar a pergunta com que se depara necessariamente o leitor neste momento: o que fazer com todas as curas do Evangelho à luz de todo esse material anterior nos textos egípcios? Não poderia haver outra resposta honesta a não ser: os milagres do Novo Testamento são reproduções praticamente idênticas às dramatizações das religiões antigas, e não acontecimentos reais ou históricos. Todos os milagres evangélicos de Jesus são historicamente impossíveis, afirma Massey, porque "eles já existiam como representações míticas (...) e retratados na dramatização dos mistérios". Segundo ele, os milagres atribuídos a Jesus nos Evangelhos haviam sido todos realizados anteriormente pelo deus pré-cristão Iusa/Hórus, o curandeiro divino que era obviamente não histórico. Hórus/Iusa — ou Jesus — é quem realiza todos os milagres repetidos no Novo Testamento. "O milagroso dos evangelhos era o mítico da religião egípcia e subseqüentes mistérios — todos comprovadamente preexistentes", conclui Massey. Mas é importante ressaltar que eles todos indicavam um Deus vivo, curador, por trás, entre e dentro de todas as coisas. O Deus encarnado cura aqueles que convocam o seu poder interior. Isso se aplica atualmente tanto quanto no Egito antigo quanto na Palestina 2 mil anos atrás.

Esse é o aspecto realmente significativo que devemos ter em mente quando consideramos a importância de tudo isso para a nossa vida e fé atuais. As curas são sempre imensamente importantes. Espiritualmente, a mensagem é que o Cristo (ou divindade) dentro de cada um de nós pode ser invocado para ajudar-nos em todas as enfermidades. Nos Evangelhos, os discípulos temiam a aproximação de uma tempestade, mas Jesus estava atento na popa do barco; assim como eles, precisamos despertar o Cristo interior e recorrer a esse recurso. As curas dos Evangelhos não são anuladas. Longe disso. Elas são vistas à sua verdadeira luz, como ilustrações do poder de cura de Deus, ontem, hoje e sempre.

O Deus do Vinho

Poucas histórias dos Evangelhos são mais conhecidas do que o que João chama de primeiro "sinal", ou milagre, de Jesus: a mudança da água em vinho num casamento em Caná, na Galiléia. "Vocês guardaram o vinho bom até agora", diz ao noivo o despenseiro surpreso ao provar o resultado.

Os comentaristas tradicionais deram muita ênfase ao fato de que a água usada, de acordo com o relato de João, fora separada para "ritos de purificação judaicos" do tempo antigo e transformada em uma entidade completamente nova, muito mais potente. Não só o evangelista está dizendo no caso que o que Jesus, como o Cristo, oferece é melhor do que o caminho tradicional, mas também diz que Cristo realmente rivaliza com Baco e o ultrapassa — o correspondente grego de Baco é Dioniso, o deus do vinho reinante na cultura pagã circundante. O Cristo vem intoxicar a humanidade com o vinho divino ou uma "vida mais abundante".[5]

Nesse caso, novamente, o Hórus egípcio, descobrimos, foi o protótipo muito anterior de Baco. Assim como Baco e Jesus, Hórus era o vinho, e a "estação" dele era comemorada na festa egípcia de Uaka, "com uma alegria espantosa e um dilúvio de bebida". A "mania" divina, considerada por Platão até mesmo melhor do que a razão exaustiva, era o transporte embriagador que resultava de impregnar-se da bebida alcoólica espiritual da vida. O banquete de intoxicação báquico era um símbolo do êxtase legítimo e abençoado da alma ao tomar a sua parte do vinho celestial, a dádiva da presença divina espiritual. Ele era o sinal do dom da razão e do espírito e o símbolo da "vida abundante".

Como sempre, embora com raízes nos símbolos naturais, aquilo de que realmente se trata, então, é profundamente espiritual em essência, geralmente em vários níveis de uma só vez. A potência fermentada do vinho era, no seu nível espiritual mais profundo, um símbolo da presença do Deus encarnado no íntimo da pessoa espiritualmente consciente — um contraste direto com o humano-animal natural. "O suco da uva era o 'sangue' ou a energia essencial de Hórus ou Osíris na Eucaristia egípcia assim como no caso de Jesus na Última Ceia", observa Kuhn. O que é muito importante aqui, especialmente considerando que esses elementos muito freqüentemente estão faltando no cristianismo atual, são os temas da transformação e do poder interior.

Em outras palavras, o vinho oferecido pelos "deuses" para a elevação da humanidade constitui-se na sua própria natureza e energia celestiais. A transformação da água em vinho representava o poder do divino para amadurecer os elementos inertes do sentido e sentimento em cada um de nós em caráter espiritual. Hórus recebia o título de "o Jucundo" (feliz, jovial, vivo), quando "surgia cheio de Vinho", e era simbolizado pela constelação de Órion, com as estrelas da taça para o seu copo. Órion, conforme já vimos, constelava de estrelas a imagem do Cristo celestial.

Escrevendo sobre essa mesma série de motivos, Godfrey Higgins observa que, em passagens dos textos egípcios, o próprio Osíris era caracterizado como a videira e Hórus como o *Unbu*, ou ramo. Ele comenta: "A típica árvore da vida no planisfério grego [subordinado ao egípcio] é a parreira". As uvas originaram-se do signo de Virgem ou próximo dele, a mãe mítica do filho que era para "ressurgir dos mortos para trazer a salvação aos humanos sob o signo do vinho". Em João, capítulo 15, em uma longa e detalhada dissertação, Jesus diz que ele é "a verdadeira videira" e que os seus seguidores são os "ramos", destinados a dar muitos frutos. Hórus desempenhou esse papel simbólico no Egito muito tempo antes. As imagens mudam — as paredes dos túmulos egípcios mostram os vinhateiros espremendo o vinho novo, e a fabricação do vinho é em toda parte uma metáfora constante dos processos espirituais — e ainda assim a mesma realidade, o princípio de Cristo, é central.

A alma, ou a porção do deus interior, causa a fermentação divina da vida no corpo. Ela é desenvolvida ali, como no vinho, pelo sol do eu espiritual humano. Astronomicamente, o vinho e a tina em que é misturado eram constelados como símbolos celestiais, a última como o grupo de estrelas chamado de a Cratera (palavra latina para "vaso grande"), o cálice sacramental, ou graal. Alguém que tenha estudado tanto o Evangelho de João durante anos e ensinado sobre ele a alunos do seminário, como aconteceu comigo, fica profundamente impressionado pela sabedoria e pelo simbolismo egípcios. Sem dúvida nenhuma, isso mostra que João é uma remodelação ou uma cópia do que surgiu eras antes.

Significativamente, tanto Massey quanto Kuhn — e outras autoridades — testemunham que a superfície da tampa do caixão do Osíris mumificado (costumava-se chamar toda pessoa morta de Osíris) era constituída de uma tábua para o culto egípcio da Última Ceia ou Eucaristia. Essa era a mesa sobre a qual as refeições mortuárias eram servidas. Torno a lembrar ao leitor que o caixão continha as letras KRST, significando Karast ou Cristo (isto é, o ungido). Massey vincula o termo Karast à palavra grega *Khristós*, messias, ou Cristo. Ele diz: "Diga o que quiser ou acredite no que puder, não há outra origem para o Cristo, o ungido, além de 'Hórus, o Karast' ou o 'filho ungido de Deus Pai'. (...) Finalmente, então, o mistério da múmia é o mistério de Cristo". O mistério de Cristo é o mistério seu e meu. Os egípcios, e todos aqueles que os seguiram de perto posteriormente, acreditavam que cada um de nós tende em última análise a ser um Cristo, ungido para um destino eterno junto a Deus. De modo bastante significativo, os autores de *The Jesus Mysteries* dedicaram o seu livro ao "Cristo dentro de cada um de nós". São Paulo fala bem enfaticamente de "assumir Cristo" e de cada um de nós ter "a mente do Cristo". Esse era o tipo de compreensão esperançosa cristã que começava a fazer cada vez mais sentido para mim. Lembro-me de como, ao escrever aos Gálatas, Paulo falou de sofrer as dores do parto "até que o Cristo seja formado em vós".

De Pesca, Pescadores e Redes

Em *The Lost Light*, e com freqüência nas suas outras conferências e textos, Kuhn analisa, no antigo material egípcio, as numerosas referências a peixe, pesca, água e todas as imagens correlatas. Já vimos algo sobre a importância do peixe como um símbolo do Khristós em todas as religiões antigas. Mas o simbolismo muda e varia em uma centena de lugares diferentes, sempre seguindo o princípio de que "a natureza não significa nada em nenhum lugar" e que "todo processo cósmico tinha o seu reflexo na natureza, de novo na vida espiritual humana, e por último (geralmente) na fisiologia do corpo". Jesus, Hórus e muitos outros "deuses" surgiram como peixes. Na Índia, há um avatar-peixe, Vishnu, e esse também era um título para Baco e Marduk. Astrologicamente falando, e isso era decisivo para a cristologia antiga, o Khristós era representado como Peixes desde aproximadamente 255 antes da era cristã. Áries, o carneiro ou cordeiro, foi o símbolo dominante de Cristo nas religiões antigas por cerca de 2,4 mil anos antes disso, e Touro precedeu Áries. Uma "era" ou ciclo completa — em que o sol passava por todos os doze signos do zodíaco — acontecia aproximadamente a cada 26 mil anos. Isso significa que o signo do Khristós hoje, e para o resto do milênio, vem a ser Aquário. Em um padrão crístico, estamos na realidade no próprio início da era de Aquário, aquele que contém a água. Observe que, nas representações gráficas astrológicas de Aquário, vêem-se correntes de água fluindo de um vaso — a corrente de água e de espírito.

O peixe representava a alma imortal como "aquele que respira na água da existência mundana". Exatamente como um peixe quase miraculosamente consegue viver e respirar completamente envolvido pela água, pensavam os antigos, então a alma também pode ser encerrada na carne como na água e ainda sobreviver. A saída de uma vida puramente natural para outra espiritual era considerada no ritual egípcio como "conseguir sair da rede" ou conseguir sair do Apanhador de Peixes. Na verdade, os antigos sempre retratavam o ser verdadeiro como em fuga das águas da vida (isto é, da matéria) — daí o uso disseminado da rede de pesca como um símbolo de salvação.

Uma passagem intitulada "O Segredo de Hórus em An" é a lenda mítica de como a mãe dele, Ísis, recolheu-o da água. A deusa Neith, em nome dela, pescou-o com uma rede. Esse era um símbolo cósmico da vida originária da água como parte do processo evolucionário. Assim como o menino Moisés (um deus solar, na opinião de Kuhn), Sargão e até mesmo antigos deuses neozelandeses como Maui, Hórus foi retirado da água ao nascer. O significado é profundo. A matéria, simbolizada pela água, dá vida ao espírito, ou o Cristo.

No Evangelho de Marcos, Jesus convocou os pescadores a segui-lo. No ritual egípcio, os quatro pescadores puseram a rede de arrasto nas águas para capturar Hórus. Eles são representados mais precisamente como "pescadores do grande príncipe que está situado no leste do céu". Mais uma prova de que se pensava que Hórus fosse o sol nascente e o Khristós.

Caminhando Sobre a Água

No material egípcio, Hórus surge do furor de uma tempestade noturna sobre a água para a calma de uma alvorada resplandecente. A exemplo de Tamuz e muitos outros deuses solares míticos, considerava-se que ele "tinha o poder de acalmar o mar". Em um lugar, diz-se que Osíris impede que as almas se afoguem na água simbólicas da encarnação. Conforme já citado anteriormente, Jesus, no Evangelho, dorme na popa de um barco quando uma grande tempestade se abate sobre ele e os discípulos e ameaça afundar o barco. Ele repreende as ondas com um comando "Paz, acalmem-se". Em outra ocasião, os discípulos estão em um barco vergastado por ventos contrários, e Jesus aproxima-se na direção deles "caminhando sobre o mar".[7] De novo, o mar (sempre o símbolo de forças desgovernadas da matéria) foi acalmado. Os racionalistas tentaram explicar esse incidente dizendo que Jesus devia estar caminhando sobre uma faixa de areia ou ao longo da praia propriamente dita, e em meio à bruma difusa da manhã — era próximo ao "quarto turno" (isto é, exatamente ao amanhecer) — e os discípulos cometeram um erro inocente e perdoável. Mas essa linha de pensamento se baseia exatamente em uma compreensão literalista dessa passagem como o pressuposto fundamentalista de que Jesus estaria realmente contradizendo as leis elementares da natureza.

A referência ao "quarto turno" também é profundamente significativa na sabedoria antiga. Do ponto de vista evolucionário, nós humanos passamos do estágio mineral para o estágio vegetativo até chegar ao estágio animal; de acordo com essa passagem, estaríamos na metade da quarta fase, de desenvolvimento animal-humano — o "quarto turno" — em que acontece a encarnação, ou o advento da consciência divina, capaz de refletir sobre si mesma. O número 3,5 era terrivelmente importante na cultura antiga exatamente por essa razão, e quem tiver maior interesse sobre o assunto poderá procurar por si mesmo no Livro do Apocalipse (especialmente no capítulo 11) para encontrar diversos casos em que esse número é usado. É claro que duas vezes 3,5, o número sete, é o número de longe mais importante de todas as religiões antigas. Ele representa a perfeição, pelos próprios princípios (ou *archai*) segundo os quais o cosmos em si foi arquitetado. Daí os sete "dias" da Criação, as sete notas da escala, as sete cores do prisma e assim por diante, não só em todos os textos das Bíblias antigas como também no universo como um todo.

No ritual egípcio, o Manes, ou a pessoa morta, reza: "Faça com que eu também possa caminhar sobre a água como tu caminhaste sobre o

Nun [a 'sopa' quântica primordial de que o universo nasceu] sem me deter uma única vez". Em outro lugar, ele grita: "Eu fracasso; eu mergulho no abismo das águas correntes". A história correspondente em Mateus 14:25-30 conta como Pedro pediu para acompanhar Jesus e caminhar sobre a água mas, ao sair do barco, sentiu a grande força do vento e da água, gritando de medo: "Senhor, salva-me!" Essa história é uma cópia quase exata quando considerada no seu verdadeiro significado esotérico (simbólico). Por meio de constatações e reflexões como essa, o Novo Testamento começou a ganhar um tipo de vida para mim como nunca percebera antes.

Uma vez mais, Hórus antecipou tudo isso. Foi escrito a respeito dele: "Ele destruiu o fluxo de água da própria mãe. (...) Ele dispersou a tormenta furiosa!" E novamente: "Ele dispersou a tempestade de chuva para ti, ele interrompeu as tempestades para ti". De que tratam essas passagens na realidade é sobre o poder do Cristo interior em cada um de nós para acalmar o poder imbatível, infatigável dos elementos na nossa natureza animal inferior, simbolizada pelo mar selvagem e turbulento. Em vez de uma história literal sobre um tipo de mágica, temos uma sabedoria relevante e potencialmente transformadora para aplicar na nossa vida diária.

O ritual egípcio designa vários nomes ao navio de Hórus quando ele cruza o mar dessa vida inferior. O próprio Hórus diz em uma passagem: "Coletor de almas é o nome do meu barco". Ele foi chamado de coletor de almas por Ra, e ao fazê-lo considerava-se que estaria reunificando o Osíris desmembrado por meio do seu "espírito de Hórus". O significado mais profundo — porque há sempre diversas camadas — é que toda a humanidade deverá ser reunida em uma nova união de amor e benevolência. À medida que o barco progride em sua marcha, "recolhe novamente os fragmentos divinos espalhados por toda parte na descida [do deus] para a terra". O simbolismo da arca de Noé e a posterior comparação da igreja com um navio (a palavra "nave", o corpo principal da igreja, deriva da palavra latina que designa "navio") igualmente fazem eco a essas idéias primitivas.

Ressuscitando em Três Dias

Os Evangelhos, na verdade a Bíblia inteira, também acompanham a ênfase egípcia no número três. Até mesmo uma análise superficial das escrituras judaicas e cristãs revela com que freqüência aparece o número três. Por exemplo, quando Jesus permaneceu no templo depois do seu *bar mitzvah*, Maria e José procuraram por ele "durante três dias". Em Mateus 15:29-32, diz-se que Jesus teve compaixão pela multidão faminta porque "eles permaneceram comigo por três dias". A mensagem dele àquele Herodes "raposa" era que "no terceiro dia estarei pronto". O simbolismo dos três dias é encontrado em todo o Velho e o Novo Testamento.

Assim descobrimos que Hórus, assim como Jesus na Ressurreição, ressurgiu em um novo corpo de luz no terceiro dia. Sobre Osíris também se diz que "morre" no solstício de inverno e "renasce" no equinócio da primavera, novamente como Hórus, no terceiro dia da Páscoa. Assim como Jesus, o salvador egípcio compartilhava a vivência do sofrimento e morte humana. Entretanto, conforme acabamos de ver, o cristianismo posteriormente assumiu essa história literalmente em vez de espiritual e miticamente.

A importância capital do número três aqui é que ele "representa o período de vida incubada" — um período de tempo especial quando algo novo está prestes a aparecer. Mas ele estava embasado solidamente na cultura egípcia, fundada como sempre na observação atenta do mundo natural. Os sábios antigos haviam observado que a Lua, a manifestação mensal da luz refletida do sol, seguia um ciclo de 28 dias, que sempre incluía um período de três dias em que o Sol não iluminava nenhuma parte da superfície do disco lunar visível para nós da Terra. Esse período crítico de esperar para ver o "nascimento" da lua nova (e também, por procuração, do seu senhor, o Sol) era um símbolo da gestação tanto humana quanto celestial e de uma renovação radical. A lua cheia era um símbolo mensal da maturação da divindade, ou Khristós, em todos.

Isso é o que estava também por trás do simbolismo da estada de Jonas por três dias na barriga do peixe grande e, por mais distante que pareça, das palavras de Jesus sobre o templo ser destruído e em três dias "irei reerguê-lo" (uma profecia que, novamente, tinha de fato relação com morte, ressurreição e vida nova).

Outros Papéis Familiares

- Jesus era o Bom Pastor cuja voz as ovelhas conheciam e que sai para o deserto para recuperar a que se desgarrou. Em João, capítulo 10, todo esse tema é desenvolvido e refeito como numa espiral típica do estilo evangélico. Não só o pastor é guardador do rebanho, mas ele é também o próprio portão. Hórus era o Deus Pastor séculos, até mesmo milênios, antes, contudo. Ele diz para o rebanho sobre Ra no deserto do Baixo Egito: "Proteção para vós, todos vocês rebanho de Ra". Parte dos privilégios reais de Osíris era uma vara do pastor, ou cajado, exatamente como o levado hoje em dia pelo papa e os bispos das Igrejas católica, ortodoxa e anglicana.
- Tanto Hórus quanto Jesus são apresentados como aqueles que virão como o Joeirador. O Evangelho de Mateus conta como João Batista prediz que Jesus estará segurando um abanador (a nova versão padrão revisada da Bíblia em inglês, ou NRSV, chama de pá) na sua mão, "e limpará bem a sua eira; recolherá o seu trigo ao celeiro, mas queimará a palha em fogo inextinguível". Esotericamente, esse símbolo incomum é um pictograma claro do princípio da mente. O intelecto deve eliminar a palha da sensualidade e libertar o grão dourado. Aqueles que foram iniciados nos mistérios maiores do mundo greco-romano foram banhados na água e depois ventilados e simbolicamente "abanados e joeirados" pelo vento ou espírito purificador. Isso era realmente a mesma coisa que o batismo dual da água e do fogo nos Evangelhos. No Egito, o abanador, chamado Khi, era o sinal do ar, da respiração e do espírito. Nas religiões egípcia e grega, o divino nos traz o intelecto, que é o que nos impede de ser asfixiados pela sensação. Essa compreensão está em contraste radical para milhões de cristãos ultraconservadores, que parecem muito freqüentemente

considerar a razão como "um instrumento do demônio" e orgulham-se de agir segundo "apenas a fé".

- Passagens dos Evangelhos que tratam do julgamento dos pecadores (e também da narrativa dramática da Paixão de Jesus, especificamente dos julgamentos perante Caifás, Herodes e Pilatos) refletem, com precisão fantástica, cenas da Grande Antecâmara da justiça egípcia, onde os que se alinharam com Sut contra Hórus são separados das ovelhas e transformados em cabras. Uma vez mais me lembro de Mateus, capítulo 25, e a parábola das ovelhas e dos cabritos no final dos tempos. Na versão inglesa do rei Jaime, ou KJV, começa assim: "Quando, pois, vier o Filho do homem na sua glória, e todos os anjos com ele, então se assentará no trono da sua glória; e diante dele serão reunidas todas as nações; e ele separará uns dos outros, como o pastor separa as ovelhas dos cabritos; e porá as ovelhas à sua direita, mas os cabritos à esquerda". Observe que só Mateus apresenta Jesus dizendo que os próprios cabelos da cabeça de uma pessoa são numerados à vista de Deus. No ritual egípcio, cada cabelo é pesado nas balanças da justiça. Muitos títulos de capítulos são palavras de pessoas mortas que repetem as palavras originalmente atribuídas a Hórus. Na verdade, Hórus é o orador divino de outrora, assim como Jesus nos Evangelhos é apresentado como aquele cujas palavras são a vida.
- Massey identifica as pessoas do mito egípcio "que ficam na escuridão" e vêem uma luz forte no que é chamado de Amenta (isto é, a terra em si). Quando Hórus traz a luz divina, declara-se que ele "desce do céu para as trevas de Amenta como a Luz do Mundo". No Evangelho de João, capítulo 9, Jesus diz: "Enquanto estou no mundo, sou a luz do mundo". Em seguida, o evangelista usa a história da cura do homem cego de nascença para ilustrar essa verdade. Em um sentido mais profundo, mais espiritual, todos somos cegos de nascença em um corpo material (isto é, "em matéria"), até os nossos olhos serem abertos e percebermos o que e quem realmente somos: portadores do Cristo interior.

- Jesus disse que era o pão da vida, um tema ressaltado fortemente no capítulo 6 do Evangelho de João. Ali, Jesus diz: "Eu sou o pão vivo que desceu do céu; se alguém comer deste pão, viverá para sempre; e o pão que eu darei pela vida do mundo é a minha carne. (...) Se não comerdes a carne do Filho do homem, e não beberdes o seu sangue, não tereis vida em vós mesmos". E novamente: "Porque a minha carne é comida verdadeira, e o meu sangue é verdadeira bebida. Quem come a minha carne e bebe o meu sangue tem a vida eterna".

Sem dúvida nenhuma, o "pão" é, portanto, o princípio divino da luz e da vida. O "sangue" é a garantia da mesma vida e energia esvaída para o benefício humano. Mas Jesus não foi a única pessoa divina que ofereceu o seu corpo e o seu sangue simbolicamente para o alimento dos mortais. Massey afirma que Hórus "também deu a sua carne como alimento e o seu sangue como bebida". Desnecessário dizer, a linguagem é pura alegoria. Quando li pela primeira vez, não conseguia parar de pensar que se isso tivesse sido plenamente compreendido pela Igreja do final dos séculos II, III e IV, muito do derramamento de sangue acerca da verdadeira natureza da Missa ou da Eucaristia poderia ter sido evitado posteriormente. Grande parte dos mal-entendidos e dos sofrimentos permanecem nos nossos dias porque as Igrejas como a católica romana ainda insistem em considerar as passagens eucarísticas da Bíblia tão literalmente. Esse é um dos maiores motivos pelos quais Roma se recusa a entrar em intercomunhão com anglicanos, luteranos e outras Igrejas que adotam um método mais simbólico.

Hórus declarou, no ritual egípcio: "Eu sou o possuidor do pão em Anu. Eu tenho pão no céu com Ra". Ele é tanto o pão da vida quanto o milho divino. A exemplo de Jesus, que era da mesma essência consubstancial que o Pai divino, de acordo com o relato de João, Hórus é simbolicamente "a carne e o sangue do seu pai Osíris". No seu caráter cristológico, Hórus disse: "Eu sou uma alma e a minha alma é divina. Eu sou aquele que produz alimento. Eu sou o alimento imperecível". Jesus disse: "Eu sou o pão da vida. (...) Quem come do pão que eu lhe dou nunca terá fome". Ambos estão falando sobre as mesmas realidades espirituais profundas.

- O conceito de nascer duas vezes, uma vez naturalmente e depois outra vez espiritualmente, é característico não só do Evangelho de João — com o seu sempre citado "Necessário é nascer de novo" ou, melhor, "Deveis nascer da vontade de Deus" — mas de quase todas as religiões antigas, incluindo o hinduísmo. Nos cultos egípcios, os que nasciam duas vezes o faziam primeiro da "água" da natureza humana e depois de novo do espírito. O texto Ritual convoca a alma glorificada: "Salve, Osíris, tu que nasceste duas vezes!"[8]
- Tanto Hórus quanto Jesus fazem uma série de longas referências a seus pais. Hórus, na verdade, faz praticamente quarenta delas ao todo. O mais famoso dos monólogos de Jesus no Evangelho desse tipo constitui todo o capítulo 17 de João. É certamente não histórico mas parte do mito. Ele, a exemplo da maioria dos discursos que João atribuiu a Jesus, apresenta-se bem diferente de tudo o que Jesus diz nos três Evangelhos Sinópticos. Ele termina, significativamente, "Agora, eu venho a ti. (...) Glorifica o teu filho". Na verdade, ele pede ao Pai para devolver-lhe a glória que tivera "antes que o mundo existisse". Hórus implora de maneira semelhante para que Osíris "deixe que o estado dos resplandecentes seja dado a mim. O eleito chega ao Velho nos confins da Montanha da Glória onde a coroa espera".[9] Essa é uma nítida afirmação do retorno do raio solar do Logos. Ele esteve, por toda a eternidade, no seio do pai universal, Ra, e sofreu a morte para glorificar a humanidade, cuja natureza Ra lhe deu para que a elevasse. Assim como Hórus, Jesus pede para ser restaurado ao seu resplendor original, ou glória. As semelhanças são tão impressionantes que, quanto as analisei pela primeira vez, mal consegui acreditar no que estava lendo.
- Quando Hórus ressuscita na sua glória, ele eleva todas as outras pessoas com ele. Neste ponto lembrei-me intensamente das palavras de Jesus sobre "ressuscitar" e levar consigo "todas as

pessoas". Paulo, é claro, diz: "Mas na realidade Cristo foi ressuscitado dentre os mortos, sendo ele as primícias dos que dormem". Da mesma maneira, Hórus, "o Senhor da Ressurreição", é o primeiro daqueles que dormem na escuridão para despertar como "uma alma mais poderosa".

- Hórus, com uma divindade solar simbólica, era sempre retratado na iconografia como um homenzinho velho, feio (representando o sol que morre ou poente, e também o sol apagado do outono). Como o sol nascente do leste, entretanto, ele era retratado como um jovem sadio e forte. Jesus, nos monumentos gnósticos das catacumbas romanas, é retratado ou como um jovem vigoroso e com um belo semblante, ou, para usar as palavras de Isaías, como um "homem de dores, e experimentado nos sofrimentos", idoso e aflito.

Assim como o Hórus da encarnação — simbolizado pelo sol acima do horizonte ocidental, "mergulhando na matéria" — o deus feito carne em forma humana, um sacrifício voluntário, a imagem do sofrimento — a divindade egípcia também é algumas vezes retratada como uma criancinha, aleijada nos membros inferiores e desfigurado pela perda do olho roubado, e o leitor inteligente é forçado a se lembrar de algumas das palavras mais tocantes jamais escritas. Ou Hórus cumpre esse presságio de Isaías ou, muito mais provavelmente, a passagem toma emprestado do mito de Hórus mais antigo. Gosto da versão inglesa de James Moffat, cuja passagem é assim expressa:

Ele era desprezado, e rejeitado dos homens;
homem de dores, e experimentado nos sofrimentos;
e, como um de quem os homens escondiam o rosto,
era desprezado, e não fizemos dele caso algum.
Verdadeiramente ele tomou sobre si as nossas enfermidades,
e carregou com as nossas dores;
e nós o reputávamos por aflito,
ferido de Deus, e oprimido.
Mas ele foi ferido por causa das nossas transgressões,
e esmagado por causa das nossas iniqüidades;

o castigo que nos traz a paz estava sobre ele,
e pelas suas pisaduras fomos sarados.

Mas o Senhor fez cair sobre ele
a iniqüidade de todos nós.
Ele foi oprimido e afligido,
mas não abriu a boca;
como um cordeiro que é levado ao matadouro,
e como a ovelha que é muda perante os seus tosquiadores,
assim ele não abriu a boca.
Pela opressão e pelo juízo foi arrebatado;
e quem dentre os da sua geração considerou
que ele fora cortado da terra dos viventes,
ferido por causa da transgressão do meu povo?
E deram-lhe a sepultura com os ímpios,
e com o rico na sua morte,
embora nunca tivesse cometido injustiça,
nem houvesse engano na sua boca.

Pelo que lhe darei o seu quinhão com os grandes,
e com os poderosos repartirá ele o despojo;
porquanto derramou a sua alma até a morte,
e foi contado com os transgressores;
mas ele levou sobre si o pecado de muitos,
e pelos transgressores intercedeu.

Certamente, essa descrição pitoresca do Khristós que sofre pela humanidade foi composta muito tempo antes do aparecimento do Jesus histórico. A "vida" evangélica de Jesus, a narrativa de Isaías do servo sofredor, a história das aflições no trabalho, a história pré-cristã do sofrimento de Cristo e a descrição do Hórus trespassado, ferido, crucificado dos antigos registros antigos — todas essas se combinam mutuamente com inconfundível fidelidade, afirma Kuhn. Na realidade, trata-se da mesma história — conforme o conhecido hino evangélico observa, "a velha, velha história".

Infelizmente, conforme vimos, os falsificadores cristãos do século III, para encobrir a fraude que cometeram ao transformar o que era originalmente tão alegórico e espiritual em história e fato literal, queimaram — juntamente com as centenas de milhares de outros livros já mencionados — os 24 volumes do teólogo gnóstico Basilides. Os livros, intitulados *A Exegética*, constituíam os estudos bíblicos dele, realmente os primeiros comentários sobre os Evangelhos de um pensador cristão. Uma vez que Basilides estava mergulhado em toda a sabedoria antiga, sua interpretação dos Evangelhos teria sido de valor inestimável para o mundo e para os pretensos cristãos dos nossos dias. Clemente de Alexandria classifica Basilides de "o filósofo devotado à contemplação das coisas divinas". A exemplo de todos os outros gnósticos cristãos, Basilides (que viveu em c. 140) expôs uma interpretação espiritual, alegórica e simbólica completa do Khristós com base no seu conhecimento dos costumes gregos, hebraicos e egípcios. Temos uma necessidade urgente de reencontrar o pensamento dele. Um dos resultados mais esperançosos para mim enquanto lia e relia os textos evangélicos a partir das perspectivas obtidas com a pesquisa discutida aqui, é a série contínua de surpresas que agora tenho quando sou capaz de admitir as alegorias, as metáforas e os mitos da Bíblia e olhar por trás ou além deles para o significado esotérico profundamente encerrado dentro deles.

Quanto a obter outros paralelos significativos entre Hórus e Jesus, encorajo os leitores a consultar o apêndice B deste livro. Demos apenas uma olhadela parcial nos traços de semelhanças que considerei. Ao compreender verdadeiramente o papel de Hórus como revelador da vinda da divindade cada vez mais plena em cada ser humano, somos libertados para ver o significado integral do Jesus "participante" das dramatizações evangélicas. O cristianismo atual precisa de um Cristo cósmico ainda que subjetivo, interior, não de um ídolo personalizado de um culto limitado que convida o mundo todo a juntar-se a segui-lo — mas apenas nos termos dele. As pessoas precisam e querem uma ligação com Deus que já foi plantada no solo das suas mentes e corações. Sabendo que a história de Hórus é um mito sublime, podemos penetrar uma vez mais — assim como Orígenes e os outros primeiros cristãos — no coração do mesmo mito eterno que é transmitido pelos Evangelhos. É aí que realmente reside a minha esperança para o futuro da Igreja — no Cristo interior. Já estamos prontos, contudo, para atacar de frente a questão acerca de a Bíblia poder em algum sentido ser considerada história.

7

A BÍBLIA — HISTÓRIA OU MITO?

O Fim do Fundamentalismo

Na economia cósmica, o divino deve sempre sacrificar a sua vida pelas esferas inferiores da existência. Em toda religião, é representado um deus que morre pelos humanos.

Na Bíblia inteira, não existe uma única letra de história como a conhecemos!

— ALVIN BOYD KUHN, Our Birth Is but a Sleep

História Falsa?

O PRINCIPAL ARTIGO DA EDIÇÃO de março de 2002 da prestigiosa revista americana *Harper's*, intitulado "False Testament" [Falso Testamento], afirma categoricamente que a arqueologia agora refuta a pretensão de considerar a Bíblia história. Ao longo de muitos dos últimos anos, a controvérsia sobre a historicidade bíblica marcou as conferências acadêmicas e foi o assunto de artigos no *The New York Times* e no *U.S. News and World Report*, uma reportagem de capa da edição de dezembro de 2002 da revista *Maclean's* e um artigo destemido de autoria da arqueóloga Ze'ev Herzog no jornal israelense *Ha'aretz*. Mas a revelação comprometedora da *Harper's*, feita pelo jornalista Daniel Lazare, foi o relato mais incisivo e atual que cheguei a ver.

Citando as evidências mais recentes (ou melhor, na maior parte, a falta delas), Lazare derrubou a fundação que sustentava quase todas as principais vigas históricas do edifício do conhecimento aceito sobre tudo desde a existência de Abraão e dos outros patriarcas bíblicos até o Êxodo do Egito, as supostas glórias dos reis Davi e Salomão, e até mesmo da reputada conquista da Terra Prometida (Canaã).

Para milhões de judeus, cristãos e muçulmanos, as revelações representaram um choque enorme. Nos Estados Unidos, o clero relatou que muitos integrantes de igrejas tiveram a sua fé gravemente abalada pela notícia. De acordo com "Is the Bible Historical Hooey?"*, um importante artigo sobre a questão na edição de maio/junho de 2002 da revista *Biblical Archaeological Review (BAR)*, de grande circulação, os ministros citados diziam que as pessoas estavam exigindo saber por que, se a Bíblia é totalmente duvidosa como história, elas deveriam acreditar em qualquer coisa dela. Essa perspectiva absolutista, literalista, tem sido tão bem-sucedida que o conceito de Escritura como algo totalmente alegórico e mítico ainda se encontra praticamente além da compreensão por parte da maioria dos crentes tradicionais. Ainda assim, isso está se revelando como o calcanhar-de-aquiles do cristianismo durante a crise atual. O velho literalismo simplesmente não consegue resistir às provas do pensamento, das pesquisas e do conhecimento acadêmico modernos. O que nunca foi história para princípio de conversa não pode mais continuar se mascarando como história. Isso assinala um momento decisivo importante, crítico, em toda a história do cristianismo. Ele traz consigo a esperança do reencontro com um sistema de crenças e uma vivência de Deus muito mais espiritualizados.

A antiga visão da Bíblia, observou Lazare, era o que os israelitas começaram em meados do segundo milênio anterior à era cristã como um grupo de nômades originários da Mesopotâmia (Iraque); eles migraram primeiro para a Palestina e depois para o Egito; depois de anos de escravidão, eles fugiram para o deserto sob a liderança de Moisés, acabaram cruzando o Jordão e, em uma conquista feroz, se apossaram do que hoje

---

* "Será a Bíblia um Disparate Histórico?" (N. do T.)

constitui o moderno estado de Israel, os territórios ocupados e (no tempo de Davi) muito mais.

Lazare afirmou categoricamente que, com base nas pesquisas dele e em uma investigação entre os estudos acadêmicos, chegara à conclusão de que tudo não passa de "baboseira". No último quarto de século, afirmou ele, os arqueólogos constataram que "os pressupostos estabelecidos sobre quem foram os antigos israelitas e de onde eles vieram revelaram-se falsos". Em lugar de um grupo de invasores que conquistaram Canaã, "atualmente se considera que os israelitas tenham sido uma cultura indígena que se desenvolveu a oeste do rio Jordão por volta de 1200 a.C.".

As histórias épicas sobre Abraão, Isaac e os outros patriarcas "parecem ter sido compostas de retalhos (...) a partir de diversas passagens folclóricas locais". Nos nossos dias, toda a narrativa sobre o império de Davi é considerada "uma invenção de sacerdotes de Jerusalém nos séculos VII e VIII a.C. que pretenderam dourar a história nacional", escreveu ele. (A propósito, um estudo comparativo de religiões mostra que todos os povos antigos fizeram o mesmo.)

De acordo com as descobertas de Lazare, o monoteísmo judaico — isto é, a adoração exclusiva de uma divindade semítica chamada YHWA, ou Iavé (Jeová), não "coalesceu" completamente até um ponto entre uma conquista assíria do reino do norte de Israel, em 722 a.C. e a conquista babilônica do reino ao sul de Judá, em 586. A Bíblia indica que isso aconteceu muito tempo antes. Conforme descobriremos, as verdadeiras origens apareceram no pensamento religioso egípcio.

A situação torna-se ainda mais problemática para os tradicionalistas em todos os campos. Abraão, conforme Kuhn insistiu há muito tempo, era totalmente mitológico. "Não só não há nenhuma evidência de que nenhum personagem como Abraão tenha vivido como também os arqueólogos acreditam que não há como um personagem desses ter vivido considerando o que atualmente sabemos sobre as origens israelitas", escreveu Lazare. Em outras palavras, conforme Kuhn disse muito antes disso, ele era um dos personagens de maior destaque no mito mais amplo.

E Lazare não pára por aí. O Êxodo nunca aconteceu, afirmou ele, uma conclusão a que ele chegou com base em um crescente conjunto de evidências sobre as antigas demarcações das fronteiras egípcias, locais desertos onde os israelitas em fuga supostamente teriam estabelecido acampamento e assim por diante. A descrição da conquista de Canaã no Velho Testamento assim "resulta como sendo também ficcional".

O rei Davi, relacionado na Bíblia como tendo sido um potentado poderoso e construtor de império, "era ao contrário um flibusteiro que obteve pela espada o que no máximo foi um pequeno ducado nas terras meridionais ao redor de Jerusalém e Hebrom". Na verdade, alguns arqueólogos atuais sustentam, por causa da ausência de evidências concretas, que ele também jamais existiu. O nome Davi aparece em apenas uma inscrição sobre um bloco de pedra, ou estela, do século IX a.C. e isso é tudo o que existe. Conforme Lazare observa, "Se Davi e Salomão foram importantes líderes políticos regionais, seria razoável esperar que os seus nomes constassem dos monumentos e na correspondência diplomática da época. Ainda assim, mais uma vez, os registros nada mencionam a respeito deles".

Os fundamentalistas se regalaram com evidências da década de 1930 de que os muros de Jericó foram demolidos em uma ocasião, em grande parte conforme é descrito no Livro de Josué. No entanto, Lazare lembra aos leitores que a arqueóloga britânica Kathleen Kenyon, em época mais recente, demonstrou a partir de vestígios de cerâmica nas ruínas que a destruição não aconteceu depois de 1300 a.C., quase uma centena de anos antes de a conquista (se é que houve uma) ter acontecido. Josué pode também não "encaixar-se na batalha de Jericó" afinal.

Havia muito mais evidências, e Lazare tinha dados concretos suficientes para sustentar o seu ataque devastador, incluindo evidências comprobatórias do recente livro de grande sucesso mundial, *The Bible Unearthed,* de Israel Finkelstein, arqueólogo da Universidade de Tel-Aviv, em conjunto com o jornalista Neil Silberman. Massey e Kuhn estavam surpreendentemente muito à frente de toda essa atual erudição acadêmica nas suas pesquisas e conclusões. Em *Who Is This King of Glory?*, Kuhn menciona o repúdio de Massey à historicidade do Pentateuco, ou os primeiros cinco livros do Velho Testamento, citando-o em palavras que parecem ter saído direto do livro de Finkelstein-Silberman. Massey refere-se ironicamente ao Pentateuco como um "angu" indistinguível de mito e mistério. Afirmou que ele não tinha "nem cabeça, nem cauda, nem vértebras". Caso fosse história de verdade, em especial nos relatos detalhados das batalhas no Livro de Josué, a Palestina e a Judéia deviam transbordar com paramentos e artefatos de guerra e trabalho, de fabricação hebraica e das raças conquistadas. Mas além da história bíblica, não há absolutamente evidências a encontrar entre os inúmeros combates e a devastação dos inimigos de Jeová em grandes batalhas. Além disso, no país de um povo tão rico que o rei Davi, na sua pobreza, podia coletar milhões para construir um templo, descobre-se que não há objetos de arte, esculturas, mosaicos, bronzes, cerâmica nem pedras preciosas. De maneira semelhante, Lazare escreve, o rei Salomão é considerado como tendo sido um mestre em construções e "um acumulador insaciável" de artigos luxuosos. "Ele bebia em taças de ouro, dotava os seus soldados com escudos de ouro, mantinha uma frota de barcos a vela para procurar tesouros exóticos, mantinha um harém de 1.000 esposas e concubinas e gastou treze anos construindo um palácio e um templo suntuosamente decorado para abrigar a Arca da Aliança". Ainda assim, nem uma única taça nem um único tijolo jamais foram encontrados para indicar que tal reino tenha existido! As provas da história bíblica não são para ser encontradas, diz Massey, mesmo que toda a Palestina seja escavada nessa busca. Na realidade, como é ilusório pensar em cavar na terra para encontrar provas de mitos e alegorias. *Nem a mais vasta pesquisa arqueológica será suficiente para provar um mito.*

A resposta da *BAR* ao esforço explosivo de Lazare foi um desapontamento a quem quer que esperasse uma refutação substancial. Na realidade, fiquei mais impressionado com as concessões que ela precisou fazer à argumentação de Lazare do que pelas afirmações de haver "um outro lado". O artigo, de autoria de um dos editores da revista, acusava que a exposição da *Harper's* apresentava "apenas um lado de um debate muito acalorado naquele campo". Ao negar que Abraão tivesse sequer existido, ou que o Êxodo do Egito, a conquista da Terra Santa e a grandeza dos impérios de Davi e Salomão fossem fatos concretos da história, ela não dava nenhuma indicação de que poderia haver "um outro lado".

É verdade que Daniel Lazare não reconheceu que havia alguns pesquisadores conservadores que não repudiavam os relatos bíblicos tão sumariamente como ele. Não obstante, a argumentação que ele apresentava era sustentada, conforme observado, por evidências esmagadoras, e o que foi um verdadeiro incentivo a abrir os olhos para muitos leitores tradicionais da Bíblia foi até que ponto o editor da *BAR* precisou concordar com a maioria das conclusões mais condenadoras de Lazare. Ele admitiu, por exemplo, que quando aconteceu o Êxodo do Egito — durante o qual Moisés lidera os israelitas através do Mar Vermelho (de Caniços) na caminhada de certo modo absurda e obviamente simbólica de quarenta anos pelo deserto — "duvido que encontre muitos pesquisadores que aceitem o relato bíblico sem questionar. Não temos evidências arqueológicas de um homem chamado Moisés, de israelitas vagando pelo deserto ou dos acontecimentos do monte Sinai". (Kuhn escreveu uma monografia admirável, *The Red Sea Is Your Blood,** para mostrar o verdadeiro significado simbólico ou alegórico do episódio da travessia do mar Vermelho — ou, traduzido corretamente, de Caniços.)

O editor da *BAR* admitiu também que o argumento de Lazare de que a arqueologia não sustenta a história bíblica da conquista de Canaã baseia-se não em más intenções, conforme alguns fundamentalistas acusaram, mas em alguns fatos muito concretos. Ele disse: "O relato bíblico da conquista tem os seus problemas — a imagem formada pela arqueologia não bate com a descrição do Livro de Josué de uma rápida vitória militar por parte dos Israelitas". Mas a questão, argumenta ele, é muito mais "complexa" do que Lazare apresenta.

O artigo foi igualmente fraco na sua resposta às denúncias de Lazare quanto à falsidade das histórias do grande reino de Davi. O editor escreveu: "A insuficiência de vestígios arqueológicos da Jerusalém do século 10 é um problema. A capital de um império importante deveria ter deixado alguns artefatos para serem encontrados". Mas é exatamente isso que Lazare ressalta. As evidências de um grande império davídico simplesmente não existem. O comentarista da *BAR* é forçado a admitir

* *O Mar Vermelho É o Seu Sangue.* (N. do T.)

que "estamos longe de ser capazes de oferecer uma história definitiva de Davi, de uma forma ou de outra".

Até mesmo sobre um tema tão importante quanto Abraão, há pouco que possa ser dito para refutar a afirmação de Lazare de que ele nunca existiu. O editor da *BAR* observa de maneira pouco convincente que há "alguns detalhes históricos" nas histórias bíblicas que se misturam com "detalhes de tratados que ele fez com governantes locais e o preço de escravos" e os "registros históricos". Isso não prova nada, contudo. O personagem permanece extremamente nebuloso, mítico. Em *The Lost Light*, Kuhn faz comentários surpreendentes sobre Abraão, que ele diz categoricamente não ter sido um personagem histórico. Kuhn até mesmo desvenda o significado do nome do patriarca, A-braão, argumentando que é a combinação do alfa de negação (como nas palavras "amoral" e "anóxia") e Brahm (como no védico ou hindu), e significa, portanto, "não Brahm". Ele escreve que "Abraão, o patriarca, ou a mais antiga das emanações, não era Brahm, a divindade hindu suprema, Brama, o Absoluto, mas a primeira emanação de Brahm. Ele era a primeira vida que não era Absoluta, mas derivada do Absoluto, uma espécie de semideus, ou Deus solar".

No fim, Lazare conclui: "Em vez de um conjunto de relatos de acontecimentos verdadeiros, a história que o Gênese (e outros livros do Velho Testamento) apresentam era uma construção artificial, falsa, uma estrutura narrativa criada muito posterior aos fatos para juntar uma série de histórias populares sem vinculação entre si como num colar de pérolas". Tudo isso está plenamente de acordo com as descobertas dos pesquisadores que conhecemos aqui. Sem dúvida nenhuma, o mito usa detalhes históricos em determinados momentos, e há muitos desses detalhes a serem encontrados no Velho Testamento e no Novo. Mas, em última análise, um mito, conforme dito anteriormente, tem a ver com as verdades eternas.

É importante compreender o tipo de argumentações usadas para chegar a essas conclusões. Por exemplo, o artigo de Lazare observa como as histórias bíblicas de Abraão, Isaac e Jacó fazem freqüentes referências a caravanas de camelos. Um exemplo disso é a passagem do Gênese 24, em que lemos que o emissário de Abraão, enviado para encontrar uma esposa para o filho dele, Isaac, "pegou dez dos seus melhores camelos e partiu levando com ele todos os tipos de bens". Mas análises de antigos ossos de animais "confirmam que os camelos só passaram a ser amplamente usados para o transporte na região bem depois de 1000 a.C.", isto é, mais de quinhentos anos depois da data atribuída pela Bíblia para os patriarcas. Nem tampouco existe alguma sugestão de menção de uma pessoa chamada Abraão em uma das inscrições não biblicamente relacionadas e outras evidências disponíveis.

Como Deveríamos Interpretar o Velho Testamento?

A minha opinião, expressa em colunas de jornal na ocasião, era de que os dois lados do debate nessa discussão deveriam ter consciência da verdade que sobressai acima de todos os antigos textos bíblicos e sagrados em que se obstinaram Higgins, Massey, Kuhn, Northrop Frye, Joseph Campbell e diversos outros. Antes de mais nada, esses textos nunca tiveram a pretensão de ser história. Eles são quase puramente alegóricos, e o seu verdadeiro significado é para ser buscado abaixo da superfície. Por exemplo, as referências constantes aos diversos cativeiros dos judeus ao longo da "história" artificialmente construída do Velho Testamento devem ser entendidas como o "cativeiro" real da alma humana na matéria. O tema é na realidade o da encarnação outra vez.

As seguintes histórias conhecidas do Velho Testamento mostram que precisamos considerar abaixo da superfície para saber em primeiro lugar por que elas eram contadas:

1. A travessia do mar Vermelho é, de acordo com o significado alegórico ou simbólico, realmente a entrada na matéria. A água sempre representa a matéria no conhecimento esotérico. A bem conhecida história dos quarenta anos que os judeus passaram vagando no deserto era uma construção mítica que simbolizava a vida da alma no corpo durante a sua jornada terrestre. Essa

percepção também se aplica aos Evangelhos, conforme a nossa análise mostrará resumidamente.

2. A história de Daniel na cova do leão e dos três crentes israelitas que sobreviveram à fornalha de fogo ardente ilustra o tema central de que a vida da alma de cada um de nós na matéria é como ser exposto a bestas ferozes (os nossos sentimentos e paixões) ou ser testados pelo fogo (tentações e todas as formas de sofrimentos). Em cada caso, o fiel espírito interior recebe a coragem e a proteção para sobreviver. A alma divina é em última análise imperecível.
3. A história estranha, épica, de Sansão faz pouco sentido literalmente como uma lenda, mas ela simplesmente ganha luz no momento em que se conhece o seu pano de fundo alegórico e astronômico. Sansão em hebraico significa "solar", e ele é simplesmente o personagem de um deus sol (conforme sugere o *Oxford Dictionary of the Christian Church* e Kuhn afirma). Dalila, cujas artimanhas acabam por despojá-lo da sua força prodigiosa, é ligada por Massey ao aspecto débil, minguante, da luz lunar — o escuro da lua —, um sinal de enfraquecimento do sol todos os meses. Na saga, ela tosa o cabelo de Sansão, simbolizando a perda por parte do sol do seu halo de raios potentes. Como resultado, Sansão — assim como Hórus — tem os olhos arrancados. A "luz" dele se extingue temporariamente. Mas na conclusão, quando derruba o grande teatro em que estão os seus inimigos e mata 3 mil filisteus, ele obtém a vitória sobre os inimigos.
4. A história de Gideão é outra variação sobre o mesmo tema. Durante a noite, ele vê as suas tropas cercadas por inimigos em número muito maior. Cada soldado segura uma panela ou vaso de barro com uma vela escondida dentro, os quais em seguida abre de repente, fazendo brilhar um anel circular de luz. Os inimigos, do alto das colinas que circundam o acampamento, ao ouvir o grito: "A espada do Senhor e de Gideão" — e vendo a quantidade de luzes — fogem para se salvar. O significado oculto é que a luz interior de cada um de nós (o Cristo) pode, conforme diz São Paulo, superar todas as coisas.

5. Há diversas passagens desconcertantes no Velho Testamento, e ao menos uma no Novo, em que as mulheres muito além da idade de sustentar uma gravidez, mulheres que foram estéreis durante toda a vida, repentinamente engravidam e dão à luz. Sara, a esposa de Abraão, é uma. Ana, a mãe de Samuel, e Isabel, a mãe de João Batista, são duas outras. O que significam realmente esses estranhos "milagres"? Kuhn explica que cada um deles é um sinal, um símbolo, do processo evolucionário. O estágio mineral é seguido pelo vegetativo e que por sua vez é seguido pelo animal. A meio caminho na era do reino animal — na geologia e na biologia, isso seriam bilhões de anos depois do Big-Bang — o estágio da encarnação (isto é, a descida da consciência capaz de refletir sobre si mesma) eleva o animal a humano. "*Late in time behold him come, offspring of the virgin's womb [matter]*",* conforme diz o cântico de Natal. O nascimento tardio de heróis singulares como Isaac, Samuel e João Batista simboliza o fato de que a nossa evolução como animais racionais, dotados de alma, acontece de acordo com o "plano" global de Deus por esse ciclo ou era.

O Velho Testamento não é um registro historicamente preciso dos acontecimentos, mas a história da compreensão da evolução de um povo de Deus e da relação de Deus com a nossa humanidade.

O Novo Testamento

E quanto ao Novo Testamento, então? Com certeza, no caso, mais que em qualquer outra parte das escrituras sagradas, encontramo-nos em terra firme histórica. No entanto, depois que se percebe, como eu que estive investigando, que os autores antigos que escreveram sobre Deus e as relações de Deus com as pessoas e os países sempre recorrem à

---

* Referência aos versos do cântico *Hark! the herald angels sing*, escrito por Charles Wesley. Em tradução livre: "Ainda tarde ele veio, nascido de uma virgem [matéria]", mas a versão cantada em português costuma ser: "Cristo, o Filho entronizado, sua glória abandonou". (N. do T.)

metáfora, ao mito, à poesia, à alegoria, parábola e uma infinidade de outros meios de apresentar as verdades eternas, é preciso perguntar por que eles parariam subitamente com isso no início da era cristã. A verdade é que não pararam. Os Evangelhos, em especial, podem dar alguma impressão de história em determinadas passagens, mas a maioria dos pesquisadores bíblicos atualmente concordam que os Evangelhos estão muito longe do que se considera modernamente por esse conceito.

Os Evangelhos, qualquer que seja a sua origem, eram dramatizações religiosas, usadas para a adoração e como uma forma de evangelização. A função deles não era veicular a história, mas amparar e transmitir a crença. O editor do Evangelho de João (o menos histórico de todos) declara enfática e sinceramente os seus objetivos no texto em si quando afirma: "Estas coisas que vos escrevemos são para que acrediteis que Jesus é o Messias". A meta é formar os fiéis e criar novos convertidos, não criar uma biografia autêntica.

Lucas Tenta Transformar Mito em História

O Evangelho de Lucas inicia-se com a declaração de que ele acrescenta o seu relato aos já escritos por "muitos" outros no sentido de transmitir a "verdade" sobre a história de Jesus. Essa afirmação carrega uma forte impressão de preocupação com a história. Ele enumera nomes e cria a ilusão de uma datação em ordem. Mas os capítulos iniciais dessa obra são cheios de narrativas não históricas, altamente simbólicas, míticas.

Por exemplo, quando Maria irrompe nos sublimes versos do Magnificat depois de ouvir que a sua parenta idosa Isabel também está "com filho", isso é apresentado como um momento espontâneo. Mas qualquer um que tenha bom senso pode dizer que esse salmo é uma peça burilada, bem estudada, dos escritos no estilo Midrash (interpretação não literal dos textos bíblicos) que ninguém, muito menos uma jovem inculta, poderia improvisar. Os pesquisadores estão bem cientes de que esse salmo expande e repete a canção de Ana em I Samuel, capítulo 2. Ele não tem nada de histórico.

Em seguida, Lucas conta como saiu um decreto da parte de Augusto, para que "todo o mundo fosse recenseado". O problema é que não existe absolutamente nenhum vestígio — em todo o período, que é bem documentado — de tal decreto. Simplesmente esse é um meio de fazer José e Maria irem a Belém por razões teológicas. O messias precisava ser um descendente davídico, e assim de Belém. Lucas diz que o nascimento aconteceu enquanto Quirino era governador da Síria. Isso significa que não poderia ter acontecido antes de 6 d.C., o ano em que sabemos que ele foi empossado. Ao mesmo tempo, Mateus diz que Jesus foi concebido enquanto Herodes, o Grande, estava no poder na Judéia. Mas Herodes morreu em 4 a.C.! Os autores de *The Jesus Mysteries* salientam que o verdadeiro milagre de Maria, caso ambas as referências sejam consideradas como verdadeiramente históricas, foi "uma gravidez de dez anos". Para Mateus, a cidade natal de Jesus foi Belém. Para Lucas, foi Nazaré.

Conforme já vimos, as histórias dos anjos e dos pastores, em Lucas, e dos sábios, em Mateus, foram reescritas a partir de temas míticos egípcios de pelo menos 2 mil anos antes. Eles são retratados nas representações artísticas de Luxor. Também não existe registro histórico do suposto édito de Herodes com relação ao "massacre dos inocentes". O bom senso nos diz que uma ordem dessas seria uma impossibilidade sob todos os aspectos. Será que Herodes pretenderia matar os filhos dos amigos, dos soldados, dos funcionários civis, dos turistas que passassem por ali e assim por diante? Sabe-se com certeza que o assunto como um todo é simbólico, quando se entende que uma tentativa de massacrar uma criança sagrada aparece em todos os antigos mitos heróicos, desde Moisés a Hórus, assim como de Sargão a Hércules. Conforme observado anteriormente, a ameaça do recém-nascido Hórus, o Cristo egípcio, partiu de Herut, a serpente.

Depois há a questão das duas genealogias de Jesus em Mateus e Lucas. Sem dúvida nenhuma, elas não têm nada a ver com a história e tudo a ver com o mito. Lucas remonta a "história" familiar a Adão porque a história dele é universal. Mateus remonta-o a Abraão porque está interessado em estabelecer a linhagem judaica. No entanto, ambos os relatos revelam as suas intenções quando chegam à sua conclusão. Ambos mostram claramente que por parte de pai, Jesus era (conforme era obrigatório na história judaica) um descendente de Davi. Mas deixam de observar como isso na verdade é totalmente irrelevante, uma vez que, na visão deles, José não era o verdadeiro pai, afinal de contas — o nascimento foi de uma virgem. O mito exigia isso.

Ainda há mais. Historicamente, as virgens não têm bebês, mas as histórias de nascimentos de virgens são abundantes nos mitos. As estrelas não "ficam" em cima de casas ou estábulos, e elas não conduzem as pessoas para oeste (especialmente quando aparecem no leste!). Mas elas ocorrem de fato em todos os mitos antigos. Cada novo messias era assinalado por uma estrela. Essa é a questão.

O Filho Pródigo

Essa é uma das mais conhecidas histórias contadas nos Evangelhos (encontrada apenas em Lucas). Ela já foi recitada, dissecada e comentada literalmente milhões de vezes. Em *Finding the Still Point,* analisei-a e tentei mostrar que o ponto em que o filho "perdido" "se encontra" era centro da discussão de que tudo dependia. Ele entendia o seu eu interior, diferente de todos os outros, e mudava de atitude completamente. Do ponto de vista esotérico, alegórico, porém, o significado é ainda mais profundo. A história é na realidade uma exposição clássica da teologia da encarnação que tenho comentado o tempo todo. O Filho Pródigo representa a dramatização ocultista da alma. Quando entramos na matéria — assumindo um corpo e embarcando em toda uma vida de experiências — estamos verdadeiramente ingressando em "uma terra distante", a ser testada, alimentando-se de migalhas (em comparação com a nossa verdadeira herança espiritual), degradada e alienada de muitas maneiras. Um dia, porém, surge a verdadeira iluminação. A divindade interior é reconhecida, o Cristo "adormecido" desperta e voltamos para o "Pai" que nos espera em casa. A recepção a que faz jus o Filho Pródigo é uma referência alegórica ao júbilo supremo da gloriosa ressurreição da alma do outro lado. Outros detalhes da história, tais como os lamentos do filho mais velho, provavelmente foram acrescentados posteriormente, seja por causa de uma incapacidade de ver o seu verdadeiro sentido esotérico, seja para marcar pontos na disputa dos primeiros cristãos com a sinagoga.

O Semeador

Outra parábola familiar é a que envolve o semeador que semeia a Palavra — o termo grego é *logos* — em várias terras. O verdadeiro significado esotérico ou alegórico uma vez mais tem a ver com o tema da encarnação. Os antigos estóicos acreditavam que houvesse uma "semente" da mente divina, ou Logos, em todo ser humano — eles até mesmo chamavam a isso de *spermatikos logos,* o "Logos semente" — e a história do Evangelho reflete uma crença semelhante. Deus, o verdadeiro "semeador", deita a semente divina em cada coração. Mas o sucesso é determinado pelos "solos" — quer dizer, o tipo de reação e maneira de viver em conseqüência disso. A mensagem é: Sejam o melhor solo. Em outras palavras, acordem para quem e o que vocês realmente são. Transformem-se nisso.

Estudo de Caso: A Ressurreição de Lázaro

Uma vez que quero que você saiba o mais profundamente possível o que passou pelos meus pensamentos enquanto lidava com esse material, acredito que seja conveniente analisar o milagre mais impressionante de todos atribuídos a Jesus no Novo Testamento. A história da ressurreição de Lázaro é bem conhecida em alguns círculos. Mas é preciso estar verdadeiramente familiarizado com ele para acompanhar a discussão a seguir. Ei-lo aqui, então (João, capítulo 11), extraído da Bíblia na versão do rei Jaime.

> Ora, estava enfermo um homem chamado Lázaro, de Betânia, aldeia de Maria e de sua irmã Marta. (...) Mandaram, pois, as irmãs dizer a Jesus: Senhor, eis que está enfermo aquele que tu amas. Jesus, porém, ao ouvir isto, disse: Esta enfermidade não é para a morte,

mas para glória de Deus, para que o Filho de Deus seja glorificado por ela.

Ora, Jesus amava a Marta, e a sua irmã, e a Lázaro. Quando, pois, ouviu que ele [Lázaro] estava enfermo, ficou ainda dois dias no lugar onde se achava. Depois disto, disse a seus discípulos: Vamos outra vez para Judéia. (...) E, tendo assim falado, acrescentou: Lázaro, o nosso amigo, dorme, mas vou despertá-lo do sono.

Disseram-lhe, pois, os discípulos: Senhor, se dorme, ficará bom. Mas Jesus falara da sua morte; eles, porém, entenderam que falava do repouso do sono. Então Jesus lhes disse claramente: Lázaro morreu. E, por vossa causa, folgo de que eu lá não estivesse, para que creiais; mas vamos ter com ele. Disse, pois, Tomé, chamado Dídimo, aos seus condiscípulos: Vamos nós também, para morrermos com ele.

Chegando pois Jesus, encontrou-o já com quatro dias de sepultura.

Ora, Betânia distava de Jerusalém cerca de quinze estádios. E muitos dos judeus tinham vindo visitar Marta e Maria, para as consolar acerca de seu irmão. Marta, pois, ao saber que Jesus chegava, saiu-lhe ao encontro; Maria, porém, ficou sentada em casa.

Disse, pois, Marta a Jesus: Senhor, se estivesses aqui meu irmão não teria morrido. E mesmo agora sei que tudo quanto pedires a Deus, Deus to concederá. Respondeu-lhe Jesus: Teu irmão há de ressurgir. Disse-lhe Marta: Sei que ele há de ressurgir na ressurreição, no último dia. Declarou-lhe Jesus: Eu sou a ressurreição e a vida; quem crê em mim, ainda que morra, viverá; e todo aquele que vive, e crê em mim, jamais morrerá. Crês isto? Respondeu-lhe Marta: Sim, Senhor, eu creio que tu és o Cristo, o Filho de Deus, que havia de vir ao mundo. Dito isto, retirou-se e foi chamar em segredo a Maria, sua irmã, e lhe disse: O Mestre está aí, e te chama. Ela, ouvindo isto, levantou-se depressa, e foi ter com ele.

Pois Jesus ainda não havia entrado na aldeia, mas estava no lugar onde Marta o encontrara. Então os judeus que estavam com Maria em casa e a consolavam, vendo-a levantar-se apressadamente e sair, seguiram-na, pensando que ia ao sepulcro para chorar ali. Tendo, pois, Maria chegado ao lugar onde Jesus estava, e vendo-o,

> lançou-se-lhe aos pés e disse: Senhor, se tu estiveras aqui, meu irmão não teria morrido. Jesus, pois, quando a viu chorar, e chorarem também os judeus que com ela vinham, comoveu-se em espírito, e perturbou-se, e perguntou: Onde o puseste? Responderam-lhe: Senhor, vem e vê. Jesus chorou.
>
> Disseram então os judeus: Vede como o amava. Mas alguns deles disseram: Não podia ele, que abriu os olhos ao cego, fazer também que este não morresse?
>
> Jesus, pois, comovendo-se outra vez, profundamente, foi ao sepulcro; era uma gruta, e tinha uma pedra posta sobre ela. Disse Jesus: Tirai a pedra. Marta, irmã do defunto, disse-lhe: Senhor, já cheira mal, porque está morto há quase quatro dias. Respondeu-lhe Jesus: Não te disse que, se creres, verás a glória de Deus?
>
> Tiraram então a pedra. E Jesus, levantando os olhos ao céu, disse: Pai, graças te dou, porque me ouviste. Eu sabia que sempre me ouves; mas por causa da multidão que está em redor é que assim falei, para que eles creiam que tu me enviaste.
>
> E, tendo dito isso, clamou em alta voz: Lázaro, vem para fora! Saiu o que estivera morto, ligados os pés e as mãos com faixas, e o seu rosto envolto num lenço. Disse-lhes Jesus: Desligai-o e deixai-o ir.
>
> Muitos, pois, dentre os judeus que tinham vindo visitar Maria, e que tinham visto o que Jesus fizera, creram nele.

Deixe-me dizer desde o princípio que este capítulo inteiro, com o seu relato detalhado sobre a ressurreição de Lázaro, sempre foi problemático para mim, tanto como estudante quanto como posteriormente professor de Novo Testamento. Ele é definido em João como o último e supremo "Sinal" da série de sete sinais, começando com a transformação da água em vinho bem no início do Evangelho, com a intenção de convencer o leitor de que Jesus é realmente o Messias e o Filho de Deus. Em especial, ele apresenta a mensagem decisiva sobre Jesus ser a ressurreição e a vida. Ele é aquele que tem o poder de fazer os mortos tornarem a viver. Ainda assim, diversas coisas relativas à história me perturbavam muito tempo antes de eu tomar conhecimento dos antecedentes egípcios.

Primeiro, a ressurreição de Lázaro é apresentada no Evangelho como sendo a gota de água que precipitou os acontecimentos em uma situação já complicada. As autoridades judaicas ficam tão chocadas com a história, e tão temerosas de que o mundo inteiro se convencesse por ela (a ponto de que as autoridades romanas se sentissem provocadas e desencadeassem uma ação repressora violenta), que imediatamente conspiram para se livrar de Jesus de uma vez por todas. A ressurreição de Lázaro, portanto, é indicada como sendo a causa imediata da crucificação. Ainda assim, isso contradiz frontalmente a imagem criada pelos três Evangelhos Sinópticos. Lá, a prisão, os julgamentos e a execução de Jesus são considerados simplesmente como o resultado da indignação e da raiva das autoridades por causa da limpeza que ele faz no templo. Marcos comenta da seguinte maneira: "Ora, os principais sacerdotes e os escribas ouviram isto [sobre a limpeza do templo e o comentário sobre terem transformado a casa de Deus em um 'covil de salteadores'] e procuravam um modo de o matar; pois o temiam, porque toda a multidão se maravilhava da sua doutrina". Ambas as versões não podem ser mantidas juntas. A lacuna é grande demais. O interessante é que a limpeza acontece bem no início do ministério público de Jesus de acordo com o Evangelho de João, mas é colocada bem no fim dele por Mateus, Marcos e Lucas.

Segundo, sempre me pareceu inexplicável que essa história espetacular de Lázaro, no caso de ser mesmo histórica, tenha sido tão completamente menosprezada pelos outros três evangelistas e pelas suas "escolas". Ainda assim, a história aparece unicamente no quarto Evangelho. Uma "prova" assim tão importante de poder divino, sobre-humano jamais poderia ter sido mantida escondida dos outros — na realidade, conforme vimos, foi a própria celebridade dela, até mesmo entre os inimigos de Jesus, que o levou à cruz, de acordo com João. Pareceu certo para mim, então, que o milagre não está em Mateus, Marcos ou Lucas porque esses autores não sabiam absolutamente nada a respeito dele. Ele não fazia parte da tradição comum. Ele tem o sabor e o caráter da alegoria e do mito. Terceiro, as testemunhas seculares ficaram notavelmente silenciosas. Se lembrarmos a pretensa abertura dos túmulos naquela primeira Sexta-feira Santa (lembrada apenas por Mateus), quando "os sepulcros se abriram, e muitos corpos de santos que tinham dormido foram ressuscitados; e, saindo dos sepulcros, depois da ressurreição dele, entraram na cidade santa, e apareceram a muitos", devemos concluir que esse tipo de prodígio público certamente não teria escapado aos numerosos cronistas seculares, historiadores e outras testemunhas da época. Mas não há uma só palavra de comentário secular ou judaico sobre ele em nenhum lugar que possa ser encontrado.

Foi assim uma grave enrascada para mim que assumi, como acadêmico especializado no Novo Testamento, a perspectiva histórico-crítica amplamente aceita. No entanto, depois que tomei contato com as pesquisas de Massey, Kuhn e outros estudiosos, com o seu profundo conhecimento das línguas antigas e as suas idéias sobre a mitologia egípcia, o problema desapareceu por completo. Ficou perfeitamente claro para mim que a narrativa de João nesse ponto se inspira diretamente nos temas antigos e depois os reelabora para os ajustar a seu projeto e seus propósitos. Lida alegoricamente, a maneira como é narrada nas fontes egípcias, essa história não é um problema. Lida como história, é uma falsificação (por mais sentido que faça) e um plágio. Ela cria dificuldades intransponíveis para as pessoas de bom senso e instruídas dos nossos dias.

Considere isso uma forma de trabalho de detetive por alguns instantes e veja como a análise acadêmica revela o verdadeiro significado do que está se passando. No Livro dos Mortos egípcio, Anu, chamada Heliópolis em grego (significando "cidade do sol"), era o nome teológico de uma cidade egípcia real onde os ritos da morte, sepultamento e ressurreição de Osíris ou Hórus eram representados todos os anos. O nome é uma combinação de *nu*, o nome da "mãe celeste" ou espaço primordial, vazio, o "abismo do nada", e o alfa de negação — daí A-Nu, ou "não nada", uma palavra de realidade concreta, o mundo da manifestação material. Em outras palavras, Anu era exatamente um lugar onde as unidades da consciência divina (ou almas) iam para a sua "morte" simbólica em cada ser humano (encarnação) e depois ressuscitavam de novo para a glória. Anu era chamada, entre outras coisas, o lugar da "multiplicação do pão". (Significativamente, Belém, o local de nascimento de Jesus, significa "a casa do pão". Não vamos nos deter nesse ponto, por mais tentados que sejamos, de mostrar as ligações profundas entre esse conceito e o Cristo evangélico que multiplica pães e peixes para as multidões.) Os hebreus acrescentaram o seu prefixo relativo a "casa", *beth*, a Anu e produziram Beth-Anu, ou a Casa de Anu. Mas uma vez que o *u* e o *y* eram intercambiáveis na antiguidade, acabamos ficando com a correspondente Betânia no Novo Testamento. A questão aqui é que, quando lemos o texto egípcio, descobrimos que o Cristo egípcio, Hórus, realizou um grande milagre em Anu, ou Betânia. Ele ressuscitou o próprio pai, Osíris, dos mortos, convocando-o na caverna para "levantar-se e vir para fora".

Essas indicações nos ajudam a resolver a questão de quem era Lázaro originalmente. De acordo com o grande egiptólogo Sir Wallis Budge, assim como segundo as minhas principais fontes e outras eminentes autoridades sobre os textos, um antigo nome de Osíris era Asar. Os egípcios regularmente expressavam a sua reverência colocando o artigo definido *o* ou *a* antes dos nomes dos seus deuses. Assim como dizem os cristãos, "o Cristo", os egípcios diziam "o Osíris". Mas isso era o equivalente a dizer "Senhor Osíris". Quando os hebreus adotaram o nome do Osíris, ou Senhor Osíris, eles usaram a palavra hebraica correspondente a "senhor", *el* — daí El-Asar. Posteriormente, os romanos, falando latim, é claro, adotaram El-Asar e acrescentaram a terminação *us* usada na maioria dos nomes masculinos. O resultado foi El-Asar-us. Na época, a inicial *e* "caiu em desuso", conforme os lingüistas explicam, e o *s* em Asar mudou para *z*, que sempre o acompanha na língua. Assim, temos Lázaro (Lazarus), o Osíris da história de Beth-Anu. Portanto, é isso que, a começar por Massey, esses eruditos concluem de maneira convincente que a ressurreição de Lázaro por Jesus em Betânia "nada mais é do que a reescrita do antigo mistério dramático no qual Hórus, o Cristo, ressuscitou o próprio pai 'morto', Osíris, do sepulcro". Está escrito nos hieróglifos que Hórus acompanhou a divina Meri ao lugar onde Asar (Osíris) estava enterrado no seu túmulo, assim como Jesus acompanhou Maria, que apareceu para encontrá-lo no caminho para Betânia. A questão mais importante é que esse recital egípcio se encontrava no papiro talvez até 5 mil anos antes da era Cristã.

Evidências adicionais das semelhanças entre os mitos antigos e os relatos do Evangelho são encontradas nas fartas referências na história do Evangelho das lamentações e choros na casa e na sepultura de Lázaro. Os "judeus" que se encontravam lá para confortar as irmãs estavam chorando, somos informados, assim como estava Maria. E então temos as famosas e significativas palavras "Jesus chorou". Mas a Betânia, ou Beth-Anu, da história egípcia era conhecida desde muito tempo como "o lugar de chorar"! Conforme Kuhn observa, "Ísis e a sua irmã divina, Neftis, Jesus e Hórus, Maria e Marta, todos prantearam o senhor inerte, El-Asar-us".

Aquelas duas irmãs divinas, Ísis e Neftis, também são significativas. Um antigo nome originário de Ísis é Meri, a exemplo da palavra latina *mare*, "o mar" (a fonte primordial de toda a vida). O plural egípcio de Meri, porém, era Merti. Na forma latina do feminino, ela se tornou Mertae. Em hebraico, ela se tornou o que viria a ser Martha em inglês, ou Marta em português. Assim, até mesmo na transação egípcia antiga, sempre estiveram presentes as duas Marias, ou Maria e Marta, as irmãs de Lázaro.

Um detalhe final: no relato joanino, Jesus faz a afirmação surpreendente de que Lázaro não está morto, mas apenas adormecido. A mesma coisa foi dita muitos séculos antes, nos escritos antigos de Osíris no Egito: "Este é Osíris, que não está morto, mas dormindo em Anu, o lugar do seu repouso, esperando o chamado que dirá para ele regressar um dia". No texto do Har-Hetep, o orador, que personaliza Hórus na dramatização, é ele quem vem para despertar Asar (Osíris) do sono.

O que devemos fazer com esse obscuro mas quase exato paralelo entre os dois textos, o egípcio e o joanino? A conclusão parece inevitável para mim. Certamente, o ritual egípcio era mítico em caráter — quer dizer, pretendia comemorar a ressurreição final para a glória radiante do verdadeiro eu pessoal, o Cristo interior. De maneira semelhante, o autor/editor de João não teve a intenção de enganar o leitor com uma "história falsa". O propósito, ao contrário, era exatamente o mesmo — transmitir, no contexto vívido de uma história ficcional, a verdade espiritual, esotérica, da nossa vitória final sobre o próprio túmulo, a nossa ressurreição. Essa era uma parte essencial da dramatização nessa versão particularmente judaica do mito eterno. O que me toca mais profundamente com relação a essa perspectiva, e que me enche de um novo otimismo quanto a uma compreensão mais profunda de toda a história de Jesus, é o relato simplesmente inacreditável como "história" de repente tornar-se desconcertantemente vivo em significados espirituais, tão importante como continuar a respirar. Foi se tornando cada vez mais óbvio para mim, enquanto continuava a ler, que o que precisamos hoje em dia não é uma nova racionalização e desmitologização dos relatos bíblicos, mas, sim, de uma remitologização deles no sentido de ver a sua importância eterna como nunca vimos antes. A necessidade não é de desvestir o mito, conforme cheguei a pensar, mas de usá-lo para penetrar no cerne espiritual do que ele sempre esteve tentando nos dizer.

Os egípcios acreditavam na imortalidade da alma e da sua ressurreição espiritual final, gloriosa, do próprio nascer do tempo. A história de Osíris/Lázaro dominou não só o pensamento religioso deles, mas também o de todo o mundo greco-romano anterior ao que atualmente chamamos de era cristã. Vê-lo refletido no Evangelho, conforme fizemos, não significa "denunciar a falsidade" do Novo Testamento. Ao contrário, é o caso de situá-lo, e à esperança da mensagem da ressurreição, ainda mais firmemente na sabedoria mais ampla, mais antiga, dos sábios mais talentosos e instruídos. O significado simbólico, mítico, da ressurreição de Lázaro chega ao âmago da verdade que a simples história jamais conseguiria tocar. Um dia, todos nós devemos ressuscitar daquela maneira.

Isso, é claro, não passa de uma espiadela nas questões envolvidas. Mas as evidências se acumulam. O antigo método literalista fracassou e tem poucas chances de reaparecer no futuro. Ainda assim, por meio desse processo muito necessário, conforme já começamos a ver, algo novo, abrangente e libertador está prestes a surgir.

8

OLHANDO OS EVANGELHOS COM OUTROS OLHOS

Mito Sublime não é Biografia

As evidências sugerem que o Novo Testamento não é uma história de acontecimentos reais, mas uma história da evolução da mitologia cristã.

— TIMOTHY FREKE E PETER GANDY, The Jesus Mysteries

De uma antiga civilização [Egito] vem a literatura que encerra todas as discussões ao apresentar as evidências incontestáveis de que os Evangelhos não são e nunca foram história. Hoje está provado que eles são dramatizações ocultas da evolução espiritual da humanidade e da história da alma humana no seu tabernáculo terreno da carne.

— ALVIN BOYD KUHN, Who Is This King of Glory?

NO MOMENTO, é mais do que óbvio que nenhuma parte desta pesquisa pretende tirar a enorme importância dos Evangelhos para a minha própria jornada espiritual ou para qualquer renovação do cristianismo nos nossos dias. Estou profundamente convencido por experiência própria de que a interpretação metafórica/alegórica que é dada a eles pelas obras de Massey e de Kuhn, em especial, salienta grandemente sua importância em nossa vida — o poder que lhes é peculiar de ampliar e elevar a visão espiritual de cada um de nós. Atualmente, considerando a prevalência de uma visão sobejamente literalista, vim a perceber que eles são na sua grande maioria — na verdade, seria possível dizer totalmente — mal compreendidos. Ler os Evangelhos como história é ser forçado a deixar todo o sentido de realidade normal do lado de fora, nos degraus da igreja. Considerados literalmente apresentam um mundo de acontecimentos anormais sem a menor relação com a vida autêntica das pessoas de hoje em dia. Quando, durante a liturgia, é lido o Evangelho do Domingo, o leitor diz: "A palavra do Senhor", e as pessoas respondem: "Deus seja louvado". Mas, normalmente, as pessoas têm pouca compreensão do que aqueles textos significam. Conforme observaram os pesquisadores do controvertido Seminário de Jesus, sediado na Califórnia, uns vinte evangelhos de vários tipos chegaram até nós completos ou em trechos desde os primeiros três séculos da era comum, mas apenas quatro acabaram sendo incluídos no Novo Testamento. O Seminário, instituído em 1985 por Robert Funk, atualmente consiste em um grupo de mais de 75 pesquisadores bíblicos internacionalmente reconhecidos, que são especialistas em uma ampla variedade de áreas, desde história antiga até arqueologia. Analisando minuciosamente os Evangelhos e o Livro dos Atos, classificando os diversos pronunciamentos e os atos de Jesus de acordo com a probabilidade da sua autenticidade, aqueles pesquisadores chegaram a um "homem" muito diferente do personagem que é o ícone do cristianismo ortodoxo. Nas descobertas deles, Jesus tinha um pai humano, cujo nome pode não ter sido José; ele nasceu, não em Belém, mas em Nazaré; era um sábio itinerante que gostava da companhia de párias sociais; curava muitas doenças psicossomáticas; não caminhou sobre a água, nem alimentou multidões com refeições miraculosas, nem converteu a água em vinho, nem sequer ressuscitou os mortos. Do ponto de vista deles, não houve um sepulcro vazio; a crença na Ressurreição baseou-se nas experiências visionárias de Pedro, Maria e, posteriormente, Paulo. Jesus não pregou, do ponto de vista deles, que voltaria. Entretanto, a maior falha em toda a perspectiva do Seminário de Jesus é que, a exemplo dos fundamentalistas, os pesquisadores do Seminário de Jesus parecem presos à visão errônea de que estariam lidando em última análise com a história. Quem dera pudessem deixar de lado todos os acréscimos e voltar ao cerne ou ao núcleo! Mas o mito tratado como história invariavelmente desmorona.

Em vez de uma mensagem espiritual poderosa, eles terminaram ficando com migalhas de "pedras em lugar de pão".[1]

A verdade é que os mais antigos documentos disponíveis aos pesquisadores do Seminário são alguns minúsculos fragmentos de uma cópia em papiro do Evangelho de João, datando de cerca de 130 d.C. As primeiras evidências materiais dos quatro Evangelhos provêm do final do século II d.C., cerca de 170 anos depois da morte de Jesus. Mas, mesmo assim, conforme observaram os líderes do Seminário, faltam "informações concretas" sobre como, quando e por quem eles foram realmente compostos ou editados.[2]

O tipo de estudo que fizemos até aqui demonstrou que não há dúvida de que os quatro Evangelhos contêm material derivado originalmente de antigas fontes egípcias. Já vimos suficientes evidências disso nos capítulos sobre Hórus e o "milagre" de Lázaro. No entanto, não devemos pensar que o empréstimo foi direto. Grande parte dos textos indubitavelmente foram usados e reusados nas dramatizações e encenações das religiões de mistérios greco-romanas, e uma boa parte veio através do que os cristãos chamam de Velho Testamento. Parte dele, por exemplo, muitas passagens do Sermão da Montanha, provém de um repositório comum de conhecimentos antigos que circularam amplamente no Oriente Médio e finalmente encontraram o seu lugar nos comentários (fantasiosos) judaicos talmúdicos e de estilo Midrash. Com a possível exceção do aforismo sobre perdoar os inimigos (e até mesmo isso é questionado), não há absolutamente nada no sermão em Mateus, capítulos 5 a 7 — com paralelo no Sermão aos Comuns de Lucas — que não se possa encontrar em fontes judaicas. Eu já sabia que, de acordo com a tradição dos padres da Igreja, o núcleo basilar dos Evangelhos canônicos não era a vida de Jesus, mas uma coleção da Logia, ou aforismos, que foram anotados em hebraico ou aramaico por Mateus, o escriba do Senhor. Um escritor antigo que guarda um testemunho da história cristã é Papias, o bispo de Hierópolis, na Ásia Menor. Escrevendo em algum momento por volta de 120 d.C., ele declara enfaticamente que os Evangelhos cristãos basearam-se e originaram-se da Logia. (Papias afirma também que, de acordo com a tradição que recebeu, Jesus morreu em casa, na cama, em idade avançada.) Observe que o Evangelho de

Tomé, descoberto com outros escritos gnósticos em Nag Hammadi, no Egito, em 1945, era constituído puramente de aforismos atribuídos a Jesus. Não continha a história da Paixão nem a da Ressurreição. O mesmo se aplica ao hipotético documento "Q", uma fonte de "aforismos" que se acredita ter sido usada tanto por Mateus quanto por Lucas.[3]

Papias é a testemunha mais antiga que se refere a um Evangelho escrito: o de Marcos. Ele afirma que Marcos, tendo se convertido em intérprete para Pedro, tomou nota com precisão de tudo o que se lembrava, mas não na ordem correta: "Pois ele nem ouviu o Senhor nem o acompanhou". Mateus, diz ele, transpôs os Oráculos do Senhor para a língua hebraica, "e cada um os interpretou da melhor maneira possível". Kuhn observa que Papias não tinha conhecimento de nenhum outro Evangelho além dos de Marcos e de Mateus à época, e na realidade tinha ouvido falar desses textos apenas por intermédio dos mais velhos, por ouvir contar. *Não viu nenhum deles diretamente.* Gerald Massey deriva a palavra "mito" da antiga palavra egípcia *mutu*, que significa declaração oral ou dito, e a relaciona à palavra egípcia *mattiu*, que significa "a palavra da verdade", ou "ditos verdadeiros". A semelhança com Mateus no caso não pode ser acidental.

Mais significativamente, importantes padres da Igreja antigos — com destaque para Clemente de Alexandria, Orígenes e Irineu — concordam, na linha do testemunho de Papias (contra Eusébio, o historiador sempre duvidoso), que Mateus, e não Marcos, foi o Evangelho primário. Mas há inúmeras evidências indicando que aqueles aforismos, os fundamentos admitidos dos Evangelhos, não foram pronunciados originariamente por Jesus nem inventados depois pelos seus seguidores. Muitos deles eram preexistentes, pré-históricos e portanto, certamente, pré-cristãos. Eram coleções de aforismos egípcios, hebraicos e gnósticos, e portanto não podem ser interpretados por si mesmos como prova de que o Jesus dos Evangelhos tenha vivido como um homem ou mestre. Esses aforismos eram todos ensinamentos orais dos antigos Mistérios, muitas eras antes de terem sido registrados por escrito. A maioria das informações incluídas no Evangelho original de Mateus, em especial, foram incluídas com o motivo óbvio de cumprir a profecia do Velho Testamento. Em outras palavras, Jesus é criado para cumprir o que já fora escrito em relação a um contexto diferente. Daí o freqüente, quase tedioso, refrão naqueles Evangelhos de que os acontecimentos se realizaram "de acordo com o que foi profetizado por Isaías" ou algum outro profeta. Você pode verificar esse aspecto por si mesmo, lendo Mateus atentamente e observando como esse processo se torna uma repetição ritual. É sobejamente claro que o compilador era ignorante demais para saber que aquelas profecias pertenciam havia muito à alegoria astronômica do Egito antigo e que não se referiam à história humana nem se esperava que fossem cumpridas no plano dos acontecimentos objetivos.

Existe uma enorme quantidade de evidências de que o núcleo da tradição espiritual, transmitida às gerações posteriores desde os tempos mais antigos, foi incorporado em coleções das manifestações orais mais importantes e essenciais do personagem do Cristo nas dramatizações e rituais místicos do passado. Esses sermões de "manifestações orais sagradas do Filho divino aos humanos" circulavam, em segredo, por todo o mundo antigo sob o nome de Logia, ou "aforismos do Senhor". Depois de confrontar toda a pesquisa, acredito agora que esses tenham sido os documentos de origem dos quais se extraíram os Evangelhos canônicos. Depois, para substituir as partes deterioradas e agradar às diversas comunidades cristãs que surgiam, foram feitas emendas, interpolações e edições por parte dos escribas. Estou convencido de que essa explicação é tão próxima de ser a verdade das fontes, da origem e da natureza dos Evangelhos cristãos quanto se possa determinar.

Vale a pena lembrar que a maioria dos editores dessas narrativas se sentia totalmente à vontade em usar dessa liberdade, a qual toda a antiguidade estava acostumada a permitir-se ao lidar com monumentos literários. Não existiam leis de direito autoral. Na realidade, por mais difícil que seja conceber hoje em dia, o conceito de direito autoral era inteiramente estranho ao pensamento antigo. Hesitava-se pouco em reescrever textos para excluir o que quer que não conviesse a um determinado ponto de vista do editor, ou em substituir as fórmulas originais por outras de sua própria composição, e em ampliar ou condensar os textos ao bel-prazer. A prova disso, entre os atuais pesquisadores acadêmicos do Novo Testamento e até mesmo estudantes leigos mais atentos, pode ser vista no modo um tanto descuidado com que tanto Mateus quanto

Lucas tratam o Evangelho de Marcos (do qual ambos, obviamente, tinham conhecimento quando compilaram os próprios); eles deixaram textos de fora, fizeram mudanças e acréscimos à vontade. Elaine Pagels, autora de *Beyond Belief: The Secret Gospel of Thomas*, recorda-nos que "o que sobreviveu como cristianismo ortodoxo resultou da supressão e da eliminação forçada de uma porção de outros textos".

Mais do que isso, aprendemos com o próprio Orígenes que, até o começo do século III, circulavam diferentes versões do Evangelho de Mateus. Jerônimo, no final do século IV, diz exatamente a mesma coisa — ele até chega a afirmar que houve tantos textos diferentes quanto manuscritos da versão latina! Foi o pior pesadelo possível dos fundamentalistas extremados.

O Mito da Natividade

Quando nos recordamos de que as narrativas sobre o nascimento em Mateus e Lucas são não históricas, constituídas como são de lendas piedosas e invenções no estilo Midrash (interpretações não literais dos textos bíblicos, cujo significado altamente simbólico e espiritual deve, no entanto, ser salientado) e que as parábolas derivam de antigas "fontes de aforismos", torna-se ainda mais evidente que o material com que estamos lidando nos Evangelhos são edições literárias de temas alegóricos e míticos que *tinham* sua própria história mas continham pouca história em si mesmos. Todas as lendas sobre o nascimento de virgem, uma estrela no Oriente, três sábios levando presentes, a tentativa pelo poder maligno de tirar a vida de uma criança especial e os mensageiros angelicais foram, conforme já vimos, interpretados muito tempo antes nos mitos do Egito e outros lugares vezes demais para ser mencionadas.

O bispo John Spong, integrantes do Seminário de Jesus e muitos outros pesquisadores atuais analisaram e reanalisaram as narrativas sobre o nascimento, peneirando-as como a farinha mais bem refinada, mas nenhuma dessas análises, na minha opinião, mostrou tanta profundidade e significação quanto as de Massey e Kuhn.[4] Os exegetas críticos atuais, estou convencido, ainda estão presos à armadilha literalista, histórica, mesmo quando tentam desenredar a história de Jesus do conjunto da embalagem mítica. São os racionalizadores dos mitos contra quem Massey em especial advertiu. Deixe o mito de lado e não entenderá nada.

A triste verdade, quando se consideram as histórias conflitantes sobre a natividade em Mateus e Lucas, é que a resolução do nascimento alegórico do Cristo no parto de um bebê literal em uma Belém localizada, histórica, impediu que o resto da humanidade percebesse o verdadeiro significado da realização messiânica. Com a conversão no século II de uma dramatização espiritual antiga que pretendia representar a verdade sobre cada um de nós na biografia de um único homem-salvador, a grande verdade que um raio do Logos solar era incorporado distributivamente na humanidade animal desapareceu e foi obliterado. Entre outras coisas, isso tem o significado de que a verdade, o significado profundo da celebração anual do Natal para cada pessoa isoladamente se perdeu. Lembro-me da resposta dada por Sir Wallis Budge, em seu livro *Osiris and the Egyptian Resurrection,* a uma afirmação descuidada de alguns dos contemporâneos dele de que as pessoas da África Ocidental eram "selvagens primitivos". Budge escreveu: "Esse é um grande erro, pois eles possuem os remanescentes de uma religião nobre e sublime, os preceitos do que eles esqueceram e as cerimônias das quais eles foram rebaixados". Em nenhuma outra parte esse fenômeno do declínio é mais visível do que no que aconteceu ao tratamento religioso do Natal. A história não é o relato literal que parece ser na superfície; ela trata do nascimento, no coração de cada ser humano, do Cristo. É um relato supremo do mito central de todas as religiões — a encarnação do divino na carne humana. Conforme se lê na citação bem no início da nossa pesquisa, "Ainda que Cristo nasça em Belém mil vezes, e não dentro de ti mesmo, tua alma seguirá perdida; em vão olharás a Cruz do Gólgota, até que ela seja erguida dentro do teu coração".

A questão é que, enquanto na superfície os Evangelhos pareçam ser uma forma de biografia combinada com proclamação, um exame mais atento revela que não são biografias de maneira alguma. Eles são extraordinariamente imprecisos e vagos exatamente nas passagens em que mais esperamos detalhes explícitos. Não somos informados de nada sobre a aparência de Jesus naqueles textos — a cor da pele ou dos olhos dele, a sua altura ou peso aproximados, se usava barba ou não, se tinha cabelos compridos ou era careca e assim por diante. Ficamos só imaginando sobre a sua data de nascimento e o ano em que morreu, até mesmo se era casado ou solteiro. Por causa do imenso silêncio sobre os anos entre o nascimento dele e o começo do seu ministério (à parte a história lendária de Lucas sobre a visita de Jesus ao templo aos 12 anos de idade para o seu *bar mitzvah*), volumes foram preenchidos com especulações que se tornam mais vagas ainda com o passar do tempo. Existem lendas sobre supostas visitas à Inglaterra; estadas místicas no Egito, no Tibete, na Índia; e muito mais. As almas crédulas que têm grande dificuldade de discernir evidências de conjecturas fantasiosas enfileiram-se aos bandos a cada novidade sobre esse tema.

Marcos, o mais antigo Evangelho, omite tudo antes do aparecimento de Jesus como homem adulto no rio Jordão para ser batizado por João. Nele não há nenhuma narrativa sobre o nascimento, nenhuma genealogia, nenhum resquício da infância ou juventude. Essa é uma maneira estranha de começar qualquer tentativa de contar sobre a "vida" de uma pessoa claramente considerada como espetacular. O Evangelho de Marcos é tão enxuto e vago, tão carente de detalhes sobre a vida de Jesus que o ministério de Jesus poderia ter durado pouco mais de um ano, conforme já vimos. É apenas a partir de João que se pode conjecturar sobre uma duração de três anos. Muito tempo atrás, eu não entendia por que Marcos gostava de ligar cada caso que contava ao seguinte com a palavra "imediatamente" (*euthus* em Grego), o que dá um ritmo alucinante mas que é na verdade um disfarce da falta de conhecimento do autor das seqüências temporais específicas. Conforme disse Papias, Marcos não fez o seu relato em nenhuma ordem em especial. Os pesquisadores, incluindo a mim mesmo, geralmente explicam o Evangelho como pouco mais do que uma narrativa da Paixão com uma introdução.

Entretanto, o verdadeiro centro de interesse, e o lugar onde os detalhes começam a fluir, não é o nascimento, mas os acontecimentos que levam e culminam na prisão, julgamento e crucificação de Jesus, quando a história se aproxima do seu clímax. É preciso muito pouca imaginação na realidade para ver todo esse Evangelho como uma dramatização ritual ou peça de teatro de mistério. O mestre divino é chamado, submetido a provações pelos "adversários", reúne os discípulos, finalmente corre de encontro aos seus amargos inimigos, sofre, morre e ressurge dos mortos depois de três dias. Esse é o padrão total do deus solar em todas as dramatizações antigas, conforme já vimos. O que é diferente em Marcos e nos outros Evangelhos mais complexos é que tudo é apresentado como se fosse história verdadeira! A enumeração das evidências que Kuhn faz a essa altura está além da refutação. Ele prova que as histórias da prisão, julgamento e crucificação são mais bem compreensíveis como cenas em uma peça de mistério mas inexplicáveis como fatos da história. Ele escreve: "O julgamento é apresentado com a duração de uma noite quando, conforme observa o grande pesquisador Renan, uma cidade oriental está envolvida em silêncio e escuridão — muito natural como cenas de uma peça de mistério, mas não como história real".

As Narrativas da Paixão

Examinei em detalhes de que maneira, no ritual egípcio, um grande número de acontecimentos simbólicos é incluído na noite que antecede a Páscoa, na passagem do equinócio da primavera, em 21 de março*, a data mais importante do calendário egípcio e de todos os diversos mitos baseados no sol.[5] O equinócio da primavera era, próximo ao solstício de verão, o acontecimento cósmico mais importante de todas as culturas e religiões antigas, desde os druidas em Stonehenge até os nativos norte-americanos, desde o coração da selva africana até as planícies férteis da Mesopotâmia. É o momento supremamente simbólico de quando a volta do vigor solar se equipara e depois supera as forças da escuridão. Para os egípcios, essa noite em especial era simbólica da "noite escura da alma" na encarnação, o que terminava com a passagem da alma sobre a fronteira da Páscoa, exatamente três dias depois. Kuhn escreve: "Todos os processos de transformação, purificação, perfeição, glorificação, atingem a sua consumação na última margem do período noturno quando

* A Páscoa, no caso, em inglês *Passover* (literalmente "passagem"), simboliza a passagem do equinócio de setembro (22), no hemisfério sul, e do equinócio de março (21), no hemisfério norte. (N. do T.)

ele irrompe no amanhecer do Sol espiritual da Páscoa. No calendário egípcio essa seria a noite da Passagem para a primavera".* Foi por essa razão que a dramatização egípcia situou a supremacia de todo o processo espiritual nessa noite equinocial memorável.

Lembre-se, era tudo puramente simbólico, e assim não havia problema em situar naquela noite qualquer número de representações da vivência da alma quando ela encerra a sua história terrestre. É por isso que, nos relatos da Paixão no Evangelho, os diversos julgamentos (perante o sumo sacerdote, Herodes, e depois Pilatos), a Última Ceia, Jesus suando sangue no jardim, a traição, o carregamento da cruz, a procissão dele por toda a cidade velha, as zombarias e sofrimentos, a crucificação, a morte e sepultamento — e muito mais — poderiam todos ser "encenados" naquela noite. Mas isso não foi, nem poderia ser, história real.

Infelizmente, os editores finais dos textos evangélicos, nos séculos II e III, estavam tão cegos pelo seu desejo fanático de esmagar o paganismo e transformar a alegoria espiritual em história que não pararam para dar-se conta da dificuldade de coroar essa longa série de acontecimentos diversos no transcurso de uma única noite. Assim sendo, conforme observa Kuhn ironicamente, Jesus teve uma noite impossivelmente agitada para encerrar a sua triste carreira. Os literalizadores da dramatização não tiveram escrúpulos de pedir a uma crédula classe leiga para acreditar que em uma única noite aconteceram sucessivamente a Última Ceia com os discípulos; a lavagem dos pés dos discípulos; a extensa caminhada até o monte das Oliveiras; a longa vigília no Jardim de Getsêmane; o sono dos discípulos quando Jesus os castigou por não serem capazes de velar com ele por uma hora; a prisão e a mutilação (e subseqüente cura) da orelha cortada por Pedro; depois *três* julgamentos judiciais distintos envolvendo a convocação de juízes, júris, assistentes e funcionários, o populacho sempre disponível *no meio da noite;* depois a zombaria dos soldados, o despojamento da indumentária de Jesus e a obrigação de

* Significativamente, em inglês, as palavras *Passover* (Páscoa judaica, que simboliza a fuga dos judeus do Egito) e *Easter* (Páscoa cristã, que lembra a morte e ressurreição de Cristo) conservaram as raízes etimológicas relativas a "passagem" (do equinócio) e "oriente" (movimento do sol), perdidas nas línguas derivadas do latim, que empresta, para "Páscoa", o significado de "pasto, pastagem", uma refeição ou ceia. (N. do T.)

usar a coroa de espinhos; depois a marcha ao longo da Via Dolorosa e até o alto do Gólgota, "o lugar da caveira"; e a angustiante e dolorosa crucificação (que entrou pela manhã seguinte). Conforme reexaminei em detalhes dos textos sobre a Paixão (algo sobre o que, em razão da grande familiaridade com a narrativa, nunca havia realmente pensado muito), percebi que há um limite óbvio, tênue, ao que pode realmente acontecer na duração temporal de uma noite. Os Evangelhos aqui ficam desamparadamente vulneráveis ao ataque da razão comum. Eles se encontram realmente expostos quanto aos velhos manuscritos sobre o ritual dramatizado da encarnação e ressurreição do deus solar, um ritual que foi primeiro egípcio, depois gnóstico e helênico, depois hebraico e finalmente adotado ignorantemente pelo movimento cristão e distorcido na forma de "história". Os manuscritos não eram história "até em mãos cristãs o significado esotérico ter sido obscurecido e a sabedoria necessária para interpretá-los não historicamente ficasse de fora", afirma Kuhn.

É importante ser bem claro. Dois níveis de significado estão em questão em tudo isso. Se as minhas fontes principais e outras das escolas delas estiverem corretas, conforme agora estou convencido de que estão, então nas antigas dramatizações (e outros mistérios) egípcios e nos quatro Evangelhos, a figura central representa tanto o Cristo (o Princípio Divino quando encarna e morre, ressuscitando em favor de toda a humanidade), *e também a alma de cada pessoa na sua jornada para a vida eterna.* Ocorreu-me como um esclarecimento sem paralelo que a narrativa acerca de Jesus é a narrativa sobre cada um de nós em forma alegórica. Como animais dotados de espírito, somos crucificados na cruz da matéria; somos os portadores do Cristo interior e um dia ressuscitaremos para um destino glorioso ao lado de Deus. Toda alma é crucificada na cruz quando vive no corpo físico, de acordo com a antiga sabedoria esotérica.

É altamente significativo que a crucificação fosse um componente integral de muitas das religiões de mistérios e indubitavelmente encontrasse o seu protótipo dramático aqui. No ritual de mistério, o candidato à iniciação era simbolicamente preso ou "pregado" a uma cruz e até mesmo, em alguns ritos, induzido a um coma hipnótico, para ser despertado da "morte" depois de três dias, na manhã de Páscoa. Na realidade, algumas autoridades vêem nesse tipo de ritual a base da afirmação de Jesus de que Lázaro "não está morto, mas adormecido". A história originou-se no Egito, depois veio a ser o modelo para uma dramatização ritualística da morte e da ressurreição. Um dos segredos da dinâmica transformadora das religiões de mistérios era o uso regular de rituais muito específicos, dramatizações, sons, luzes e outros efeitos *para recriar simbolicamente as mudanças espirituais interiores da consciência retratada.* Essa era a essência do seu poder.

Ressurreição

Seriam precisos muitos livros para analisar completamente as narrativas evangélicas sobre a Ressurreição. John Spong e dezenas de outros pesquisadores acadêmicos da atualidade tratam em detalhes das minúcias dos textos, das incoerências gritantes entre os diversos relatos e do pano de fundo como um todo. Não há necessidade de repetir a obra deles aqui. Mas eu sinto que devo destacar determinados aspectos principais. Por exemplo, na história em Mateus sobre os sumos sacerdotes e os fariseus procurarem Pilatos depois da crucificação e exigir que o sepulcro fosse selado e fosse escalada uma "guarda" de soldados, disseram eles, "Lembramo-nos de que aquele embusteiro, quando ainda vivo, afirmou: Depois de três dias ressurgirei". Conforme observou o meu velho amigo, o professor Frank W. Beare, no seu comentário sobre Mateus, pedem-nos para acreditar que, enquanto os discípulos aparentemente se esqueceram de tudo sobre todas as previsões por seu mestre — eles são mostrados como totalmente despreparados e incrédulos quando presenciaram o *fato* da Ressurreição — os seus inimigos, os infiéis mais impiedosos, lembravam-se de tudo. No entanto, seja como for, todo o relato da Ressurreição em Mateus se mostra suspeito como história por causa dos seus exageros gratuitos dos momentos subseqüentes à morte de Jesus. A versão do rei Jaime de Mateus 27:50 e seguintes apresenta: "De novo bradou Jesus com grande voz, e entregou o espírito. E eis que o véu do santuário se rasgou em dois, de alto a baixo; a terra tremeu, as pedras se fenderam, os sepulcros se abriram, e muitos corpos de santos que tinham dormido foram ressuscitados; e, saindo dos sepulcros, depois da ressurreição dele, entraram na cidade santa, e apareceram a muitos".

Gostaria que todos os fundamentalistas dedicassem uma atenção especial a que, embora esses acontecimentos literalmente estupendos, ainda que públicos, supostamente tenham acontecido, nem uma única outra fonte contemporânea pode ser encontrada para os corroborar ou confirmar — muito embora isso acontecesse num momento e num lugar nos quais capazes observadores e registradores de acontecimentos notáveis, historiadores e outros não faltavam de maneira nenhuma. Não há sequer um minúsculo vestígio de historicidade a ser encontrado. Ainda assim, eles estão declarados em Mateus com toda a aparência de fato.

É o bastante para os nossos propósitos dizer que obviamente o tratamento da Ressurreição nos Evangelhos é semelhante ao já explicado quanto à última noite de Jesus. Nos costumes antigos egípcios, Osíris ressuscitou no terceiro dia, seguindo o simbolismo lunar ou cósmico. O significado oculto era que a semente germinal da consciência divina, enterrada por três eras (ou "reinados") na matéria inferior — mineral, vegetal, animal — então ressuscitaria para encarnar nos humanos "no quarto turno de vigília".[6]

Não pode haver dúvida de que a interpretação literal errônea da Ressurreição pela teologia cristã foi "em grande parte lamentavelmente grave e fatal", conforme declara Kuhn. As imagens do véu rasgado, das ataduras desfeitas, da pedra rolada e do sepulcro aberto foram convertidas em acontecimento real e vinculadas erroneamente a uma vida pessoal. O personagem do Cristo foi pregado a uma cruz de madeira (assim como o Prometeu mítico foi preso a uma rocha no Cáucaso), e o seu corpo foi consignado a um sepulcro rochoso. E o que se ganhou "em realismo hediondo" por essas manobras foi apagado pela perda da universalidade da experiência e a sua beleza inefável como um mistério espiritual. Segundo Kuhn, com o qual eu concordo, não há motivo, justificativa nem necessidade para a literalização da crucificação e da Ressurreição. As pessoas que fossem "intelectualmente infantis" tirariam as grandes parábolas e alegorias da sabedoria esotérica e "alimentariam com elas a sua mente infantil como história verídica". Declarou-se que o Logos veio na forma do homem Jesus, nascido como um bebê na Judéia e que andava pelas ruas, pelas margens dos lagos e pelas montanhas como qualquer camponês. A única cruzada de Kuhn era para "reacender o lampião que uma vez queimou tão luminosamente" de uma fé verdadeiramente espiritual. Considerada literalmente, a pedra que se diz ter sido rolada pelos anjos desde a entrada do sepulcro acabou por sufocar o verdadeiro espírito de que tratava o mito — a nossa própria ressurreição para a imortalidade. Os antigos gnósticos faziam uma idéia inteiramente espiritual da Ressurreição de Cristo, como na realidade São Paulo em I Coríntios 15 e pesquisadores acadêmicos como Orígenes. Eles acreditavam na ressurreição física de Jesus como tolice ignorante.

Natureza

Este é um bom lugar para tranqüilizar o leitor de uma verdade muito importante. A religião antiga era na realidade profundamente enraizada na natureza e no simbolismo da natureza, conforme vimos, mas esses antigos eram infinitamente mais sofisticados do que a nossa superioridade muitas vezes prontamente presumida demais permite a maioria de nós modernos perceber, especialmente críticos cristãos do pensamento pagão. Por exemplo, o mito solar não foi criado para celebrar o milho brotando; ao contrário, o nascimento do grão era invocado para ajudar a mente a preparar uma concepção mais realista da semente divina que, assim como o grão, estava enterrado na terra da carne e das sensações. Os antigos sábios usavam a natureza para dar vida aos processos espirituais. Quando Jesus diz: "Se o grão de trigo caindo na terra não morrer, fica ele só; mas se morrer, dá muito fruto", é um exemplo eloqüente disso. Conforme muitos poetas fizeram, eles adoraram o espírito por meio do seu reflexo na natureza. A natureza era a materialização dos pensamentos de Deus — as suas vestes ou trajes. Os antigos acreditavam que uma apreensão vívida dos aspectos mais profundos da verdade seria facilitada pela contemplação da sua contrapartida universal no mundo físico. As evidências são tão gigantescas que *os olhos pagãos perscrutavam os fenômenos da natureza em busca dos níveis superiores da verdade.* Tudo no ambiente dos egípcios mais antigos, desde as enchentes do Nilo até o ser mais humilde, o escaravelho, continham profundas mensagens espirituais.

Em outras palavras, o discernimento espiritual pagão era o mais inclinado pelo seu entusiasmo pelo mundo natural. O pressuposto de que no infantilismo primitivo os pagãos pararam na natureza ao passo que os cristãos continuaram até Deus é na realidade uma rematada forma de heresia. Ela é desafiada, descobri, por todos os fatos da antiguidade. Essa depreciação gratuita, poderíamos até mesmo dizer arrogante, da civilização passada é desvirtuada por escrituras da mais exaltada sabedoria. Os autores de tais revelações elevadas conheciam o reino da verdade sublime que se acha além da natureza e também conheciam a realidade poderosa que a natureza era o análogo visível desse outro mundo de verdade. Então, como agora, o gênio esotérico entendeu a distinção entre exterior e interior, mas a sabedoria antiga reconhecia infinitamente melhor do que a moderna a analogia entre as duas. A falta de uma ligação profunda entre os valores espirituais e o mundo natural atualmente contrasta vivamente com o que chamamos tolamente de religiões "primitivas" ao redor do mundo, e responde em não pouca medida pela aridez e natureza excessivamente cerebral de grande parte da veneração cristã tradicional. Isso contribuiu, em grande parte, para a nossa atual crise ambiental. Imediatamente, uma coisa é decisiva para a mensagem deste livro. As coisas não são verdadeiras porque estão na Bíblia. Elas foram colocadas na Bíblia porque eram espiritualmente verdadeiras.

Um Comentário Contemporâneo: Idéia de Earl Doherty

Earl Doherty, o autor de *The Jesus Puzzle,* desempenhou um papel de destaque na recente discussão sobre as origens cristãs. Embora eu não concorde com ele em todos os aspectos, quero dar uma breve sinopse de algo que ele tem a dizer no seu website bastante visitado sobre a questão que consideramos aqui.[7]

Doherty explica que Jesus (Yeshua/Joshua) é um nome hebraico que significa "salvador" (em sentido limitado, "Deus salva"). No começo do cristianismo, observa ele, ele se referia não ao nome de um ser humano individual específico mas, assim como o termo Logos, a um conceito — a um personagem divino, espiritual, que é o mediador da salvação de Deus. Conforme já vimos, o Cristo, uma tradução grega da palavra hebraica *messiah,* também é um conceito, significando "o ungido de Deus". "Em determinados círculos sectários do Império Romano, que incluíam tanto judeus quanto gentios, esses nomes tiveram uma vasta gama de usos. A crença em alguma forma de Salvador Ungido (...) Jesus Cristo (...) estava no ar", escreve Doherty. Paulo e a irmandade de Jerusalém, sustenta ele, eram simplesmente uma facção desse fenômeno disseminado, apesar de ser importante e afinal de contas muito influente. No entanto, posteriormente, em um "processo de mitificação próprio", esse grupo de missionários veio a ser considerado o ponto de origem de todo o movimento. Será que os Evangelistas se viam como se estivessem escrevendo a história?, indaga ele, respondendo que atualmente é uma máxima que os Evangelhos são "documentos da fé". Os Evangelistas não se preocupavam com a pesquisa histórica como a conhecemos; ao contrário, estavam engajados em um tipo de Midrash, um comentário inspirado. Ele confirma que, no pensamento dos Evangelistas, os Evangelhos interpretavam novas verdades espirituais ao recontar as Escrituras. "As partes componentes do Novo Testamento são simplesmente as histórias registradas no Velho Testamento recontadas. Jesus foi lançado em histórias como aquela de Moisés, por exemplo, apresentando-o como um novo Moisés dos tempos contemporâneos." Marcos, diz ele, pode ter pensado que havia algum personagem Joshua/Jesus que realmente existiu, mas "em todos os casos, antes de mais nada, esses Evangelhos vêm a ser considerados registros puramente factuais por gentios que não compreendiam as suas origens judaicas, e as escrituras vieram a ser consideradas a profecia desses acontecimentos reais em vez de a sua origem". Marcos, sustenta ele, destacou um processo já incipiente e acrescentou aqueles elementos biográficos que encontrou nas tradições dos "aforismos". Com o Velho Testamento aberto diante de si, ele desenvolveu a sua própria história do ministério e da paixão de Jesus.

Doherty nos lembra também que a história de Jesus "reside em textos sagrados mais do que um ajuntamento de passagens isoladas". O conceito global da Paixão, morte e Ressurreição surgiu de um tema repetido em lendas ao longo da Bíblia hebraica e escritos correlatos. Essa é a história que os pesquisadores modernos caracterizaram como o Sofrimento e a Justificação do Justo Inocente. Conforme já vimos, nós o encontramos na história do servo sofredor em Isaías, em Tobias, em Ester, em Daniel e em outras passagens. Todos contam uma história de um homem ou mulher justo que sofre, é julgado e condenado à morte, ressuscita no último momento e sobe a uma posição superior. "É a história de como os judeus viam a si mesmos; o piedoso perseguido pelos poderosos, o povo de Deus subjugado pelos infiéis", diz ele. Foi uma imagem prontamente absorvida pela seita cristã, assim a história de Jesus também segue esse padrão. O papel redentor de Jesus era um paradigma pois os motivos judeus de sofrimento e expiação e exaltação destinada, traziam uma mistura potente com as filosofias helenísticas do filho (Logos) e deus salvador. Assim, conclui ele, "o cristianismo surgiu como uma síntese genuína das importantes idéias religiosas especialmente do mundo antigo e estabeleceu a linha de conduta da fé ocidental para os dois milênios seguintes".

A maior parte do que Doherty diz aqui concorda com os principais temas que já levantei. Do que ele e muitos outros pesquisadores mais radicais carecem hoje, porém, é a percepção mais profunda, primitiva, apresentada por Kuhn e Massey do arsenal fértil da antiga religião egípcia. Isso é o que é mais surpreendente e mais esclarecedor para mim. Todos os textos do Velho Testamento a que Doherty se refere derivam eles mesmos de antecedentes egípcios.

A questão, então, é, se os Evangelhos são principalmente alegóricos e simbólicos, será que têm algum valor material para nós perante todas as fontes da verdade religiosa e espiritual? Obviamente, as duas maiores autoridades que estudei acreditam que sim — assim como eu. Pergunte a si mesmo: Um poema é verdadeiro? Ele pode conter verdade de valor infinito muito embora o seu conteúdo seja simbólico ou ficcional? Será que as peças de William Shakespeare são verdadeiras? Sublimemente são, quando se trata de assuntos do coração e do espírito humano. Sim, apesar de ficção, elas são supremamente verdadeiras. Mas não são a história exata, nem podem ser jamais. Esse é exatamente o caso de Mateus,

Marcos, Lucas e João. Eu descobri, nessa perspectiva tão aprofundada, campos excitantemente frescos tanto para a fé quanto para a esperança.

Um Comentário Pessoal

Quero acrescentar um comentário pessoal a esta análise dos Evangelhos e o problema do verdadeiro valor deles. A questão de quem escreveu os Evangelhos (e quando, como e por que) é extraordinariamente complexa. Na verdade, a abundância de livros sobre esses temas e outros correlatos está por toda parte ao nosso redor. Mas qualquer um que leia Massey e Kuhn, estou certo, chegará aos tipos de conclusões a que cheguei aqui. Ainda assim, não foi a pesquisa que fiz em preparação para este livro que primeiro me convenceu de que os textos básicos da fé cristã, os quatro Evangelhos, tinham de ser lidos de um modo completamente diferente daquele em que me instruí e que acabei ensinando a uma geração seguinte de ministros em formação no seminário. Na verdade, a minha compreensão mudou radicalmente nos anos depois que deixei o ministério em 1971. Quem quiser verificar essa mudança pode consultar o meu livro de 1991, *Life After Death*. O capítulo 12 do livro intitula-se "The Christ Myth as the Ultimate Myth of the Self" ["O Mito de Cristo como o Mito Supremo do Eu"]. Ele recebeu críticas acerbas dos cristãos de pensamento conservador na época. Ali eu culpo um literalismo tosco pelo modo como o pensamento cristão e os conseqüentes ensinamentos sobre a vida após a morte tornaram-se tão distorcidos, irrelevantes e irrealistas. Escrevi: "Uma história e toda uma série de símbolos destinados a nos relacionar com o nosso próprio eu interior foi tratada na forma de fatos puramente históricos sobre uma pessoa inumana, distante, que era Deus disfarçado. Conforme Carl Jung observou, isso torna Jesus Cristo um personagem monstruoso para dizer que só se pode tornar-se plenamente humano na presença de e através da morte daquele que é exclusivamente Deus-homem. Segundo essa visão, nunca podemos ser o que ele foi. (...) Ele foi diferente e distante demais de nós para ser de alguma utilidade real. Fingindo viver uma vida normal, humana, ele realmente sempre teve 'quatro ases na manga'". (É por isso que, a propósito, Jung era tão crítico quanto à imitação de Cristo como um meio de evolução moral. Ele sustentava que apenas um "Deus interior" tinha o tão necessário poder psicológico de transformar a personalidade humana.)

Naquele livro, eu citava Joseph Campbell, que sabiamente afirmou: "Um símbolo, um símbolo mítico, não se refere a algo que seja conhecido ou conhecível de modo racional. Ele se refere a um poder espiritual que é atuante na vida e é conhecido apenas por meio dos seus efeitos". E acrescentava que o propósito dos mitos religiosos não é entreter, mas "estimular uma mudança de consciência em cada um de nós". Com isso como introdução, convidava o leitor a considerar a história, ou mito, evangélico de Jesus de um modo profundamente pessoal, como uma história sobre o significado profundo da sua própria vida — desde o Nascimento de uma Virgem até a crucificação e a Ressurreição. Repito esse convite com vigor renovado neste momento.

À luz do que aprendi desde aquela época, tanto acadêmica quanto espiritualmente, estou ainda mais seguro de que esse pode ser um exercício decisivo para impulsionar o crescimento espiritual. Sabemos como a Igreja há séculos insiste em que Cristo é cada pessoa e representa a todos nós. Mas, conforme vimos, o mito traz em si a realidade profunda de que o contrário também é verdadeiro. À medida que cada um de nós nos tornamos conscientes da nossa essência verdadeira como uma entidade de corpo-espírito e despertamos o Cristo interior, nós também somos Cristo. Não se trata mais de nos voltarmos para fora para imitar um personagem histórico distante no tempo. Em vez disso, é a questão de nos conhecermos para estarmos totalmente em comunhão com exatamente as mesmas energias e princípios que são representados na dramatização como aquilo que o motiva. Assim, conforme Carl Jung explica, cada pessoa pode descobrir que está "impregnado pela divindade latente". O que a ortodoxia antiga tentava dizer nos credos sobre um personagem literalizado do salvador, Jesus Cristo, tendo "duas naturezas em uma pessoa", torna-se uma explicação exata de você e de mim. Essa é a verdadeira definição de qualquer vida humana. A plena maturidade psíquica e a única verdadeira esperança de uma evolução maior da genuína comunidade humana dependem disso. Acredito que tudo isso torne tão relevante e vivificador o significado profundo da história de Jesus como o próximo batimento do nosso coração.

Os Evangelhos, conforme descobri, só fazem sentido hoje em dia quando lidos e compreendidos a partir desse ponto de vista espiritual. É por isso que estou tão seguro de que o que está contido neste livro é fundamental para o futuro da fé cristã e de toda a humanidade.

9

EXISTIU UM JESUS NA HISTÓRIA?

Como Tudo Começou

Jesus de Nazaré e a história evangélica não podem ser encontrados nos textos cristãos anteriores aos Evangelhos, o primeiro dos quais [Marcos] foi composto apenas no final do século I. (...) Não existe um registro não cristão de Jesus antes do século II.

— EARL DOHERTY, The Jesus Puzzle

Quando a concepção de um Cristo puramente espiritual já não podia mais ser importada com sucesso para as massas turbulentas, que clamavam por um salvador político, considerou-se necessário ou conveniente substituir a idéia da pessoa de um Messias. (...) A ondulação dessa maré empurrou os padres da Igreja para o limite da remodelação total dos quatro Evangelhos em termos de uma biografia humana.

— ALVIN BOYD KUHN, The Lost Light

DURANTE A SEQÜÊNCIA DE ABERTURA do filme de Woody Allen, *Maridos e Esposas*, Woody e a esposa, interpretada por Mia Farrow, fazem os preparativos finais para receber velhos amigos para o jantar. Woody inquieta-se neuroticamente e resmunga o tempo todo sobre as palavras de Einstein, segundo o qual Deus não "joga dados" com o universo. "Não", conclui então Woody em voz alta, "ele simplesmente brinca de esconde-esconde." Existe um aspecto de esconde-esconde em relação à questão profunda levantada por todas as nossas análises até aqui: à luz de tudo o que examinamos, será que podemos dizer com toda a autoridade que Jesus de Nazaré realmente existiu como um personagem histórico? Tenho sérias dúvidas quanto a isso.[1] Está mais do que claro para mim que, embora haja realmente determinados elementos históricos nos relatos evangélicos — nomes de lugares específicos, pessoas reais (a exemplo de Herodes, Pilatos e o sumo sacerdote Caifás, além das datas citadas) —, só essas informações não são suficientes para constituir uma história ou biografia em nenhum sentido de acordo com o nosso entendimento moderno. Quando analisamos os paralelismos exatos entre as primeiras histórias do salvador e as palavras e ações de Jesus, é mais do que óbvio que o material com que estamos lidando é outra variante do tema arquetípico que abrange os mesmos mitos de todas as religiões antigas — só que dessa vez com a indumentária judaica.

Apresso-me a assegurar ao leitor que estou plenamente consciente de que a discussão que segue será a princípio um tanto intimidadora para alguns, talvez muitos. Afirmar que um personagem histórico que inspirou tanto amor e devoção ao longo dos séculos nada mais é do que uma cópia mítica de muitos salvadores anteriores é de certa forma um choque, eu sei. Também para mim não foi fácil admitir essa realidade. Mas em questões de fé, como em tudo mais, a verdade exige a minha fidelidade acima de tudo — a verdade prevaleceu sobre o amor. A realidade é que Deus nos pede para usar o seu dom divino da razão e o ignoramos não só por nossa conta e risco, mas também com o maior prejuízo. O que estamos considerando agora é a conseqüência lógica de tudo o que vimos até o momento. Seja paciente e acompanhe a argumentação até o fim. Você vai descobrir, conforme prometi desde o começo, que estamos sendo chamados não para uma visão empobrecida e gasta, mas para uma que se irradia de uma compreensão e uma esperança renovadas. Jesus vive por nós, mas de uma nova maneira.

Analisando a literatura sobre o assunto, descobri que a interpretação mítica ou espiritual dos Evangelhos, em oposição à interpretação histórica, foi estabelecida repetidamente por acadêmicos como Dupuis, Drews, Robertson, Smith, Renan, Strauss, Massey, Higgins, Mead, Kuhn e muitos outros. Apesar da vasta quantidade de material erudito sobre o assunto, porém, apesar das evidências do estudo comparativo das religiões em especial, teima-se em manter a perspectiva histórica da vida de Jesus. Kuhn está certo quando diz que toda essa erudição "aponta invariavelmente" para a verdade de que os acontecimentos das narrativas evangélicas coincidem com fidelidade impressionante "com o histórico de vida de salvadores do mundo como Dioniso, Osíris, Hórus, Tamuz, Adônis, Atis, Orfeu, Mitra, Zoroastro, Krishna, Bala-Rama, Viasa, Buda, Hércules, Sargão, Serápis, Marduk, Izdubar, Witoba, Apolônio de Tiana, Yehoshua ben Pandera e até mesmo Platão e Pitágoras". Já vimos anteriormente a clara realidade dessa perspectiva na nossa comparação detalhada das vidas de Hórus e Jesus.

A técnica de Mateus de esquadrinhar o Velho Testamento em busca de "profecias" adequadas para servir de suporte à sua narrativa empresta a esse Evangelho um sentido aparente de história judaica autêntica. Mas todo esse edifício desaba quando se percebe que essas supostas profecias foram todas cumpridas no Velho Testamento e podem ser inteiramente explicadas sem nenhuma referência futura de espécie alguma. Com freqüência, no Novo Testamento, elas foram tiradas do contexto e distorcidas a ponto de se tornarem irreconhecíveis. As profecias hebraicas, é preciso lembrar, não diziam respeito a predizer, profetizar, vaticinar, prognosticar, prenunciar, pressagiar, mas a *projetar* (isto é, estavam relacionadas com os problemas imediatos). A sua total artificialidade é plenamente revelada quando se percebe como foram usadas para fazer com que Jesus agisse exatamente nos moldes dos seus predecessores dos mitos sobre os deuses solares séculos antes. Isso é confirmado pelo fato de que a maior parte dos textos normalmente usados nas dramatizações cerimoniais das primeiras religiões de mistérios disseminadas por volta de 1,2 mil anos antes da era cristã fornecem em geral a série de acontecimentos narrados no Novo Testamento como se fossem a história pessoal da vida de Jesus.

Massey, quase no fim do seu livro mais importante, *Ancient Egypt: The Ligh of the World*, apresenta provas detalhadas de que os literalizadores da lenda e os "carnalizadores" (historicizadores) do Cristo egípcio-gnóstico nada mais fizeram do que reunir os "invólucros vazios" da tradição pagã, menos o conteúdo da Gnose (o conhecimento subjetivo do significado das verdades espirituais superiores). Portanto, ao sermos privados na sua obra de tudo relativo a Hórus, nada mais restou a não ser "o acréscimo de uma crença cegamente ignorante" para servir de base a uma história judaica. Então, conclui Massey, "De todos os Evangelhos e coleções de aforismos derivados do ritual da ressurreição nos nomes de Mattiu, ou Mateus, Aan ou João, Tomé ou Tamuz ou Tum, Hermes, Iu-em-hetep, Iusa ou Jesus, os que foram por fim canonizados como cristãos são os mais exotéricos e, portanto, os mais distantes da verdade profunda, oculta e enterrada, mas imperecível".

Massey afirma que nem Filo, o brilhante judeu alexandrino que trabalhou incansavelmente para produzir um sincretismo entre o platonismo grego, o misticismo egípcio e o judaísmo mosaico, e que foi um contemporâneo pleno de Jesus (c. 20 a.C.-50 d.C.), nem Irineu (c. 130-c. 200 d.C.), bispo de Lyon e um dos primeiros padres da Igreja, acreditaram que a Palavra divina (Logos) poderia em algum momento encarnar-se em um homem. Kuhn afirma que Filo não sabia mais de um Cristo que pudesse ser feito carne do que sabia de um Jesus em forma humana — e ele viveu no tempo do suposto Jesus histórico! O mesmo se aplica a Taciano, o apologista cristão e gnóstico (c. 160 d.C.), que redigiu a primeira e única tentativa de harmonização dos quatro Evangelhos, o Diatessaron. Ele repudiava completamente a noção de o Cristo ter assumido um corpo real, assim como fizeram todos os cristãos gnósticos. Eles consideravam impossível que ele (o Logos divino) devesse sofrer, uma vez que por natureza era tanto incompreensível quanto invisível, uma emanação divina do Deus único.

A mais pura verdade é que, à parte os quatro Evangelhos (e o seu pleno testemunho só se estabelece realmente em cerca de 140 a 170 d.C.) e as Epístolas, não existem absolutamente evidências concretas, históricas, da existência de Jesus durante o século I.[2] É preciso lembrar também que nenhum manuscrito autógrafo (original) de um dos quatro Evangelhos jamais veio à luz, nem mesmo nenhuma testemunha confiável jamais afirmou ter visto tal manuscrito.[3] Orígenes afirma que os quatro Evangelhos foram escolhidos dentre um número muito grande (temos conhecimento de pelo menos vinte), e Irineu um tanto estranhamente afirma que os quatro foram escolhidos dentre muitos porque havia quatro ventos e quatro quadrantes no globo. Kuhn cita Mead, em *Did Jesus Live 100 B.C.E.?*, quando escreve: "Sempre foi uma fonte infalível de surpresa para o pesquisador histórico dos primórdios do cristianismo que hão houvesse uma única palavra escrita de autoria de algum escritor pagão do século I da nossa era que pudesse de alguma forma ser relacionada à história fantástica contada pelos autores do Evangelho. A própria existência de Jesus parece desconhecida".

O que é ainda mais curioso é que, quanto mais nos aproximamos do suposto tempo de Jesus, maior e mais generalizada é a negação ou ignorância da existência dele. No entanto, quanto mais nos distanciamos daquele tempo, maiores e mais insistentes são as "provas" dela. Uma vez mais, isso reverte inteiramente o fenômeno universal do registro histórico. A maioria dos personagens vivos são entidades conhecidas durante e imediatamente após a vida, e eles são romantizados e adquirem uma aura mística somente depois de séculos após o seu desaparecimento. Mas Jesus era imaterial e etéreo no século I e se cristalizou num personagem bem concreto só depois de vários séculos. Algo bem estranho aconteceu.

Muito infelizmente, uma obra de Celso, um filósofo pagão do século II, intitulada *The True Logos*, que sem dúvida nenhuma teria lançado muita luz sobre todas as interpretações do gnosticismo e do esoterismo iniciais sobre os textos sagrados da época, foi totalmente destruída pelos literalistas cristãos. Um fato intrigante, porém, surge do mistério da historicidade de Jesus. Dentre os padres da Igreja, Irineu parece nunca ter endossado a história da morte de Jesus na cruz, ou sobre a morte dele seja como for com cerca de 33 anos de idade. É mais curioso — considerando a alegação repetida dos conservadores de que a vida de Jesus foi aceita como histórica pela Igreja dos primeiros anos — que Irineu se refira a uma lenda singular que refuta cabalmente a "história" do Evangelho. O bom bispo afirma que Jesus não foi crucificado aos 33 anos de idade, mas que continuou vivendo até se tornar um "velhote", uma alegação que ele afirma ser confirmada pelos "idosos" da Igreja e que lhes foi transmitida diretamente por João. Papias, você se lembra, também disse que Jesus morreu na cama em idade avançada. Kuhn comenta:

"Permitimo-nos imaginar até que ponto uma tradição, atribuída a uma fonte tão acreditada como João, poderia ter vivido tantos anos, se o campo geral era ocupado pela aceitação factual da narrativa evangélica, ou como isso poderia ter sido fornecido por um bispo de tal eminência na Igreja como Irineu".

A verdade é que tanto Massey quanto Kuhn consideraram a questão da historicidade de Jesus nos mais ínfimos detalhes, cada um deles gastando centenas de páginas em examinar as evidências. Mais ainda, eles não se apóiam exclusivamente nos próprios longos anos de trabalho nesse campo, pesquisando intensamente nas obras de muitos outros acadêmicos eminentes para chegar às suas conclusões. Ao finalmente negar o Jesus histórico, Kuhn cita não só filósofos bem conhecidos como Kant e Hegel, mas também os maiores especialistas bíblicos judeus e cristãos da época dele.

Ele cita, por exemplo, Robert Keable, que no livro *The Great Galilean* afirma: "Ninguém sabe o bastante da parte inicial da vida de Jesus para escrever uma biografia dele. Quanto a isso, ninguém conhece nem o bastante para compor um obituário normal do *Times* sobre um grande homem. Se fôssemos considerar o que poderíamos chamar em língua corrente definitivamente de fatos históricos, mal seríamos capazes de preencher três linhas". Na sua obra desafiadora, *The Twilight of Christianity*, o pesquisador bíblico Harry Elmer Barnes analisa o escasso número de menções não evangélicas a Jesus — uma soma total de 24 linhas de Plínio, Tácito, Suetônio e Josefo — e afirma que, considerando que tais passagens são praticamente todas recriações e interpolações, elas constituem péssimas evidências do que a ortodoxia insiste em chamar de um dos acontecimentos mais bem atestados da história. Barnes observa que até mesmo se esse testemunho secular fosse indiscutivelmente confiável e autêntico, seria um "sustentáculo duvidoso" sobre o qual um edifício de tamanha magnitude pudesse se amparar. Acrescente-se a isso o fato inegável de que não há, na extensa literatura judaica do século I, uma única referência autêntica ao fundador do cristianismo. Para uma consulta detalhada e crítica às referências específicas nos quatro autores que acabaram de ser citados, recomendo a discussão de Doherty no livro *The Jesus Puzzle*.

Comentando no seu livro de 1999, *The Fabrication of the Christ Myth*, sobre a bem conhecida história evangélica dos porcos de Gadarena, que se precipitam de uma colina para se afogar no mar da Galiléia, o pesquisador judeu Joseph Leidner observa que, uma vez que Gadarena na realidade fica a vários quilômetros de distância do mar, todo aquele incidente é uma evidência ou da ignorância ou da total falta de preocupação com a veracidade histórica.[4] Citando outros exemplos semelhantes, escreve ele, "A partir das evidências (...) chega-se à dura conclusão de que os autores dos Evangelhos não conheciam a geografia e os costumes da Terra Santa, nem conheciam o próprio judaísmo. Eles trabalharam com fontes que não tinham nenhuma relação com dados históricos de espécie alguma".[5]

Devemos lembrar que muito poucos períodos da história do mundo antigo foram tão bem documentados quanto o período em que os imperadores César Augusto e Tibério reinaram soberanos. Ainda assim, devemos encarar um fato impressionante: *nenhum autor não cristão contemporâneo sequer ouviu falar da existência de Jesus.* É por esse motivo que Barnes foi capaz de declarar Jesus como um personagem mítico, o produto das tendências mitificadoras comuns entre as pessoas religiosas de todas as épocas, especialmente o período do início do Império Romano. Ele relaciona Bruno Bauer, Albert Kaltoff, Arthur Drews, J. C. Stendel, Emil Felden, Jensen, Lublinski, Bolland, Van der berg, Charles Virolleaud, Ryner Couchoud, Gerald Massey, Emilio Bossi, Georg Brandes, John M. Robertson, G. R. S. Mead, Whittaker, Edward Carpenter e W. B. Smith entre os pesquisadores acadêmicos e críticos eminentes que sustentam que Jesus não teve existência histórica.

Da grande quantidade de livros novos sobre esse tema, destaco o de Leidner, *Fabrication of the Christ Myth.* Depois de uma extensa pesquisa entre as fontes judaicas sobre o assunto relativas ao judaísmo e à história do século I, ele conclui: "Não há um mínimo traço de evidência de que 'Jesus de Nazaré' jamais tenha existido. Nenhum detalhe da história foi confirmado além da dúvida razoável". Leidner sustenta, em especial, que a narrativa da Paixão é "uma obra inventada e artificial" derivada de fontes mais antigas, não cristãs. Significativamente, ele observa que o historiador judeu Josefo, em textos contemporâneos, relaciona o nome de Jesus/Yeshua "não menos do que 21 vezes referindo-se a pessoas diferentes".[6] Jesus (ou Joshua), observa ele, é um dos nomes mais comuns entre os que são relacionados. Leidner resume a sua "opinião" sobre a questão como um todo da seguinte maneira: "Jesus é uma versão radicalmente cristianizada do [herói] Joshua sobrenatural. Temos assim uma alternativa para as origens cristãs".

Certamente, um personagem de nome Jesus ou Joshua/Yeshua já era o herói arquetípico no judaísmo no livro do Velho Testamento que tinha esse nome muitas centenas de anos antes da era cristã. Ele também era o personagem central nas dramatizações de mistérios realizados pelos judeus helenizados. Os sábios conectaram o Yeshua-Jesus cabalista judaico diretamente com a personificação bíblica. Eles possuíam os segredos da língua dos Mistérios, e parece que essa foi a língua em que os Evangelhos foram escritos. Os editores dos Evangelhos assim não precisaram inventar Jesus, ou Yeshua. O nome dele já estava no ar. Ele já estava nos documentos que eles tinham reeditado ou transcrito. Mas a ignorância posterior mudou-o de um símbolo (tipo) para uma entidade ou realidade pessoal. Assim, aconteceu que o que tinha sido uma dramatização astrológica e mítica combinada da vivência religiosa total de cada indivíduo foi transformado na história de um personagem e passado adiante como um biografia, ou "vida", afirma Kuhn. Quase todo mundo tende a pensar que Mateus, Marcos, Lucas e João fossem cidadãos do século I d.C. que um dia empunharam uma pena e escreveram os Evangelhos de cabeça. Nada disso. Kuhn introduz uma nota de razão neste ponto quando escreve que a verdade final desconcertante sobre os livros da Bíblia é que nenhum "autor" jamais sentou-se e os redigiu da maneira como Walter Scott escreveu os romances de Waverley. Por mais que eu tenha pesquisado esse assunto, mais claro se tornou esse julgamento. Os livros da Bíblia já existiam muito tempo antes de alguma tinta chegar ao papel para os registrar e preservar. Eram mensagens faladas, ou aforismos, da grande dramatização espiritual; eram a tradição oral esotérica, existente muitos milhares de anos antes de sequer terem sido escritos. Mas em alguma época, conforme afirma Kuhn, "Os sábios (...) por fim decidiram passá-los por escrito, temendo que se perdessem em alguma época degenerada". Então os evangelistas, estou convencido, simplesmente publicaram para o conhecimento mais popular os Evangelhos ocultos que já tinham o personagem central Joshua/Jesus que estivera anteriormente oculto nas profundezas do culto secreto dos essênios e das religiões de mistérios. Eles foram uma popularização exotérica, não uma nova criação literária ou religiosa.

De maneira significativa, a controvertida fundadora da teosofia, madame H. P. Blavatsky, que tem sido grandemente — e injustamente — difamada pelos seus detratores, teve uma percepção inquestionavelmente profunda sobre a natureza e o significado das sabedorias esotéricas antigas. Ela escreve, em *Isis Unveiled*,

> É uma descortesia em relação ao Supremo impingir-lhe quatro Evangelhos, nos quais, contraditórios como sempre são, não há uma única narrativa, frase ou expressão peculiar cujo paralelo não possa ser encontrado em alguma doutrina ou filosofia mais antiga. Seguramente, o Todo-poderoso — a não ser para poupar as futuras gerações da sua atual perplexidade — pode ter trazido com Ele, na Sua primeira e única encarnação sobre a terra, algo original, algo que traçasse uma linha de demarcação distinta entre Ele e os inúmeros deuses pagãos conhecidos, que nasceram de virgens, foram todos salvadores e acabaram ou mortos ou então se sacrificando pela humanidade.

Ela diz, com respeito, que nem ela nem ninguém mais que estudasse honestamente a questão colocaria o filho divino de Deus na posição de um plagiador religioso medíocre. A culpa recai categoricamente sobre os padres cristãos e os seus sucessores da Igreja.

Teosofistas à parte, o famoso gênio e humanitário doutor Albert Schweitzer, em *The Quest for the Historical Jesus*, afirma que, depois de anos de estudo meticuloso, chegou à conclusão de que não existiu o Jesus de Nazaré considerado tradicionalmente como um personagem histórico. Profeticamente, ele viu que a figura de Jesus dos teólogos era a figura simbólica, ritualizada, dramatizada da nossa natureza divina — confundida grosseiramente depois de séculos de ignorância com um homem de carne e osso. Schweitzer escreve: "Não existe nada mais negativo do que o resultado do estudo crítico da vida de Jesus. O Jesus de

Nazaré que aparece publicamente como o Messias, que pregou a ética do Reino de Deus, que fundou o Reino do céu sobre a terra e morreu para dar a consagração final à sua obra, nunca teve uma existência real. Essa imagem não foi destruída de fora, ela caiu em pedaços, rachada e desintegrada pelos problemas históricos concretos que se manifestaram um depois do outro". Nos nossos dias, os trabalhos do Seminário de Jesus, sediado na Califórnia, ofereceram amplas provas das convicções de Schweitzer. Eles eliminaram praticamente tudo o que era mítico e reduziram Jesus a um filósofo Cínico ambulante que acabou tendo o fim de um criminoso. Marcus Borg parece ser o mais positivo a meu ver, mas o seu Jesus demitologizado da história não obstante parece estar em uma "desconexão" radical em relação ao seu Cristo da fé.

São Paulo

Os mais antigos textos do Novo Testamento, que constituem mais de um quarto do seu conteúdo total, são as cartas do apóstolo Paulo. O que é absolutamente impressionante em relação a elas é o seu silêncio virtual sobre todo o assunto em torno de um Jesus de Nazaré histórico. Não há dúvida de que esse é o elemento que faz os proponentes da historicidade baixarem os olhos. Diante dele, toda sofisticaria eloqüente e até mesmo a argumentação mais sutil silenciam. Não existe resposta adequada a esse testemunho, do meu ponto de vista. Se Jesus viveu como se afirma, e Paulo — que definitivamente foi histórico — viveu e escreveu conforme se afirma, acredito que seja impensável que o apóstolo tivesse deixado um branco total sobre o assunto. Os tradicionalistas podem apresentar uma ampla variedade de razões capciosas para "explicar" o silêncio de Paulo sobre o mestre. Mas depois de terem exaurido todos os seus argumentos, eles não deixaram descansar o fantasma dessa dúvida absolutamente insistente ou reduziram o mínimo que fosse a pressão da sua ameaça à posição ortodoxa dominante. "Isso assombra a alegação da existência de Jesus como um espectro à espreita e nenhum artifício pode exorcizá-lo", afirma Kuhn. Paulo não menciona nenhuma vez o homem Jesus, no sentido histórico pleno. Ainda assim, conforme declarado, ele é a testemunha mais antiga entre todos os autores da Bíblia, o mais próximo de Jesus em tempo real. As suas antigas cartas são anteriores ao aparecimento de Marcos por no mínimo uma geração.

É claro que um crítico argumentará que Paulo ocasionalmente chama Jesus pelo nome. Isso é absolutamente verdade. Mas hoje em dia, a maioria dos teólogos da Bíblia concordam que, até mesmo quando ele o faz, não se refere ao homem de carne e osso, o personagem histórico, mais do que os egípcios faziam quando falavam de Iusa milênios antes. O Cristo de Paulo em nenhuma parte é chamado de Jesus de Nazaré, nem nasceu em Belém. O Jesus sobre o qual Paulo se estende repetidamente é na realidade a entidade espiritual no centro de cada ser humano. Ele é o princípio espiritual de Cristo (o Khristós eterno), não o homem. Conforme Benjamin Bacon, da Yale Divinity School, afirma no seu livro *Jesus and Paul*, "Paulo é o primeiro autor da Bíblia no século I e definitivamente não conhece nenhum Cristo a não ser o que explica como 'não segundo a carne'". Sim, Paulo fala sobre "este Jesus que vimos", e às vezes dá a impressão de que tem um interesse em uma pessoa real, mas uma análise mais atenta mostra que ele realmente sempre fala de visões místicas de um exaltado ser espiritual a quem ele chama de Cristo. Quando, em 1 Coríntios 15, comenta sua vivência religiosa do Cristo ressuscitado, diz que "e por derradeiro de todos apareceu também a mim". Mas a palavra grega que ele usa para esse, e para todos os outros encontros apostólicos sobre os quais comenta ali, é *ophthe*. Essa era a palavra normalmente usada pelos religiosos de mistérios para classificar uma "visão" imaginária.

O fato é que, conforme afirma Bacon, Paulo não reconhece expressamente até mesmo ter algum interesse em um "Jesus segundo a carne", isto é, um Jesus histórico, e as cartas dele sustentam isso porque — e isso é altamente significativo — não contêm uma única referência a nenhum dos grandes milagres, ensinamentos e outros acontecimentos mencionados nas narrativas dos Evangelhos como integrantes da vida e do ministério de Jesus. Eu mesmo examinei em detalhes o que um pesquisador após o outro descobriram — que todos os milagres, parábolas e outros ensinamentos do ministério de Jesus não são somente desconhecidos de Paulo, mas também uma questão que é completamente indiferente para ele. Por mais espantoso que isso possa parecer, Paulo aparentemente não sabia nada ou não se preocupava absolutamente com a história dos Evangelhos que supostamente tinha fundado a própria fé que ele tão entusiasticamente adotara. Os conservadores afirmam veementemente que ele simplesmente considerou certo tudo isso. Mas os argumentos deles no caso são, na minha opinião, inacreditavelmente fracos. Na verdade, comumente se presume nos círculos cristãos que Paulo conhecia tudo o que está nos Evangelhos e que com base nesse conjunto de informações históricas ele esposou essa fé. No entanto, os meus estudos, além dos mencionados em minhas outras fontes, tornam claro para mim que, assim como George Bernard Shaw explica no seu prefácio de *Androcles and the Lion,* as Epístolas de maneira nenhuma são um fruto da "história" dos Evangelhos. Elas são claramente anteriores, independentes, e indubitavelmente continuariam pertencendo à literatura bíblica mesmo que Jesus em pessoa jamais tivesse vivido. Elas tratam da presença de um Cristo espiritual interior.

Alguns sustentam que Paulo não precisava mencionar Jesus porque todo mundo já sabia da existência dele. Esse conhecimento era tão óbvio que não havia sequer motivo até mesmo para mencioná-lo, diz essa linha de raciocínio. Uma vez que ele era um personagem histórico tão obviamente definido, em nenhum momento seria preciso falar sobre a vida dele e sobre os seus feitos pessoais. Posso entender imediatamente por que Kuhn tem tão pouco tempo para um procedimento assim tão enganoso. Ele diz, com impaciência justificada, que é impossível que Paulo pudesse discursar longamente sobre os fundamentos da religião que Jesus presumidamente fundou e não sentir necessidade de falar sobre o próprio fundador. Jesus era a fonte e a inspiração da maior religião da terra — um homem cuja vida foi tão memorável que a história foi redatada a partir do seu nascimento, um homem cuja pregação corajosa da sabedoria divina garantiu aos homens libertar a raça humana das correntes do pecado e do mal, um homem cuja missão era tão poderosa que as estrelas indicaram o caminho e os anjos fizeram coro e aleluias celestiais misturaram-se com canções terrenas para celebrar a descida da divindade ao planeta — e ainda assim quando Paulo "tece comentários com santo entusiasmo sobre as maravilhas dessa mensagem capaz de mudar o mundo", não encontra um momento para falar diretamente do homem que foi o gênio de tudo. Ele conclui: "Para Paulo escrever quinze Epístolas, tratados basilares sobre a religião que esse homem fundou e não encontrar motivo para referir-se uma única vez que seja a qualquer coisa que ele tenha dito ou feito seria o mesmo que alguém redigir um tratado completo sobre a Revolução Americana e nunca, nem uma única vez, mencionar George Washington!"

Uma vez que Paulo foi, acima de todas as coisas, um comunicador por excelência, ele falava às pessoas do seu tempo na linguagem mística que elas compreendiam — o vernáculo das religiões de mistérios. Ele usa a fraseologia, os símbolos, toda a sua filosofia de redenção pessoal e imortalidade por meio da identificação e absorção entre os mortos e a cristandade ressuscitada do Logos de Deus, ou filho. Toda essa linguagem sobre estar "em Cristo" ou ter "Cristo dentro de você" reflete a teosofia e a filosofia helênicas vigentes na época. Trata-se realmente do cultismo órfico-platônico-misterioso, quase puro misticismo Yoga hindu ou védico, sem nenhuma referência imediata à vida de Jesus nos Evangelhos.[7] Trata-se da Boa Nova universal da encarnação do divino em todo ser humano.

O argumento decisivo em relação a tudo isso para mim aparece em Colossenses, onde o apóstolo, ou alguém que se fundamentou grandemente no pensamento dele, adianta-se e declara diretamente que o segredo de todo o "mistério" cristão é o seguinte: "Cristo dentro de vós, a esperança de glória". Essa é na verdade uma realidade espiritual, mística, semelhante à do Egito antigo, e nada tem a ver com um Jesus supostamente histórico. O mesmo se aplica ao famoso aforismo dele: "Vós tendes a mente de Cristo".

Diversos pesquisadores de destaque têm ressaltado o fato óbvio de que, até mesmo quando Paulo não menciona Jesus pelo nome, faltam-lhe os traços atribuídos a ele nos Evangelhos que fazem dele tão humano e tão real. Observando esse fenômeno, Kuhn imagina quando ocorrerá ao pensamento ortodoxo que o Jesus de Paulo carece de todas as características humanas pela própria razão de que, na compreensão de Paulo, ele não era uma pessoa humana. Só pelo uso de uma metáfora sofisticada a explicação de Paulo de um princípio de exaltação mística poderia ser traduzida em termos de uma invocação humana palpável. "Esse é o único substrato que explica e resolve todos os quebra-cabeças e enigmas do problema argumentativo, ainda assim é o último a que os apologistas recorrerão", afirma Kuhn.

A Conversão de Paulo

Como devemos considerar, então, a conversão de Paulo na estrada para Damasco? Eu acabei me convencendo plenamente de que, por mais estranho que isso possa soar aos ouvidos ortodoxos, há mais do que suficientes razões concretas para suspeitar de que todo o episódio da grande visão de Paulo é a reedição de uma parte da dramatização de mistérios. Pois Paulo diz que, de repente, uma radiação ofuscante da glória de Cristo atirou-o com a face para o chão, depois do que uma voz de dentro da luz dirigindo-se a ele falou: "Levanta-te, Paulo". Isso dificilmente se parece com uma história pessoal; na filosofia de mistérios, a descida da alma divina na encarnação no estágio inicial dos primeiros humanos, enviou-a primeiro em corpos de animais, que caminhavam de quatro com a face para o chão. À medida que a consciência de Cristo gradualmente afirmou o seu controle, os animais humanizados pouco a pouco elevaram-se sobre os pés. Para a alma divina encarnar no início do ciclo era vir à terra com a face voltada para o chão; depois a voz divina interior falou e ordenou que se erguesse sobre os pés como o humano divino ereto! Não é difícil presumir que uma época saturada com a tipologia mítica teria prontamente introduzido no cerimonial de mistérios uma representação dramatizada dessas da descida da alma no corpo animal inferior e a sua ressurreição até a situação final do humano ereto. O iniciado representava todo o rito de elevação da consciência.

Vamos analisar de perto a explicação da conversão de Paulo no Novo Testamento. A maioria das pessoas não sabe que o Livro dos Atos, a principal fonte para essa vivência que mudou a vida de Paulo, tem duas versões distintas. Mais do que isso, as duas explicações não concordam inteiramente. Em Atos 9:1ss, temos a primeira narrativa da história —

na terceira pessoa. Eis a parte essencial dela, de acordo com a versão do rei Jaime:

> E indo ele por seu caminho, aproximou-se de Damasco, e subitamente o cercou um resplendor de luz do céu;
> E caindo em terra ouviu uma voz que lhe dizia: Saulo, Saulo, por que me persegues?
> Ele perguntou: Quem és tu, Senhor? Respondeu o Senhor: Eu sou Jesus, a quem tu persegues; dura coisa é para ti recalcitrar contra o aguilhão.
> Então, trêmulo e atônito, disse: Senhor, que queres tu que eu faça?
> E o Senhor lhe respondeu: Levanta-te e entra na cidade, e lá te será dito o que te cumpre fazer.
> Os homens que viajavam com ele quedaram-se emudecidos, ouvindo a voz, mas não vendo ninguém.

Os que o acompanhavam, é dito, "quedaram-se emudecidos"; nessa narrativa, eles ouviram uma voz mas não viram nada. Depois, quase no final dos Atos (26:1-20), Paulo torna a narrar a vivência espiritual na primeira pessoa — as suas próprias palavras. Há algumas variações secundárias, mas a mais evidente é a afirmação de que eles "caíram todos por terra" — em outras palavras, os companheiros dele também viram a luz ofuscante, de outra maneira o fato de caírem por terra fica sem explicação. Mas a voz, nessa versão, é ouvida apenas por Paulo. Foi uma sensação puramente subjetiva. Em todo caso, as palavras de conclusão de Paulo são o que realmente importam no caso. Ele diz: "Pelo que, ó rei Agripa, não fui desobediente à visão celestial". Paulo narra o encontro com o Cristo como uma experiência visionária, mística. De maneira nenhuma foi algum tipo de encontro objetivo com o ressurrecto Jesus de Nazaré dos Evangelhos. Paulo era um místico e só conhecia o Khristós místico, o Cristo não "segundo a carne", razão do espírito. Conforme ele diz, "O Senhor é aquele Espírito".

F. W. Conybeare, em *Myth, Magic and Morals*, corrobora a minha opinião (assim como as de Kuhn e Doherty) em relação a Paulo quando diz que o Cristo de Paulo é uma construção *a priori* devendo pouco ou nada ao homem histórico de Nazaré e àqueles que supostamente conheceram aquele homem e cultivaram a memória dele. O máximo que Paulo devia a ele era o antigo nome Jesus/Joshua. O Jesus de Paulo, diz ele, é um supranatural ideal, um salvador sobre-humano, destinado desde o princípio do mundo a desempenhar um papel cósmico. Paulo, surpreendentemente, não mostra familiaridade com o Sermão da Montanha nem com as parábolas (nem com o Nascimento de uma Virgem nem com o sepulcro vazio, a propósito). Em outro lugar, Paulo também explica o que aconteceu a ele quando Deus revela o filho dele "em mim" em lugar de "para mim", indicando assim uma visão mística subjetiva em vez de um acontecimento exterior. Duas vezes em 1 Coríntios (12ss), ele diz que realmente não pode explicar nem se lembrar se determinadas visões ocorreram a ele "no corpo ou fora dele, não sei; Deus sabe". Não há dúvida de que isso pode servir como o legítimo fundamento para a sugestão de que a visão extática de Paulo pode muito bem ter sido uma daquelas experiências de supraconsciência que muitas pessoas tiveram, uma experiência tão distante da realidade objetiva que não pode ser relacionada a acontecimentos reais do mundo.

Quando Paulo caracteriza a "imagem" que aparece para ele com a expressão "o Senhor Jesus Cristo", pode ser considerada relativa a um nome genérico de um tipo de manifestação radiante, sem nenhuma ligação com nenhuma personalidade vivente anterior ou presente. A antiga ciência necrológica egípcia, conforme aprendi, afirmava que os deuses e os eleitos de humanidade aperfeiçoada podiam aparecer aos homens em quaisquer tipos de indumentária de matéria concreta ou etérea que escolhessem. Eles podiam aparecer de muitas formas diferentes, vestidos de carne ou vestidos de luz. Paulo, com as suas associações às religiões de mistérios, devia estar familiarizado com essas possibilidades. Há um exemplo perfeito desse fenômeno no próprio Livro dos Atos (14:11-12). Em Listra, as multidões gritavam "Fizeram-se os deuses semelhantes aos homens e desceram até nós". A Barnabé chamavam Zeus e a Paulo, Hermes, porque "era ele o que dirigia a palavra".

O que verdadeiramente me impressionou, lendo Massey e Kuhn, foi como eles previram — por mais de cinqüenta anos, no mínimo — os resultados da atual pesquisa erudita sobre o envolvimento de Paulo com a visão gnóstica, mística do Cristo e o repúdio dele do ponto de vista literalista do "salvador pessoal". Os autores de *The Jesus Mysteries,* que nem uma única vez mencionam o nome de Kuhn (nem mesmo na sua bibliografia), chegam exatamente à mesma conclusão que ele chegou em *Who Is This King of Glory?* muito tempo antes. Conforme ele escreveu na ocasião, "Paulo conseguiu descrever e colorir na melhor linguagem visual disponível, o que evidentemente ele julgou ser a fraseologia das religiões de mistérios, o único Cristo que ele conhecia, o poder e a graça do Cristo da câmara interior da consciência humana".[8]

Sou compelido, portanto, pela minha pesquisa independente, a concordar que o Cristo de Paulo não era Jesus de Nazaré. O próprio Paulo nos conta, em Gálatas, "faço-vos saber, irmãos, que o evangelho que por mim foi anunciado não é segundo os homens [isto é, de origem humana]. Porque não o recebi de homem algum, nem me foi ensinado; mas o recebi por revelação do Cristo revelado dentro de mim". O dele era o Cristo místico conhecido ao longo das eras, o assim chamado Cristo pagão, o raio do Logos cósmico, que era e continua sendo não histórico, não tendo nem um dia de começo nem fim da vida.

No fim, então, torna-se extremamente difícil — na verdade, impossível — para mim resistir à força cumulativa dos argumentos tanto sobre os Evangelhos quanto sobre Paulo e o "Jesus histórico". Kuhn resume a questão da maneira mais sucinta possível quando diz que o silêncio de Paulo sobre as parábolas e os milagres e sobre outros detalhes do Jesus dos Evangelhos é praticamente inacreditável. "Por mais numerosos que sejam os sofismas ou as cavilações mentais, nada impede o veredicto do senso comum", conclui ele.

Paulo, está claro, era um gnóstico "nas suas inclinações essenciais", e o motivo pelo qual não menciona nem mostra interesse pelo Jesus histórico — ele usa o termo místico "Khristós" praticamente 270 vezes — é que nunca tinha ouvido falar dele. Obviamente, ele conhecia o nome grego Jesus como o equivalente a Joshua, e sabia que a versão hebraica ou judaica do mito de Khristós tinha Yeshua-Khristós, ou Jesus Cristo, como o seu "Senhor", mas isso está muito longe de conhecer um salvador de carne e osso ou de acreditar nele. Paulo não poderia ter acreditado mais em um Logos pessoal do que Filo, que conforme observamos foi praticamente contemporâneo dele. Os ultraconservadores continuam insistindo em uma ressurreição "física" de Jesus. Paulo, cuja obra é anterior à do primeiro Evangelho, insiste exatamente no contrário. O seu capítulo 15 de 1 Coríntios não poderia ser mais claro a esse respeito. Convido você a ler e reler essa passagem por si mesmo. A passagem é quase puro platonismo. Paulo conhece apenas uma ressurreição espiritual. Ele diz: "Semeia-se corpo animal; é ressuscitado corpo espiritual". A corrupção não pode herdar a corrupção. Como na teologia egípcia, apenas o Sahu, o corpo espiritual, chega à beatitude celeste. Ele certamente acreditava — assim como eu — em uma ressurreição futura, mas ele não acreditava na ressurreição de cadáveres.

O que é realmente importante é que a visão espiritual de Cristo de Paulo (a sua cristologia) e o cristianismo gnóstico levaram o movimento cristão inicial a um padrão verdadeiramente elevado de excelência intelectual e filosófica. As tendências posteriores de literalização e popularização desviaram a Igreja do "conceito superior e mais perfeito do Cristo como o Messias mundial que sempre virá, de uma humanidade transfigurada por um espírito divino", a que Kuhn chama de "o Jesus atraente-mas-repelente". Antes que alguém se sinta muito perturbado com o uso do adjetivo "repelente" aqui, deve ser dito que não se pretende de maneira nenhuma ofender o pensamento tradicionalista. Ao me referir a ele, estou pensando expressamente em determinadas formas extremas tanto no protestantismo quanto no catolicismo, em que em hinos, obras de arte e uma infinidade de outras formas se exploram "o sangue", os ferimentos sangrentos, e o coração supostamente perfurado do salvador pessoal em uma cruz. Para alguém totalmente de fora, sem familiaridade com isso tudo, ser de repente apresentado a tanto sangue religioso derramado pode, conforme eu mesmo testemunhei, ser uma experiência traumatizante. É tanto desnecessário quanto errado equivocar-se entre mito e historicidade.[9]

Não há dúvida de que será uma grande surpresa — e pode muito bem trazer, a princípio, uma sensação de perda — para aqueles que, depois de anos de aprendizado e veneração no estilo tradicional, prenderam-se a um "Jesus pessoal" de repente descobrir que a historicidade dele é posta em dúvida. O mesmo se deu comigo anos atrás, quando comecei a considerar seriamente a dicotomia Jesus-da-história/Cristo-da-fé. Mas acabei descobrindo o quanto é totalmente iluminadora e libertadora a posição defendida por Massey, Kuhn e muitos outros. O conceito do Jesus pessoal é verdadeiramente um beco sem saída limitador e profundamente desarmonizador. As evidências históricas simplesmente não são encontradas. É um exemplo clássico do rei desnudo. Mais do que isso, envolve idolatria ao tornar um homem de carne e osso num Deus — alienando assim para sempre judeus, muçulmanos e crentes de uma infinidade de outras religiões, além de tornar a plena harmonia religiosa sobre o planeta numa impossibilidade perpétua. Isso tem criado, com maior destaque nos Estados Unidos, um tipo de culto passivo-dependente totalmente voltado para um pensamento mágico extremado. Ao restringir a qualidade de Cristo a uma pessoa em toda a história, em vez de reconhecer o poder arquetípico, profundo, de um princípio e um ideal universal — sim, cósmico. Não há dúvida de que, ao exaltar Jesus em uma magnificência exclusiva, única, a Igreja muito freqüentemente tem deixado a divindade em cada coração humano — o seu e o meu — sem ser devidamente cultivada. Kuhn está certo. A divindade que precisa de exaltação e aquela luta "dentro do peito dos filhos e filhas da Terra. A investidura de Jesus é a deserdação do ser humano comum. (...) O Jesus histórico bloqueia o caminho para o Cristo espiritual na câmara do coração".

A verdade, eu descobri, é que essa sensação interior da presença e do poder de Deus como o Cristo que está dentro da nossa própria consciência é a melhor prova da autenticidade do verdadeiro cristianismo. Como diz um pesquisador amigo meu: "Eu não preciso de um personagem supostamente histórico, exterior, para sentir Deus. Mas eu realmente preciso da história de Jesus, o mito, para me fazer subjetivamente a força do significado da luta e do destino da minha alma. Eu não preciso de migalhas de "eventos" presumidos mas amplamente incompreensíveis do passado, mas sim do banquete de uma parábola viva que ilumine hoje a minha jornada espiritual. É a interpretação alegórica ou metafórica da história dos Evangelhos que torna Deus relevante e real para mim".

Hoje, estou plenamente convencido de que um cristianismo que incorpore e proclame um Khristós espiritual, ou Jesus Cristo, ao alcance de todos os corações guardará outra vez o dinamismo intelectual e moral vivenciado inicialmente por São Paulo e pelos outros primeiros cristãos. Uma vez mais, tenho plena esperança no futuro.

10

O ÚNICO CAMINHO A SEGUIR

Um Cristianismo Cósmico

O Jesus histórico, como uma influência civilizadora,
vem sendo experimentado há aproximadamente vinte séculos.
Por uma estranha ironia, isso não só não contribuiu para elevar
em grande medida a humanidade no Ocidente acima de um
barbarismo primário, como também na verdade tem sido usado
como desculpa para as piores atrocidades e desumanidades
de que se tem registro na história. As mais sórdidas crueldades
foram perpetradas exatamente em nome do gentil nazareno!
Bem que a humanidade ocidental poderia agora experimentar o
conceito do Cristo interior, a nossa esperança de glória.

— ALVIN BOYD KUHN, The Root of All Religion

SERIA ILUSÓRIO DEIXÁ-LO com uma impressão geral de que as conclusões que estamos prestes a analisar me ocorreram como algo totalmente inesperado. Os leitores fiéis dos meus livros anteriores, e das minhas colunas ao longo dos anos, sabem que tenho sido constante e inexoravelmente empurrado pelo Espírito na direção de uma compreensão independente de muitas das verdades expressas com muito mais destemor e plenitude neste volume. Esse é especialmente o caso do meu livro anterior, *Finding the Still Point*, no qual já defendo com a maior ênfase a presença inerente do divino (Encarnação) na vida e na alma de todo ser humano. Aquele livro já se encontrava na gráfica antes de eu ter lido uma única linha sequer dos autores que mais me inspiraram na presente obra. Os que se recordam do meu livro mais antigo, *Life After Death*, lembram-se de que, no capítulo intitulado "The Christ Myth as the Ultimate Myth of the Self" [O Mito de Cristo como o Mito Supremo do Eu], eu argumentava que a história de Jesus era na verdade a história de cada ser humano, e ele ganha o seu verdadeiro significado e relevância para nós apenas quando visto por esse prisma. Se existiu realmente ou não um Jesus histórico não faz a menor diferença quanto ao significado da história, ou mito, dele em relação à nossa vida. Significativamente, comecei aquela passagem, escrita há mais de uma década, com as seguintes palavras de Joseph Campbell: "A biografia de um mestre espiritual não é um relato de fatos históricos. (...) É um símbolo da biografia espiritual daquele homem, e todos os elementos da biografia são simbólicos. Só pela sua leitura correta é que você apreende a mensagem". Essas são palavras que todo aluno de seminário deveria ter obrigação de decorar.

Bem que eu gostaria de saber, quase cinqüenta anos atrás, quando ingressei na vida profissional e no ministério, o que sei agora. O que é muito mais importante, porém, é a inescapável conclusão de que todo o transcurso da história ocidental ao longo dos últimos 1,8 mil anos teria sido completamente diferente se tivesse prevalecido desde o princípio uma compreensão mais espiritual do Cristo e da religião cristã, em lugar do que Paulo chamou de "a letra que mata" (isto é, o literalismo rasteiro). A sucessão deplorável de perseguições, guerras e outras atrocidades cometidas pela Igreja nunca teria acontecido. Incontáveis milhões teriam sido encorajados a alimentar e fruir, moral e espiritualmente, a sua condição de Cristo, em vez de sempre esperar passivamente que um salvador perfeito um dia aparecesse para assumir a tarefa em seu lugar. Isso, é claro, não agradaria às autoridades eclesiásticas inclinadas a manter o controle tanto dos corpos quanto das almas.

Desde o começo, ao escrever *O Cristo dos Pagãos*, tive em mente um determinado número de metas decisivas. Em especial, queria tratar do futuro da Igreja e da religião cristã, há muito tempo uma paixão e uma preocupação importantes. Só nos últimos anos, e depois em especial durante as pesquisas e a redação deste livro, porém, foi que cheguei a compreender a natureza do problema como um todo — e a ver claramente um caminho diferente para o futuro. Não há dúvida nenhuma de que a Igreja do final do século II e dos séculos III e IV obteve um grande triunfo ao impor-se sobre as massas incultas. Mas ao literalizar e produzir uma pseudo-história a partir da história de Jesus — transformando toda a sabedoria antiga em uma sabedoria exotérica e banalizada — a Igreja converteu aquele triunfo em uma vitória de Pirro de proporções assustadoras. Defendeu-se a ignorância e uma fé inquestionável, passaram-se fraudes como verdades sagradas, rotularam-se dissidências religiosas como heresias e, dentro de pouco tempo, toda a Europa mergulhou no período sombrio da Idade Média. Só com um retorno muito posterior a Platão e Aristóteles, chamados de pagãos, foi possível injetar suficiente racionalidade e filosofia na teologia cristã para mantê-la viva.

Hoje, estamos em uma situação em que a ala ultraconservadora da Igreja tem, como um espécime primordial da sua devoção à credulidade, o presidente norte-americano George W. Bush, o chefe do país mais poderoso da terra. Bush, que costuma dizer que Jesus Cristo é o seu "filósofo predileto", foi questionado em uma entrevista coletiva sobre o que pensava do debate corrente em alguns círculos educacionais norte-americanos em torno do criacionismo e da teoria da evolução. O líder da única superpotência do mundo respondeu que, do seu ponto de vista pessoal, "O júri ainda não se decidiu sobre o assunto". A ignorância é, de fato, uma bênção, ao que parece. Ele vive cercado de cristãos fanáticos com a mesma idéia e interesses — e o Pentágono está cheio deles — que acreditam que um Armagedon apocalíptico, ou batalha final entre o bem e o mal, acha-se entre os planos atuais de Deus, e que a luta será travada em Jerusalém e arredores. Imagino se ele alguma vez ao menos chegou a ouvir falar do conceito de profecia auto-realizável.

Por mais assustador que seja o resultado de uma leitura literalista da Bíblia, e especialmente do Apocalipse, há poucos motivos de alegria até mesmo quando nos voltamos para a ala liberal da religião cristã. Considere, por exemplo, o Seminário de Jesus, os pesquisadores californianos que há anos vêm submetendo o Novo Testamento às investigações mais rigorosas para determinar o que tem fundamento e o que não tem. Obviamente, embora sejam o oposto dos fundamentalistas, eles compartilham o mesmo pressuposto básico de que, por trás de toda a história de Jesus, há um núcleo histórico — se é que conseguirão encontrá-lo. O que descobriram é tão ralo que francamente não servirá como alimento espiritual para energizar e sustentar os homens e mulheres dos nossos dias. Quando se presume a historicidade e se concentra toda a pesquisa histórica na Bíblia, o edifício como um todo começa a ruir. Conforme já mostrei, não se trata de história, a não ser pelo que se entende como história subjetiva da mente e do coração humano nas suas relações com o divino.

Entender que Jesus foi, e continua sendo, o supremo símbolo dramático da divindade inerente a todos nós; compreender que o Cristo é a essência divina da nossa natureza; que a história dele é uma representação dramática de um componente profundo da consciência humana; perceber a característica simbólica das Escrituras como um todo — tudo isso me deixou profundamente consciente da mensagem imensamente importante que precisaria tentar esclarecer e tornar o mais amplamente compreensível tanto quanto possível. A religião não precisa continuar a ser a parte tristemente desagregadora dos problemas do mundo. Conforme veremos em um instante, a doutrina da Encarnação que comentei aqui em certa extensão fornece os elementos para nos reconhecermos universalmente como irmãos e irmãs em Deus.

Acredito que, ao discutir esse assunto e apresentar as evidências, consegui levar a um público muito mais amplo a obra de um homem que vim a considerar como um dos maiores gênios do século XX, Alvin Boyd Kuhn. Com base na minha longa experiência e formação, posso dizer com segurança que ele está acima de todos os outros de recente memória pelo seu intelecto e pela sua compreensão das religiões do mundo. Estou certo de que Kuhn sozinho tem muito mais a oferecer à Igreja neste exato momento do que todos os pesquisadores do Seminário de Jesus juntos. Mais do que John Spong, muito mais do que o contemporâneo dele, C. S. Lewis, mais do que Joseph Campbell ou Matthew Fox. Continuo impressionado com o silêncio com que os textos dele têm sido recebidos pelos eruditos. As pessoas leigas comuns podem ser perdoadas. Ele é tudo, menos fácil de ler. Em todo o mundo, a obra dele tem sido deliberadamente, embora sutilmente, omitida. Espero que *O Cristo dos Pagãos* desempenhe um papel de peso para mudar essa situação.

Aqui, então, estão as nove áreas em que aquilo em que eu acreditava foi questionado e se transformou — as áreas que acredito serem as mais fecundas de esperança para o futuro.

1. Dar Vida à Bíblia

O enigma da Bíblia foi amplamente decifrado. As passagens obscuras, as narrativas ou acontecimentos enigmáticos — todos foram atingidos com uma nova luz, ainda que há muito perdida, por causa dessa consciência de que a solução para compreender as Escrituras é encontrada na doutrina da Encarnação. Depois que realmente entendemos que todos os mitos, lendas, relatos, "histórias", alegorias, parábolas e símbolos são um caleidoscópio de variações sobre esse único tema central, a Bíblia ganha vida de um modo inteiramente novo, conforme descobri. Esse é um tema que planejo estudar em maior profundidade algum dia. Enquanto isso, é especialmente importante lembrar que os livros da Bíblia nunca foram "escritos" em nenhum sentido normal, como entendemos hoje. Desde o começo, eles foram guardados apenas de memória. Eles constituíam o corpo do que é conhecido como a grande tradição oral, um conjunto de fórmulas rituais, ritos cerimoniais, representações alegóricas da verdade, representações numéricas e símbolos pitorescos das realidades e dos fenômenos da história espiritual humana que foram transmitidos de geração a geração em forma não escrita. Só aqui e ali, principalmente para evitar que fossem perdidos, esquecidos ou corrompidos totalmente por mudanças, eles foram anotados por escrito e assim, finalmente, chegaram às épocas posteriores como livros, supostamente "escritos" ou editados e revisados por alguém. Kuhn afirma — e documenta a sua afirmação extensamente — que, depois de escritos, eles se tornaram sujeitos às tendências usuais humanas à falsificação, alteração e trapaças religiosas de muitas espécies. O fato de terem sido submetidos a esse tratamento não só é admitido por historiadores da religião cristã nas suas fases iniciais, conforme já vimos, como também alardeado pelos escribas e alguns dos padres da Igreja, que assim recorreram a meios profanos para alcançar fins sagrados. Para enfatizar, cito novamente a carta de São Gregório Nazianzeno, um dos teólogos mais respeitados dos primeiros séculos, ao seu amigo íntimo São Jerônimo, na qual ele diz: "Nada se impõe melhor às pessoas do que a verbiagem: quanto menos entendem, mas elas admiram. (...) Os nossos padres e doutores sempre disseram, não o que pensavam, mas o que as circunstâncias e a necessidade os forçaram". O fato de saber que os livros da Bíblia nunca foram escritos no sentido moderno da autoria literária muda realmente a nossa compreensão. Na maior parte, eles foram o repositório final em velino ou papiro de fórmulas representadas e recontadas ao longo das eras. Geralmente eram transcrições diretas das falas recitadas por atores nas grandes representações de mistérios da religião antiga.

Não só os antigos enigmas da Bíblia são solucionados quando alcançamos essa nova compreensão, como também os textos fazem um sentido nunca antes percebido. Considere, por exemplo, aquele bem conhecido incidente evangélico da caminhada de Jesus sobre a água e acalmando uma tempestade. Se você considerar essa passagem não como um truque sobrenatural mas como uma emocionante representação simbólica do Cristo interior acalmando o "oceano perturbado" dos nossos temores subjetivos e instilando um sentimento de paz, estará assim liberado da impossibilidade intelectual de acreditar em um deus-homem que desafia a gravidade e está totalmente além da nossa capacidade de imitar hoje em dia. Se considerarmos as diversas curas "milagrosas" como uma referência dramática, mítica, ao poder de cura do Cristo interior que existe em cada um de nós, e se considerarmos tais acontecimentos que de outra forma seriam mágicos e incompreensíveis (como a alimentação de milhares de pessoas pela multiplicação do pão ou pela conversão da água em vinho) como a simbolização do dom de Deus a cada um de nós das energias divinas pelas quais vivemos e crescemos, as passagens são compreendidas de uma maneira totalmente nova. Conforme Kuhn afirma, os Evangelhos são a história das nossas almas. "O nascimento, o despertar do poder intelectual aos 12 anos de idade, a tentação ou a tensão do conflito entre o corpo e a alma, o desenvolvimento do potencial divino da alma de curar as doenças e fraquezas da carne, a superação e afastamento das forças demoníacas do homem natural pela influência do Cristo, a ressurreição simbólica do poder espiritual mortalmente inerte a uma nova expressão de vida (...) toda a experiência da alma sob o longo domínio do instinto animal sendo em si a essência da crucificação na cruz da matéria, a vitória final da transfiguração radiante da alma do homem mortal pela luz do espírito, a ressurreição final da alma da sua morte sob o peso sufocante da vida do sentido." Não há dúvida de que isso transforma completamente toda a nossa compreensão dos textos antigos.

Há, na verdade, então, uma poderosa sabedoria na Bíblia, oculta no entanto em uma coleção de imagens necessária, que atinge a nossa vida pessoal e comunal hoje em dia como nada mais pode fazer.

2. *Inspirar uma Nova Esperança em uma Fé Cósmica*

Toda a pesquisa feita para este livro ajudou-me a acrescentar à minha fé uma compreensão totalmente espiritual do que antes estava completamente preso a um credo e outros conhecimentos antiquados. Eu realmente acredito que aplicar as verdades tão claramente reveladas pelo nosso estudo significa que a religião cristã original, mais verdadeiramente espiritual dos primeiros dois séculos pode ser recuperada. Pela primeira vez, algo que estive buscando durante toda a minha vida adulta — ou seja, a base para uma religião cristã universal, cósmica — tornou-se uma possibilidade. A visão da fé delineada aqui não conhece fronteiras de seita ou credo porque se baseia na verdade universal da "luz que ilumina cada pessoa que vem ao mundo"; ela pertence a todos, independentemente de etnia, cor ou região. De maneira significativa, ela se aplica aos milhões de humanos que nasceram e morreram muito tempo antes de o cristianismo como religião ter sido pensado; ela pertence tanto ao presente quanto ao futuro. Seja o que for que os defensores da ortodoxia tenham a dizer, e estou bem consciente de que não é pouco, eles não podem negar que o cristianismo literalista, exclusivista sustentado pela maioria das Igrejas — "A nossa Igreja e a nossa visão de Jesus são o único caminho" — é extremamente desagregadora e nunca levará à solidariedade em toda a humanidade. Ela continua sendo uma fonte considerável de desarmonia mundial e, às vezes, ao conflito aberto prejudicial. O teólogo Hans Kung tem dito repetidamente que nunca haverá paz mundial enquanto não houver harmonia entre as maiores religiões do mundo, especialmente entre o islamismo e o cristianismo. Mas nunca acontecerá enquanto os cristãos declararem ter o monopólio da verdade divina. Não estou pedindo aqui uma fé totalmente homogênea para substituir o atual pluralismo religioso. De maneira nenhuma. Muito ao contrário, estou convidando à adoção de uma base profundamente unificadora para transcender o perfil desagregador que costuma acompanhar as nossas diferenças tradicionais. Conforme nos adverte o poeta W. H. Auden, devemos aprender a amar ou morrer. O uso das palavras "o Cristo" é importante para os cristãos potenciais. Mas se outras religiões usam outros termos — atman, espírito, alma, o eu superior — devemos entender que ainda estão tratando da mesma realidade interior.

Conforme Kuhn observa no seu livro mais recente, *A Rebirth for Christianity*, "Se o cristianismo reconhecer que chegou o momento de unir-se às outras grandes tradições religiosas vivas, e dirigir a sua visão para tornar a despertar o espírito divino, o Khristós no ser humano, então poderá reivindicar o direito de chamar a sua mensagem a verdadeira religião da humanidade". Se você reconhece a presença divina em outra pessoa, não poderá fazer mal a ela ou permitir que o seu irmão seja injustiçado.

As palavras de Northrop Frye, a quem citei praticamente no começo deste nosso estudo, ressoam com uma força revigorada em mim agora. Pouco antes de morrer, ele escreveu: "Acredito que podem ocorrer mudanças enormes em um cristianismo (...) que não seja mais conspurcado por noções de heresia, infalibilidade ou exclusividade de um tipo a que se deveria renunciar totalmente e não racionalizar nem o mínimo concebível. Esse cristianismo pode representar a era do Espírito".[1] Essa é a nova visão.

3. Esclarecer os Símbolos Antigos

Pela primeira vez para mim, uma compreensão espiritual e mística do mito do Cristo tornou fortemente relevante toda a doutrina da cruz, da crucificação e da Ressurreição do Cristo. Toda a velha questão sobre o sangue, o sacrifício e sofrimento divinos finalmente entrou em foco e alcança tanto a mente quanto o coração. O amor de Deus é visto mais claramente do que nunca no "sacrifício", ou no fluxo constante da sua natureza divina, para assegurar a nossa participação nela para sempre. O significado mítico, alegórico da Paixão de Jesus Cristo como uma representação do papel de Deus na nossa criação e na nossa encarnação como "fragmentos de divindade" incorporados é muito mais profundo do que alguma transação imaginada em que a ira de Deus é anulada pela morte literal do seu único filho.

O ponto acima leva à minha consciência renovada do poder e do simbolismo da própria Eucaristia. Ela deixa de ser um eco rude, bárbaro, de algum tipo de rito canibalístico, nem é uma recordação instruída puramente simbólica de um acontecimento de 2 mil anos de idade. De maneira visual e poderosa ela oferece uma vivência imediata da "ingestão" introjetada dos fatos de que o divino despeja as suas energias e a vida como o nosso pão e a nossa bebida espiritual. E é uma vivência dramática de "re-constituição", no sentido de tornar a juntar todos os diversos fragmentos do "corpo" de Deus. É um símbolo poderoso da restauração de toda a família da humanidade como o filho de Deus.

4. Ressaltar os Perigos do Literalismo

Quando o tratamento literalista dos Evangelhos e do resto da Bíblia é visto como um erro crasso cometido no passado — e em alguns lugares continua a ser cometido — o hábito pernicioso de rotular determinados grupos e lacerá-los citando "textos como prova" perde toda a sua suposta autoridade. A maioria das atrocidades cometidas pela Igreja e pelos seus seguidores mais fanáticos ao longo das épocas foi diretamente inspirado pelo pensamento literalista. As mentiras, por exemplo, por trás de todo o ódio e toda intolerância anti-semita que marcou tão tragicamente a história do cristianismo quase desde o primeiro momento, e que culminou no Holocausto. A Igreja não matou 6 milhões de judeus, obviamente. Mas séculos de uma leitura literal das narrativas da Paixão, especialmente das palavras em Mateus: "O seu sangue caia sobre nós e os nossos filhos" — e os ensinamentos anti-semitas de um rosário contínuo de teólogos cristãos, incluindo o próprio Martinho Lutero, possibilitaram a ocorrência do Holocausto. Até mesmo no presente, o ódio contra judeus, homossexuais, muçulmanos e outros continua a ser encorajado em determinados quadrantes por literalistas bíblicos extremados. A exposição bíblica apresentada aqui, repito, destrói completamente essa perigosa exegese fundamentalista de uma vez por todas. Nunca teremos paz sobre a Terra enquanto o literalismo controlar as religiões.

Conforme Orígenes, o vigoroso inimigo do literalismo, afirmou corretamente tanto tempo atrás, "Inúmeros erros foram cometidos [interpretando as Escrituras], porque o método correto de analisar os textos sagrados não foi descoberto pelo maior número de leitores".[2]

5. Enfatizar a Nossa Responsabilidade pela Nossa Própria Evolução

O tipo de espiritualidade sobre o qual tenho escrito aqui oferece uma resposta completa ao que acredito ser a procura essencial dos seres humanos contemporâneos na sua ânsia por Deus. Ela oferece a vivência pura no lugar do dogma estéril. Ela oferece uma ênfase na vivência do Deus interior "aqui e agora", em vez de um olhar melancólico para um passado de 2 mil anos até um ideal, um herói inalcançável que, conforme advertiu Carl Jung, parece único e portanto irrepetível para sempre.

Em vez de encorajar a crença em que tudo o que temos a fazer é depender das ações e da perfeição moral de um milagreiro sem par de muito tempo atrás, essa espiritualidade pede que a pessoa assuma total responsabilidade pela sua própria luta moral. A pessoa é auxiliada, por certo, pela presença constante do espírito do Cristo interior, mas o chamado é como São Paulo costuma nos recordar — efetuar a nossa própria salvação "com temor e tremor". Em outras palavras, ela estimula um vigoroso esforço moral em lugar de represá-lo. A questão que nenhum filho de Deus literal, histórico, jamais foi enviado à Terra para transfigurar e transformar cada um de nós por algum tipo remoto de magia e assim salvar-nos da tarefa evolucionária de nos transfigurar por nós mesmos. Os seres humanos jamais serão realmente bem orientados para essa tarefa enquanto não entenderem que a sua própria mente e o seu próprio corpo abrigam o poder divino que é para ser elevado e glorificado em nós. Paulo lembrou aos seus seguidores em Corinto: "Não sabeis vós que sois santuário de Deus, e que o Espírito de Deus habita em vós?" Deus nos chamou para assumir toda a responsabilidade pela nossa própria evolução, pelos nossos próprios atos. Só quando esse conhecimento tornar-se uma certeza é que a pessoa poderá começar a focalizar as próprias energias psíquicas para despertar plenamente a natureza latente do Deus interior. Com efeito, esse é o único caminho a seguir, moral e espiritualmente.

Lembro-me aqui do que Carl Jung disse sobre a fraqueza da velha perspectiva da imitação de Cristo. Obviamente, Jung não tinha nada contra as pessoas tentarem ser amáveis e bondosas. No entanto, ele disse: "A imitação de Cristo terá sempre a seguinte desvantagem: adoramos um homem como um modelo divino, incorporando o mais profundo sentido da vida, e por causa da pura imitação nos esquecemos de tornar real o profundo sentido presente em nós mesmos. Se eu aceitar o fato de que um deus é absoluto e está além de toda a capacidade humana, ele me deixa frio. Eu não o atinjo, nem ele a mim. Mas se eu sei, por outro lado, que Deus é uma atividade poderosa dentro da minha própria alma, então me identifico com ele imediatamente". Se seguirmos um Cristo "exterior", em outras palavras, ignorando o reino de Deus ou o Cristo interior, a verdadeira transformação nunca acontecerá.

6. Destacar o Papel da Natureza como Guia

A natureza e o mundo material estão muito mais integrados com a espiritualidade descrita aqui. Enquanto o cristianismo literalista tende a adotar uma visão sobrenatural, mágica ou do outro mundo em relação à vida e ao universo, a sabedoria antiga apresentada aqui como a matriz da qual surgiu o cristianismo verdadeiro e espiritual é inteiramente holística e originada de uma realidade natural que compreende o cosmos como um todo. A base solsticial-equinocial do Natal e da Páscoa em si oferecem um simbolismo natural para as verdades mais profundas da vida espiritual de cada pessoa. Os céus realmente "declaram a Glória de Deus", conforme diz o salmista. A primeira coisa que atinge aquele que começa a estudar a antiga religião egípcia é o papel importantíssimo desempenhado nela por uma consciência diária da natureza e do papel que ela representa em toda parte ao nosso redor como uma fonte de aprendizado e orientação. Existem aqui profundas implicações para as nossa urgentes preocupações ambientais e uma infinidade de outras questões atuais. Agora, quando olho para o céu estrelado à noite, jamais deixo de lembrar-me de que Órion é a representação eterna do Cristo celestial. As três estrelas do cinturão há milênios são conhecidas como os três reis, ou sábios. Hoje, toda vez que olho para a Lua me lembro de que ela reflete a glória solar e mensalmente nos conta a história da nossa encarnação e ressurreição final.

As idéias dos antigos com relação à evolução do universo em geral e da humanidade (em especial com seres humanos individuais) em particular ressoam intimamente com o pensamento científico contemporâneo. A ignorância, então chamada religião primitiva, ensinava que em determinado ponto da evolução — quando o mineral ascendia a vegetal, depois a animal — o processo não poderia continuar. O que era preciso era um "verter" metafórico, a "descida" ou o "sacrifício" do espírito para injetar um novo e superior impulso ao processo. Simbolicamente, o Deus "morria" para ser fragmentado e depois encarnado nas almas animais mais superiores (humanóides). Esse é o "momento" evolucionário descrito nos primeiros dois capítulos do Gênese, quando o humano foi feito à semelhança de Deus (miticamente falando) e Adão tornou-se uma "alma viva". Logo depois, no mito, Adão e Eva "abriram os olhos" e nasceu a consciência moral. Com esse tipo de compreensão, todos os anos de conflito entre religião e ciência são vistos pelo que sempre foram — o mais puro absurdo e um triste desperdício tanto de tempo quanto de vidas.

7. Explicar o que a História de Jesus Realmente Significa para Nós

Além de mostrar a profunda relevância da história de Jesus, e da *persona* de Jesus para o crescimento pessoal e espiritual de todo cristão, essa nova visão da fé leva a uma fuga da falsa religião envolvida com o atual culto idólatra de um Jesus "pessoal". Ao mostrá-lo como tendo sido profundamente verdadeiro no sentido mítico, em vez de literalmente como Deus, a enorme ofensa atualmente praticada contra a maioria das outras fés, especialmente o islamismo e o judaísmo, não é apenas simplesmente mitigada — é completamente eliminada. Assim, abre um caminho para uma compreensão entre as fés que de outra maneira jamais poderia existir. Isso tem um potencial enorme para a paz mundial, uma vez que existe atualmente uma dimensão religiosa subjacente em quase todo conflito sobre a superfície do globo.

Descobri que ver a história de Jesus pelo que ela é — uma alegoria profundamente espiritual da alma — de maneira nenhuma diminui os ensinamentos morais e sociais que há muitos séculos estão profundamente ligados a essas supostas ações. Inquestionavelmente, essa história produziu uma vazão infinita de atividade piedosa ao longo das eras. Nem por um momento eu questionaria as contribuições positivas ao bem-estar humano da religião cristã tradicional. No entanto, quaisquer que sejam as fontes dos ensinamentos dos Evangelhos (veja, por exemplo, Lucas 4:17-19, que remonta claramente ao Velho Testamento, por mais que a passagem, por sua vez, se deva ao Egito), a importância e a emergência deles para a consciência permanecem exatamente as mesmas. Eles são totalmente inquestionáveis ou de maneira nenhuma debilitados. A justiça é sempre justiça, seja ela expressa em hieróglifos, hebraico, grego, inglês ou português. A inspiração de Jesus Cristo conforme retratado nos Evangelhos de maneira nenhuma é reduzida pelo conhecimento de que cada um de nós tem o potencial para despertar o Cristo interior e para vivenciá-lo até a plena maturidade. Muito ao contrário. Conforme Paulo contou aos gálatas, o objetivo de todos os esforços e ensinamentos dele era que Cristo pudesse "formar-se em vós" plenamente.

8. Tornar os Nossos Rituais Mais Eficazes

Deixe-me tentar refrear uma possível causa de alarme. Depois de compreender que antes se tomou por histórico — e assim fazia pouco sentido a tanta gente — o que deveria ser considerado de maneira simbólica ou alegórica, pode surgir o medo de que todo o velho cerimonial, ritual e celebração deverão desaparecer. Nada poderia estar mais distante da verdade. Na realidade, aqueles que comemoram o Natal sabendo que o bebê de Belém é uma imagem de algo distante do psíquico, e não um acontecimento no sentido usual, ainda considerarão o estábulo, a manjedoura, o boi e estrela radiantemente iluminados com um significado transferido que se despeja sobre eles do alto. "Todo o cerimonial e os atavios com os seus significados podem ser realizados fervorosamente e em nenhum sentido (a não ser o histórico) rejeitados, quando se aceita uma referência a uma realidade além e uma que ela não pode representar é rejeitada. Ela se torna translúcida de beleza simplesmente por ser o agente da compreensão por parte da mente da beleza suprema além de si", declara Kuhn.

Uma vez que essa seja uma mudança de pensamento que pode abalar a maioria das pessoas, é essencial permitir que o erudito se expresse por si mesmo. "Pode ser um paradoxo", explica ele, "ainda que seja totalmente verdade que o imaginário e os cerimoniais religiosos exercitam um dinamismo muito mais forte quando se sabe que são alegóricos do que se acreditasse que representassem a lembrança de fatos. O símbolo ajuda a mente a entender uma realidade maior acima no mundo subjetivo; a partir dessa visão mais clara, a mente pode divagar e aceitar o símbolo como parte integrante do grande tesouro de luz reunido à sua disposição". Isso é para refutar a acusação de que, se os eventos das festas religiosas são descartados como não históricos, o Natal e a Páscoa e as cerimônias semelhantes perderiam todo o seu poder de comoção. Ao contrário, afirma Kuhn, os símbolos exercerão uma importância de muito maior peso quando forem vistos verdadeiramente como símbolos, e não falsamente como acontecimentos. Só posso acrescentar que essa também é a minha impressão pessoal. As celebrações do Natal e da Páscoa adquiriram uma força ainda maior para mim depois que aprendi a superar a sua aparência exterior para as realidades subjetivas, espirituais. Conforme Orígenes afirma, considerado no seu sentido literal, supostamente histórico, "o Cristo crucificado é um ensinamento para crianças". Ou, para citar São Paulo, "Mas, quando me tornei um homem maduro, deixei de lado as coisas da infância".

9. Fortalecer a Crença na Vida Após a Morte

A minha crença em uma dimensão gloriosa da vida ainda a ser revelada — uma vida além da morte — está ainda mais forte agora do que era quando o meu livro sobre esse assunto foi publicado uma década atrás. O que todo esse conhecimento erudito estudado fez foi aprofundar e enriquecer aquela crença de mais maneiras do que sou capaz de explicar.

Se você acredita nas verdades da mais antiga sabedoria humana — a sabedoria discutida entre egípcios, órficos, pitagóricos e Platão, assim como por São Paulo, os gnósticos, Clemente de Alexandria, Orígenes e um vasto número de outros — somos todos "centelhas do fogo divino disparadas do sílex do Eterno", almas imortais vestidas em corpos mortais. Você pode começar a entender como alegoricamente, nas mentes desses iluminados, a morte muda completamente de significado. A morte significa simplesmente o fim da nossa vida no corpo atual. É por isso que São Paulo pôde dizer: "Quem me livrará do corpo desta morte?" Ou, de novo, "Nós temos este tesouro — o Cristo interior — em vasos de barro". Os gregos, com um jogo de palavras, diziam *soma sema,* "o corpo é um túmulo". Assim, Kuhn pode afirmar que você e eu, num sentido profundo, nunca estaremos mais "mortos" do que estamos neste exato momento. Ele diz: "Neste exato momento, as nossas almas deificantes se encontram exatamente no fundo do arco da morte e jamais poderão estar mortas de novo como estão agora e têm estado". Quando vivemos a nossa vida aqui, imersos na matéria, adquirimos experiência e expandimos a nossa consciência. Mas estamos, num sentido profundo, orientados desde, ou "mortos" para, o reino espiritual de onde originalmente viemos e para o qual devemos regressar um dia. Essa é uma crença que muda a maneira como vemos tudo e todos.

Essa visão da vida e da morte também transforma a maneira como devem ser lidos os antigos textos, incluindo os diversos Livros dos Mortos. O que chamamos de morte física na realidade é o momento do nosso renascimento e retorno à glória. Nesse ponto, dependendo de quanto amadurecemos espiritualmente por meio da nossa "morte na matéria", ou vamos para o "céu" (para assumir novas responsabilidades) ou regressamos ao "ciclo da necessidade" (para reencarnar e continuar a crescer).

Tenho pensado bastante sobre a reencarnação desde que discuti o assunto sobre ela em *Life After Death*, mas fui desafiado a analisar aquela teoria mais em detalhes por meio desta última pesquisa. Ainda não me decidi. Com certeza, algumas das luzes mais brilhantes da Igreja inicial acreditavam nela, e essa crença persistiu por vários séculos a despeito da oposição cada vez mais numerosa. Na realidade, o fato de haver tanta resistência a ela desde o século III em diante me leva a suspeitar de que fosse uma grave ameaça ao paternalismo e o autoritarismo que Roma adotaria com tanta veemência. Não é de surpreender que Roma não quisesse que as massas fizessem o que Paulo insistira tanto: cuidar da própria salvação com temor e tremor. A Igreja queria a obediência passiva, não a responsabilidade pessoal pelo carma.

Fiquei impressionado quando li pela primeira vez como os antigos Oráculos caldeus se expressavam: "Todas as coisas descendem do fogo". Esse símbolo final do divino é de onde todos nos originamos. Mas continuamos a caminhar num quase total esquecimento de quem realmente somos. Conforme disse Platão: "Os humanos estão na Terra como seres tocados pela amnésia". Isso levou à teoria da reminiscência que ele desenvolveu — que todo o aprendizado em última análise é uma forma de lembrança. A importância disso para a religião, e a espiritualidade em geral, é enorme. Kuhn afirma evocativamente: "A salvação, o objetivo final da religião, acontece pela lembrança reacendida da divindade adormecida". Eu adoro isso. A composição literária sagrada para os sábios antigos tinha uma finalidade suprema: revelar a luta heróica da alma-fogo da humanidade para superar a sua prisão na matéria e libertar-se para transformar a mortalidade em imortalidade.

Em resumo, a minha fé de que o Cristo dentro de nós é na realidade "a esperança de glória" que ainda virá tem-se fortalecido pelo envolvimento com o vasto conhecimento de Kuhn e a lâmina afiada da sua lógica e do seu raciocínio. Conforme ele disse anteriormente tão bem: "Por trás da consciência superficial, envolvida com as preocupações da existência comum de cada mortal, vigia a energia adormecida de uma natureza divina".

Uma fé dessa natureza, longe de ser escapista ou uma omissão em relação à vida, nos arma com a coragem moral e intelectual para viver a nossa vida ao máximo em benefício do progresso de todos, *sub specie aeternitatis* — sob a luz do eterno.

EPÍLOGO

O historiador Edward Gibbon, no seu *Decline and Fall of the Roman Empire*, escreve: "A prática da superstição está tão enraizada nas multidões que, se elas fossem forçadas a despertar, ainda assim se arrependeriam pela perda da sua visão agradável". Gibbon fazia eco a uma das passagens mais conhecidas dos textos de Platão, o grande Mito da Caverna, da *República*. Lá, Platão conta a história de prisioneiros em uma caverna, forçados a olhar apenas para as sombras refletidas nas paredes em lugar da visão da vida e sem consciência do mundo ensolarado além do seu confinamento. Ele diz que se alguém os libertasse e levasse para a luz, pode ser que preferissem permanecer na escuridão. A questão aqui é que estou plenamente consciente de que haverá uma grande resistência em certas áreas às idéias apresentadas neste livro. Ninguém gosta de mudar, e as idéias religiosas são defendidas com maior tenacidade do que todas as outras. Tudo o que uma pessoa pode fazer é tentar estabelecer a verdade como a vê com a maior clareza e deixar o Espírito levá-la adiante.

Depois de passar vinte anos preparando e redigindo o seu livro *Anacalypsis*, Godfrey Higgins escreve no prefácio que ficou seriamente apreensivo sobre como seria recebido. "Não vou negar que senti covardia", escreveu ele, prevendo a perda de alguns amigos. Sou capaz de identificar-me com aqueles sentimentos. Mas também me identifico com o compromisso dele de manter a honra "e estabelecer a verdade".

Assim como Higgins, cito como a título de conclusão, portanto, algumas palavras sábias do escravo liberto e filósofo estóico Epicteto (século I d.C.) a propósito deste assunto:

> Se você resolver fazer da sabedoria e da virtude o estudo e o negócio da sua vida, deve assegurar-se de se armar de antemão contra todas

> as inconveniências e desencorajamentos que provavelmente estarão ligados a essa resolução. Imagino que você irá se deparar com muita zombaria e desestímulo; e que as pessoas irão censurar você por tornar-se um filósofo sem mais nem menos. Mas não se deixe influenciar nem se preocupe; basta continuar fiel ao que julga que é certo e apropriado; e considere esse o seu lugar, designado por Deus, do qual não arredará pé por condição nenhuma. E lembre-se: se perseverar em fazer o bem, aqueles mesmos que o desencorajaram no princípio acabarão por se tornar os seus admiradores. Mas se você sucumbir à censura deles, então se tornará duplamente e bem merecidamente ridículo.

Estou firmemente convencido, no fim deste estudo, de que a religião cristã na realidade tomou um caminho tragicamente errado no fim do século III e no começo do IV. É mais do que o momento de reverter essa situação. Uma história melhor tomou o lugar dela!

Que o Cristo presente em cada um de nós nos dê a coragem de enxergar e viver a verdade.

Páscoa de 2004

O nosso nascimento nada mais é do que um sono e um esquecimento:
A Alma que vem conosco, a Estrela da nossa vida,
Teve em outro lugar o seu ocaso,
E vem de longe:
Não em total esquecimento,
E não totalmente desprovida,
Mas acompanhados de nuvens de glória vimos
De Deus, que é o nosso lar.

— WILLIAM WORDSWORTH,
"Ode: Insinuações de Imortalidade"

APÊNDICE A

Informações sobre Três Especialistas em Mitologia, Religião e Egito Antigo

Godfrey Higgins (1771-1834)

Higgins, cujo pai foi um "cavalheiro de fortuna pequena, porém independente", entrou para o Trinity Hall, Cambridge. Recebeu os fundamentos do grego e do latim, e logo cedo tomou contato com as obras de Euclides, com a de John Locke, *On the Understanding*, e com os escritos de Varrão, Macróbio e Cícero. Preferia o filósofo Epicteto aos poetas gregos e adquiriu familiaridade com uma série de outros autores clássicos. O quanto antes, voltou sua atenção para as "evidências sobre as quais se fundamentava a nossa religião" e ficou ao mesmo tempo chocado e intrigado com o que descobriu. Ampliou então o âmbito das suas pesquisas para incluir a origem de todas as religiões, países e idiomas. Aprendeu sozinho línguas antigas e modernas; visitou bibliotecas na França, em Roma e em Nápoles; e nesse ínterim escreveu um livro sobre os druidas. Uma das suas primeiras descobertas, diz ele, foi que seria "impossível" considerar as supostas histórias de impérios e povos antigos, ou as velhas mitologias, como se não tivessem relação alguma com os acontecimentos atuais. Isso o acabou levando a convencer-se de que uma civilização superior existiu antes de toda a história de que se tem notícia. Ele se convenceu de que houve uma religião mais antiga e universal a partir da qual todos os credos e doutrinas posteriores surgiram em outros lugares. Ele acreditava que essa religião primordial possuía um conhecimento preciso dos fenômenos cósmicos e universais, e que não colocava nenhuma pessoa ou instituição como intermediário da comunhão humana com o divino.

Logo Higgins percebeu que não poderia confiar em nada do que lhe ensinaram quando jovem sobre fé e religião. Depois de aprender hebraico sozinho, ele diz que "em pouco tempo descobri que nenhuma tradução do livro do Gênese, seja por judeus, seja por cristãos, era confiável". Na verdade, ele comenta que "quase toda a última parte da minha vida foi gasta em desaprender os absurdos que me ensinaram durante a juventude". Essa também tem sido em grande parte a minha experiência de vida.

Higgins preocupou-se com o que considerava a contribuição mais valiosa para o progresso que um homem poderia dar. Ele diz que em pouco tempo viu que, no seu exaustivo trabalho, estava "enfrentando a luta mais árdua que jamais se travou contra a tirania da ordem sacerdotal [eclesiástica] — que eu estava fazendo mais do que nenhum homem jamais fez antes para abrir os olhos da humanidade e esclarecê-la, para libertá-la dos grilhões do preconceito a que estava presa". Não é de surpreender que a obra dele tenha sido constantemente atacada e reprimida pelos adversários religiosos que se consideraram ofendidos.

Higgins estava convencido de que tinha provado, entre muitas outras coisas, que os druidas celtas eram originariamente sacerdotes que emigraram da Índia e que foram não só os que introduziram o sistema cadmeu de letras (de Cadmo, o lendário herói fundador de Tebas) e os construtores de Stonehenge, Carnac, e outras obras ciclópicas encontradas na Ásia e na Europa.

A minha citação predileta de Higgins é a seguinte: "Se Jesus tivesse considerado algum símbolo ou confissão de fé necessários, teria apresentado. Como não apresentou nenhum, e como não assumiu para si a função de legislar sobre o assunto, a respeito de cada princípio de raciocínio profundo deve ser considerado que ele não julgava que uma crença nesta ou naquela fé, como é dito, fosse necessária para a salvação".[1]

Gerald Massey (1828-1907)

Sabe-se relativamente pouco sobre a carreira de Massey. Seu nascimento humilde em Gamble Wharf, Hertfordshire, Inglaterra, em maio de 1828, prometia pouca coisa em relação ao futuro. Seus pais eram iletrados, e a sua educação foi escassa. Desde os 8 anos de idade trabalhou doze horas por dia, primeiro em uma fábrica de seda, respirando um ar malcheiroso em meio ao rumor incessante e ensurdecedor das incansáveis máquinas, depois como trançador de palha nos pântanos, um meio ainda mais insalubre. Durante três anos, padeceu de febre terçã, doença adquirida com essa atividade.

Posteriormente, Massey diria: "Tendo de ganhar o próprio sustento desde cedo de acordo com a eterna desvalorização da natureza humana, eu nunca soube o que significava a infância. Desde que me conheço por gente, lembro-me de que sempre senti, palpitando nas têmporas e no coração, um lancinante medo de querer. A criança vem ao mundo como uma nova moeda com a estampa de Deus impressa em si, e assim como os ricos espoliam soberanos empurrando-os para um saco para tirar pó de ouro deles, também o filho de um homem pobre empurra e transpira nessa sociedade para conseguir algum ganho. (...) Tantas são as maléficas influências que cercam milhares no começo da vida, quantas sobre as quais posso dar um amargo testemunho".

Mas Massey melhorou de vida a cada oportunidade, e no tempo de folga era um leitor voraz. Os livros eram escassos, porém, e ele memorizava diversos capítulos da Bíblia, lia *Robinson Crusoe* e John Bunyan. Descobriu a história inglesa, romana e grega, e decorreu um despertar extasiante — as maravilhas de um mundo novo. "Até então", diz ele, "eu me perguntava por que, afinal, vivia. Agora comecei a pensar que o ponto alto de todos os desejos e a soma de toda a existência eram ler e adquirir conhecimento. Leia! Leia! Leia! Eu lia em todos os lugares possíveis — e na cama lia até às 3 da manhã."

Massey interessou-se cada vez mais por egiptologia. Finalmente, depois de anos de estudo, escreveu uma série de obras de brilhante erudição sobre a religião e a mitologia do Egito antigo. Em 1881, publicou, em dois volumes, *A Book of the Beginnings*. *The Natural Genesis* seguiu-se em 1883, e finalmente, em 1907, publicou em dois volumes *Ancient Egypt: The Light of the World*.

O doutor Alvin Boyd Kuhn reconheceu que Gerald Massey foi uma grande inspiração. Em *A Rebirth for Christianity*, Kuhn chamou a atenção especial para o enorme valor que atribuía à pesquisa de Massey sobre as origens cristãs. Escreveu então: "Com erudição e idéias brilhantes, ele abriu caminho pela enigmática escriptologia egípcia e documentou a proveniência do Velho e do Novo Testamento da literatura das remotas fontes egípcias. Ele nos forçou a perguntar de que maneira os quatro Evangelhos do cânon cristão podiam ser a biografia de uma personalidade messiânica vivendo no primeiro século cristão, e identificou a origem dos seus textos nos documentos egípcios que deviam ter sido venerados desde 3500 a.C.".

Para Gerald Massey, era uma pretensão imperdoável por parte do clero continuar a pregar que o homem era um ser caído destinado a implorar a salvação de Deus. Todo avanço feito pela ciência em benefício da humanidade foi o resultado da pesquisa e da perseverança, não de orações a "um Deus ciumento". Massey proclamou: "É uma verdadeira farsa rezar para Deus praticar um milagre (...) quando se faz todo o possível para impedi-lo".

A morte de Jesus não poderia salvar o homem de si mesmo, sustentava ele. Massey insistia na crença de que o homem, conforme ensinavam os antigos egípcios, é o que é como o resultado do que tenha feito. Não há como trapacear contra a lei de causa e efeito.

Uma das maiores contribuições de Massey foi a sua palestra "The Coming Religion" [A Religião Futura]. Ela é de uma sinceridade pungente. Ele afirmou que cada pessoa deve agir conforme os próprios pensamentos e ter absoluta liberdade de expressão. Enfatizou que a nova religião prestes a nascer deveria ter "sinceridade de vida, em lugar de uma crença fingida; uma religião da ciência, em lugar da superstição". Essa religião, ele previu, proclamaria a ascensão do homem em lugar da sua queda. Seria a religião do fato no presente, não da fé no futuro. O templo seria o que pretendia ser — a forma humana em lugar de um prédio de tijolos e pedras. Seria uma religião de realizações em lugar da veneração, e em lugar de muitos credos medíocres, seria uma religião da vida. Acima de tudo, seria uma religião alegre, afirmou Massey, um caminho cósmico para todos.[2]

Alvin Boyd Kuhn (1880-1963)

O seu breve obituário no *The New York Times*, em 15 de setembro de 1963, é mais notável pelo que omite e deixa de fora.[3] Mas a sua brevidade e opacidade são simbólicas da reação gravemente emudecida que acompanhou o homem e a sua realização monumental.

Kuhn nasceu em 22 de setembro de 1880, em uma propriedade rural de Franklin County, Pensilvânia. Durante o colegial, o futuro erudito do estudo comparativo das religiões teve a oportunidade de receber dois anos de formação em grego clássico — uma experiência que mais tarde entendeu como imensamente importante para a sua "obra da vida inteira". Ele fez o discurso de despedida da turma intitulado "The Lyre of Orpheus" [A Lira de Orfeu], tratando de Jasão e dos Argonautas na sua busca pelo famoso Velocino de Ouro. Foi nessa palestra que Kuhn sentiu pressagiado o seu posterior fascínio pelos órficos e pelo platonismo. Ele logo se convenceu de que o seu papel seria de retomar a "sabedoria suprema" e ser aquele que recobraria o Velocino de Ouro da antiga verdade em benefício do mundo moderno.

Kuhn lembra o seu mentor, Gerald Massey, sobre o qual fez um prodigioso número de leituras e pesquisas por conta própria. Depois de dois anos de ministério na escola primária, ele se bacharelou aos 23 anos de idade. Foi professor por 23 anos, mas ao mesmo tempo perseguiu a sua pesquisa acadêmica mais séria sobre as origens dos símbolos e significados religiosos. Aos 26 anos de idade teve a oportunidade de estudar filosofia na Columbia University e doutorar-se. Finalmente, o sonho acalentado de escrever e proferir palestras abriu-se à sua frente. Ele persistiu na carreira até a última semana de vida.

Kuhn fundou a sua própria editora e produziu um bom número dos seus próprios livros e monografias. Essa pode ter sido uma bênção em dois sentidos a meu ver. Sei por experiência própria o quanto o sucesso de um livro depende de *marketing* e promoção, e esse aspecto de publicar a si mesmo (além das hostilidades religiosas já mencionadas) podem bem ter muito a ver com a falta de atenção que a obra dele recebeu.

À parte sua quase inacreditável erudição, Kuhn teve a energia e a capacidade para o trabalho de três homens. As suas quase 2 mil palestras públicas — sempre extensas, detalhadas e proferidas em casas lotadas, de acordo com testemunhas com quem conversei — representam por si sós um imenso cabedal de força e vitalidade. Ele viajou com freqüência, por exemplo, a Toronto, onde a sua semana anual de longas séries de palestras entretiveram multidões por vários anos.

APÊNDICE B

Mais Semelhanças entre o Cristo Egípcio, Hórus e Jesus

- Hórus, na antiga sabedoria egípcia, aparece como "o Senhor da vida e da liberdade"; Jesus nos Evangelhos deseja que possamos ter vida e "vivê-la em maior abundância". Hórus aparece com o título de "o Libertador", para aqueles que estão nas "suas celas da prisão" (isto é, sepultados na matéria). Jesus aparece para libertar os cativos e livrar os oprimidos. Hórus é o protótipo egípcio do escolhido (chamado de Servo por Isaías), que veio como "uma luz para iluminar os povos, abrir os olhos cegos, libertar os presos das correntes e dos que estão na escuridão das prisões". Seu pai terreno era Seb, ou José. Seb também era descendente da realeza.

- Jesus veio como o Messias, o Khristós, o ungido. Hórus, de acordo com uma passagem do ritual egípcio na qual se dirige ao pai, Osíris, também comparou essa bênção com "o dom da graça e da unção espiritual". Ele diz a Osíris: "Eu fortaleci a tua existência. (...) Eu te dei a tua alma, a tua força, a tua vitória. Eu te untei com oferendas de óleo sagrado". Não é coincidência que a palavra *messias* derive da palavra hebraica que significa "o ungido". O equivalente grego é Khristós, de uma raiz que também significa "ungir, untar". (O significado esotérico oculto de toda essa discussão sobre unção é que, de acordo com a sabedoria antiga, em cada ser humano, o anjo guardião, o espírito — o elemento, fragmento ou centelha divina — e o "humano animal" untam-se mutuamente. A união do espírito com a carne dá ao espírito a oportunidade de vivenciar, e à carne a oportunidade de alcançar a glória. Um não é inferior ao outro no grande plano evolucionário.)

- O Cristo dos Evangelhos é o que virá, "o que deve vir", ao passo que "o que aparece" — trazendo a paz — era o Jesus egípcio, Iu-em-hetep. De acordo com o primeiro historiador grego, Heródoto, o pai da história secular, esse Jesus era encontrado 1,8 mil anos antes na religião egípcia. No Novo Testamento, diz-se sobre o futuro revelador: "Então verão vir o Filho do Homem em uma nuvem, com poder e grande glória. Ora, quando essas coisas começarem a acontecer, exultai e levantai as vossas cabeças, porque a vossa redenção se aproxima". E sobre a vinda de Osíris nas nuvens do céu, lemos: "O Osíris atravessa as nuvens, faz recuar os adversários, dá vida aos sacerdotes do Sol. A face do Osíris [ou Hórus] é engrandecida pela sua coroa. Ergam as suas cabeças. Rendam-lhe atenção! Abram caminho para o seu Senhor".

- Na famosa passagem *kenosis*, ou "esvaziamento", na epístola de Paulo aos Filipenses, o apóstolo diz que o Cristo "esvaziou-se a si mesmo". No ritual egípcio, somos informados de que Hórus (Iusu, Iusa ou Jesus) "despe-se" para revelar a si mesmo enquanto se apresenta à Terra. No pensamento esotérico antigo, todo o processo da descida do deus ou da alma para a encarnação sempre envolvia o despojamento de camadas de glorioso vestuário por um lado ao mesmo tempo que assumia trajes ainda mais densos — significando a imersão na opacidade da matéria. Obviamente, a humilhação, a assunção do papel de um ser menos glorioso, é o que estava sendo retratado; era um esvaziamento da glória. Em um estágio ou outro do mito, as três pessoas da Trindade egípcia, Ísis, Osíris e Hórus, são representadas "descendo" para esta terra em forma humilde, humana.

- Ra (ou Osíris/Hórus) manifesta-se como "o ardente", "aquele que envia o seu fogo ao lugar da destruição", "aquele que envia o fogo sobre os rebeldes". Cristo também vem na pessoa do ardente e do que envia a destruição pelo fogo. Ele é proclamado por Mateus como o batizador com o fogo. Ele diz, em outro pronunciamento: "Eu venho para enviar o fogo sobre a terra".

- Osíris/Hórus é o deus que abre caminhos no mais alto do céu e como o deus ressuscitado, "a sua forma é da essência eterna (...) ele brilha e vê os seus mistérios". Ele também é referido como o esplêndido que ilumina o sarcófago (túmulo) e ressuscita a alma dos mortos. Jesus é a ressurreição e a vida, a porta, o rompedor de túmulos e o que estabelece um lugar no céu. Na visão fugidia do Cristo ressuscitado nos Evangelhos, "ele foi levado e uma nuvem o recebeu" como o habitante do empíreo acima.

- Hórus diz no ritual egípcio: "Eu sou Hórus, o Príncipe da Eternidade". O Jesus de João conta aos discípulos que esteve com o Pai antes de todos os mundos. No Ritual, Hórus diz: "Mesmo antes de Ísis existir, eu cresci e envelheci, e fui adorado perante os que estavam comigo em glória".[1]

- De acordo com os Evangelhos Sinópticos, o ministério de Jesus durou apenas um ano; consultando-se a versão de João tem-se um ministério de quase três anos. Hórus, por causa da natureza do ciclo solar, reinou tipicamente por um ano. (A propósito, tanto Clemente de Alexandria quanto Orígenes eram de opinião de que o ministério de Jesus tenha durado apenas um ano completo.)

- Com relação à Transfiguração, o ritual egípcio diz: "Hórus vos dá os deuses, ele os faz chegar a vós, eles iluminam a vossa face". No monte da Transfiguração (o monte Tabor), a face de Jesus "resplandeceu como o sol, e as suas vestes tornaram-se brancas como a luz". Ambas essas histórias ensinam o poder iluminador da divindade solar e portanto de Deus por trás e através dele.

- A exemplo de Jesus nos Evangelhos, Hórus era o ressuscitador dos mortos. Kuhn, de acordo com Massey, sustenta que a história do paralítico que foi trazido do terraço e a quem foi ordenado por Jesus que se levantasse da cama e andasse é uma atualização da passagem do ritual em que é dito aos mortos: "Hórus faz com que se levantem sobre si mesmos. Vós sois ressuscitados; vós não estais mortos". A história de Lázaro é outro exemplo disso.

- Jesus morre entre dois ladrões. Mas na erudição lunar egípcia, "dois ladrões da luz", que no caso eram as divindades secundárias Anup e Aan, que são a certa altura posicionadas uma de cada lado do deus solar. A mensagem oculta era que a encarnação rouba a luz divina — apenas para somar-se ao seu brilho. Este, na realidade, parece ser o autêntico protótipo pré-cristão da crucificação, conforme os Evangelhos, entre dois ladrões.

- O primeiro domingo de Ramos, a entrada triunfal mas estranhamente inconclusiva de Jesus em Jerusalém, nos Evangelhos, é uma parte literalizada mas mutilada do antigo mito em que Hórus também cavalga no lombo de um jumento. O verdadeiro significado em ambos os casos — no entanto obscurecidos na interpretação do Novo Testamento — é que o elemento divino, ou o deus, em cada pessoa cavalga para a glória no dorso do eu animal. É para marcar o triunfo final da alma no homem sobre a sua natureza inferior. Massey, com a sua típica erudição, observa que as folhas de palmeira eram atiradas à frente de Jesus porque a palmeira é um símbolo arcano do mês lunar. Ela era amplamente considerada como a única árvore a produzir um novo ramo a cada 28 dias!

- A conhecida história do homem que pediu a Jesus que lhe permitisse ir para o meio dos porcos e depois os incitou à morte precipitando-os para dentro do mar parece à primeira vista ser original dos Evangelhos. No entanto, na antiga cena do julgamento egípcio, quando a pessoa cuja vida marcou-a como má era condenada e rejeitada, era entregue a um ser chamado a besta tifoniana — uma combinação de crocodilo, hipopótamo e porco. O significado esotérico, no caso, é bem simples. A pessoa não era entregue, mas enviada de volta à encarnação no corpo de uma besta, devolvida a um corpo animal para mais uma experiência de aprendizado. No relato evangélico, a entrada dos "espíritos malignos" rejeitados no meio dos porcos, mais a corrida montanha abaixo até a água (simbolizando a matéria), é assim essa mesma realidade — o retorno à ocupação de um organismo animal pelas almas necessitando de uma evolução moral adicional.

- Hórus diz que veio com autoridade e convicção para oferecer o conforto de que ele "vive no meio de todos os decaídos". Essa convicção é como uma "Rocha Eterna" que subsiste a todos os fluxos. Por sua vez, muito séculos depois, Jesus diz: "Neste mundo, vós enfrentais a perseguição. Mas tende coragem; eu venci o mundo!"

APÊNDICE C

Duas Passagens Estranhas

Existem duas estranhezas no texto do próprio Novo Testamento. Elas fortalecem a tese de que o verdadeiro pano de fundo da história de Jesus é o mito espiritual, eterno do Cristo. Ambas provêm do Livro do Apocalipse — o livro que, na opinião de Gerald Massey, contém parte do material mais antigo de toda a coleção de textos do Novo Testamento.

a) No Apocalipse 1:13, na versão do rei Jaime, é dito: *"And I saw in the midst of the seven candlesticks one like unto the Son of Man, clothed with a garment down to the foot, and girt about the paps with a golden girdle"*. ["E eu vi no meio dos sete candeeiros um semelhante ao Filho do Homem, vestido de uma roupa que lhe ia até os pés, e cingido à altura dos peitos com um cinto de ouro."] "*Paps*" ("peitos" ou, mais precisamente, "tetas") é a palavra inglesa arcaica para os seios femininos. No grego, a palavra usada é o plural *mastós*, que o dicionário define como "mama, seio, em especial o seio protuberante da mulher". Raramente, o plural era usado para referir-se ao peito masculino, mas o sentido prevalecente é o feminino. O fato de que a figura nessa passagem do Apocalipse usasse um "cinto", ou uma faixa, sobre os peitos — o equivalente moderno seria um sutiã — confirma que os peitos em questão são femininos. Na realidade, a nova versão inglesa da Bíblia, a *New English Bible*, traduz o plural como se fosse singular — "com um cinto dourado ao redor do peito". A nova versão padronizada revisada, a *New Revised Standard Version*, tenta evitar algum embaraço traduzindo erroneamente a palavra como "peito" (inglês *chest*). Realmente, a palavra em grego aqui para "cinto" (inglês *girdle*) é a mesma usada para o cinto de João Batista. Mas lá é dito claramente que ele o usava sobre a virilha, não no peito. O que me faz pender para o lado da versão do rei Jaime — embora preferindo a tradução de seios a peitos — é que algo mais do que o significado aparente acontece aqui. Entre os antigos, durante séculos antes da era cristã e contemporaneamente a ela, era comum representar as divindades com traços do sexo oposto, denotando inteireza. Por exemplo, Hórus era às vezes retratado com "as madeixas de uma moça". Os deuses masculinos Baco e Serápis geralmente aparecem com seios, e Vênus, deusa do amor entre os romanos, é às vezes retratada com barba! Um importante argumento esotérico é estabelecido no caso. Na filosofia e na religião antigas, antes da Criação, Deus — toda a vida — era considerado como Pai e Mãe ao mesmo tempo. Somente por meio de uma longa transição Deus tornou-se Mãe e Pai separadamente. A crença era que os seres humanos também eram andróginos antes que acontecesse uma bifurcação e eles se dividissem em sexos distintos. Uma vez que há muitas outras referências no Apocalipse que traem o profundo conhecimento do autor sobre o simbolismo supostamente pagão, é bem possível que a figura do Filho do Homem com seios ecoe esse tema da unidade primitiva. Em todo caso, essa figura do Khristós de maneira nenhuma é a de um homem histórico. É um arquétipo do Cristo eterno, espiritual do mito.

b) Em Apocalipse 11:8, há uma passagem ainda mais intrigante em que duas "testemunhas" estão para ser mortas. "E jazerão os seus corpos na rua da grande cidade, que espiritualmente *pneumatikós* se chama Sodoma e Egito, *onde também o nosso Senhor foi crucificado*", diz o texto [grifo meu]. De novo, deve ser salientado que o autor está claramente preocupado não com quaisquer acontecimentos históricos, ou com um "Jesus da história", mas com o simbolismo e a alegoria. Jerusalém, e não Sodoma ou Egito, claramente é o local da morte de Jesus em todos os quatro relatos dos Evangelhos. Sodoma e Egito aqui são um meio esotérico, "espiritual" ou simbólico de falar dessa terra e do tempo (em oposição a celestial e eternidade). "Nosso Senhor" aqui é uma vez mais não um Jesus "pessoal" mas o Khristós eterno.

GLOSSÁRIO

Alegoria e Alegórico

Alegoria é uma figura de linguagem estendida, uma metáfora contínua. Santo Agostinho definiu alegoria como um modo de falar de maneira que uma coisa seja compreendida por meio de outra. É muito importante observar que o termo em si é usado por Paulo em um dos textos mais antigos do Novo Testamento. Em Gálatas 4.24, ele diz: "Essas coisas [a história de Abraão e Sara] contêm uma alegoria". Em outras palavras, o que parece uma narrativa histórica não o é absolutamente. *The Cambridge Encyclopedia* chama de alegoria "um artifício literário pelo qual outro nível de significado é oculto dentro do que é normalmente uma história de algum tipo". Estamos tão acostumados ao tratamento literal das Escrituras que deixamos de lembrar que os maiores eruditos dos primeiros séculos cristãos praticamente só empregavam o método alegórico. Para Orígenes, por exemplo, o método alegórico era para os cristãos espiritualmente maduros. Ele chamava os literalistas de crentes "somáticos" (isto é, voltados para o aspecto físico, material). A alegoria, dizia ele, eleva a pessoa do nível da "crença" simplista para o verdadeiro conhecimento coração-e-mente, ou "gnose". Por outro lado, o literalismo puro, dizia ele, só conduz a uma fé popular, irracional. É o método de interpretação alegórico que marca a postura que habitualmente adotaram os primeiros compiladores do Novo Testamento em relação ao Velho Testamento. A minha tese aqui é que todas as Escrituras são por natureza alegóricas, e que tratá-las de outra maneira é incorrer em um grave erro.

Esotérico e Exotérico

Esotérico significa "interior" ou "oculto". É um tipo de conhecimento espiritual mantido fora do alcance de curiosos ignorantes sem ambições espirituais. Nos Evangelhos, Jesus aplica radicalmente o princípio esotérico quando adverte os discípulos a não atirar "pérolas aos porcos". Exotérico, é claro, é o contrário, significando "exterior" e "aberto". O cristianismo começou como uma religião esotérica, mas foi transformado em três séculos em uma religião quase totalmente exotérica.

Encarnação

Literalmente, a palavra significa "na carne". Ela deriva de duas palavras latinas, *em* e *carne*. A doutrina cristã básica, ortodoxa, da Encarnação é limitada à suposta pessoa histórica de Jesus, ou Yeshua/Joshua, a "Palavra feita carne". Mas conforme os eruditos mencionados neste livro provaram além de qualquer sombra de dúvida, essa doutrina, desde os tempos mais antigos, foi aplicada não a uma pessoa, mas a todo integrante da nossa espécie. Os egípcios pensavam assim; os gregos, especialmente os órficos, Pitágoras e Platão, pensavam assim; e assim também as religiões de mistérios do mundo greco-romano. A principal tese do doutor Alvin Boyd Kuhn é a seguinte: "Existe um único tema central no drama da vida humana, isto é, a história inter-relacionada dos dois componentes da vida humana — alma e corpo, deus e animal". O termo "encarnação" é usado ao longo de todo este livro numa referência ao Deus que existe em cada um de nós — a "Luz que ilumina cada pessoa que vem a este mundo". Citando o grande transcendentalista americano Ralph Waldo Emerson, "O homem é um deus em ruínas".

Metáfora

O *Concise Oxford Dictionary* define uma metáfora como a "aplicação de um nome ou termo ou frase descritiva a um objeto ou ação a que é aplicável de modo criativo mas não literal". Entre os exemplos de metáforas podemos destacar "a neblina era um gato cinzento vagueando pelo porto" e "a lua era um farol para os caminhantes perdidos na escuridão da floresta". Em resumo, uma metáfora é o uso imaginativo de um termo para representar outro a que normalmente não se aplica. As Escrituras são cheias dessas figuras de linguagem. Jesus, por exemplo, diz: "Eu sou a porta", "Eu sou a videira" e "Eu sou o pão da vida". Todas as linguagens sobre Deus devem ser necessariamente uma metáfora, uma vez que ele/ela está além de qualquer explicação literal. A religião se esquece disso por sua própria conta e risco.

Religiões de Mistérios

A expressão se refere a uma série de ritos e cultos religiosos espalhados por todo o mundo greco-romano. A admissão plena era limitada àquelas pessoas com verdadeiras aspirações espirituais; elas passavam por rituais secretos de iniciação bastante complicados, ou "mistérios". A mais famosa dessas religiões eram os mistérios de Démeter em Elêusis, na Grécia, mas os de Dioniso, Ísis e Mitra (que era consideravelmente parecido com o cristianismo) eram todos semelhantes. Eles envolviam experiências de interiorização profunda visando o despertar da consciência plena para a realidade do deus interior e mantinham a promessa da vida eterna. Todas elas se originam das mais variadas fontes egípcias — ou, no caso de Mitra, persa. Plutarco nos conta que os mistérios chegaram a Roma em cerca de 70 a.C. O mitraísmo, com o batismo, a Eucaristia e outros rituais, esteve sempre "um passo" à frente do cristianismo por cerca de duzentos anos. O cristianismo, nos seus primeiros dias, também teve os seus "mistérios" — a doutrina da Trindade, a Eucaristia e assim por diante. Paulo geralmente usa termos emprestados das religiões de mistérios, mostrando muito mais afinidade com elas do que a ortodoxia reconhece.

Símbolo, Simbólico e Simbolismo

O filósofo e educador norte-americano John Dewey (1859-1952) diz no seu livro *The Quest for Certainty*, "A invenção ou descoberta dos símbolos é sem dúvida de longe o maior acontecimento da história humana. Sem eles, nenhum avanço intelectual seria possível; com eles, não há limite para o crescimento intelectual a não ser pela estupidez herdada". Dewey está certo. É uma verdade, contudo, geralmente esquecida pelos críticos da religião e pelos religiosos em si. Conforme o erudito Thomas Masson observou no seu livro *Ascensions*, há muitas coisas, aquelas completamente além do poder das palavras para comunicar, "que só podem ser indicadas por símbolos compreendidos pelos poucos e reinterpretados por amplos círculos". Kuhn, comentando esse fenômeno, cita Emerson: "Um bom símbolo é um missionário para convencer milhares". Na nossa cultura atual, com a sua tendência a maravilhar-se com a ciência e a tecnologia, e assim inclinada ao erro de que apenas o "método científico" resulta em conhecimento verdadeiro, precisamos nos lembrar de que não é só a religião que depende do simbolismo no seu pensamento. O físico James Jeans, no seu livro *The World around Us*, diz: "Quando tentamos discutir a estrutura sutil do átomo, somos levados a falar em termos de símiles, metáforas e parábolas". Hoje em dia, não podemos ser lembrados com muita freqüência do poder do imaginário e do simbolismo de toda espécie para mudar a nossa consciência e a nossa vida. Quase toda a publicidade contemporânea se baseia no uso de símbolos. Toda a linguagem sobre Deus é, no fim das contas, simbólica.

Notas

I: DESCOBERTA

1. Cristãos e outros supõem que o nome grego de Jesus fosse o nome original do salvador. Isso é impossível. O nome Jesus não existia e só passou a ser escrito com a letra J cerca de seiscentos anos atrás. Na Inglaterra, não se conhecia o J em nenhuma língua antes do século XIV. A letra só se tornou amplamente usada depois do século XVII. A *Encyclopedia Americana* traz o seguinte sobre a letra J: "A forma do J era desconhecida de todos os alfabetos até o século XIV. Tanto o símbolo J quanto o I usados no início geralmente tinham o mesmo som de Y como em *year*. Gradualmente, os dois símbolos J e I se diferenciaram, o J adquirindo pelo uso a força consonantal e assim passando a ser considerado uma consoante, e o I tornou-se uma vogal. Só no ano 1630, a diferenciação se tornou aceita na Inglaterra".* Na versão da Bíblia de 1611 do rei Jaime, não se encontra a letra J porque ela não existia. O nome James (Jaime) era escrito Iames, e Jesus era escrito Iesous. No latim e no grego antigos, Jesus era escrito com a letra I. No hebraico que conhecemos também não havia J, assim Jesus era originalmente escrito Yeshua. Mas a terminação *ua* do nome Yeshua, quando transliterada para o grego, é feminino singular, o que representa um problema. A Igreja simplesmente mudou *ua* para *u*; assim Jesus se tornou um salvador do sexo masculino. O que a maioria das pessoas não sabe é que a terminação *us* do nome de Jesus foi instituída para denotar o sexo masculino. As terminações *ous* e *us* no nome grego Iesous e o nome latino Iesus também denotam o mas-

---

* No *Dicionário Houaiss da Língua Portuguesa*, acha-se o seguinte sobre a letra *J*: "(...) consoante do alfabeto lat. tardiamente representada por *j* ou *J*, chamado *jota*, de uso sistematizado como /i/ denominado *iode*, nos voc. em que ocorria como desenvolvimento fonológico do *i* consonântico (às vezes tb. representado por *y* ou *Y*); sua sistematização, tardia, deveu-se a Pierre La Ramée, dito em lat. Petrus *Ramus*, donde, juntamente com o *v* ou *V* que indica desdobramento fonológico paralelo do *u* consonântico, ser chamada letra *ramista* (...)". (N. do T.)

culino singular. De onde se originou o nome Jesus? Simplificando as coisas, o nome deriva do latim Iesus, que derivou do grego Iesous, o qual por sua vez derivou do egípcio Iusa. "Jesus" tem raízes egípcias.

2. Richard Holloway, *Doubts and Loves* (Edimburgo: Canongate Books, 2001).
3. O primeiro livro de Kuhn, *Theosophy*, foi publicado por Henry Holt and Co., em Nova York, em 1930. Anos depois, esse autor explicou o seguinte: "Sim, o meu livro *Theosophy: A Modern Revival of the Ancient Wisdom* foi a minha tese de Ph.D. em Columbia, a primeira e única vez que uma universidade da Europa ou da América permitiram que alguém se formasse com uma tese sobre Theos [ou Deus]. De certa maneira, foi uma espécie de distinção". De novo, neste caso, podemos perceber os possíveis problemas para ele em termos de recepção por um público mais amplo. A teosofia é um ramo respeitável e erudito da filosofia que trata dos ensinamentos ocultos ou místicos do passado, mas houve algumas controvérsias confusas — e, conforme se revelou, bastante injustas — envolvendo a Madame H. P. Blavatsky, uma das fundadoras do movimento, que sem dúvida atraiu algumas nuvens sobre o assunto como um todo em alguns círculos. Seja como for, como título de estréia, essa obra propiciou aos críticos e inimigos de Kuhn um instrumento com que opor-se às suas idéias contestadoras. Ao livro *Lost Light*, de Kuhn, seguiram-se inúmeras obras e palestras impressas, todas voltadas para os antecedentes e o significado do simbolismo religioso em geral e da religião cristã em particular. O livro *Who Is This King of Glory?: A Critical Study of the Christos-Messiah Tradition*, uma das suas obras de maior importância, foi publicado em 1944; *Sex as Symbol* saiu em 1945; e o mais chocante de todos, *Shadow of the Third Century: A Revaluation of Christianity*, expondo o uso e abuso por parte da Igreja das fontes pagãs (e que todo seminarista e clérigo deveria ler na primeira oportunidade), foi publicado em 1949. *India's True Voice* saiu em 1955, e em 1970 apareceu, postumamente, o seu menor volume, mas mais profético, *A Rebirth for Christianity*, que ainda hoje continua a ser impresso e distribuído. Por causa do interesse grandemente renovado nos nossos dias sobre as descobertas de Khun, a Kessinger Publishing, de Montana, editora especializada em livros esotéricos raros, vem reimprimindo todas as obras mais importantes desse autor. Além disso, a Health Research, de Makulumne Hills, na Califórnia, lançou *Hark! Messiah Speaks* e o último livro acabado de Kuhn sobre a natureza, *The Ultimate Canon of Knowledge*. Também publicou duas das suas monografias mais interessantes: *Christ's Three Days in Hell* e *Case of the Missing Messiah*. Kuhn deixou ainda inacabados a sua autobiografia, *Great Pan Returns*, e um livro intitulado *Krishnamurti and Theosophy*. Entre os outros originais de Kuhn não publicados destacam-se "Rudolph Steiner's 'Mystery of Golgotha'" e vários textos sem título. Para mais detalhes veja a bibliografia.

4. Northrop Frye, *The Double Vision: Language and Meaning in Religion* (Toronto: University of Toronto Press, 1991), p. 58.
5. Veja o explosivo livro *The Jesus Mysteries* (1999), de Timothy Freke e Peter Gandy.

2: MONTANDO O CENÁRIO

1. Veja o glossário.
2. Veja Gálatas, 4:24-25.
3. "Mystery of Solar Neutrinos Solved at Underground Site" [O Mistério dos Neutrinos Solares Solucionado no Subterrâneo], *Toronto Star*, 25 de novembro de 2003.
4. Em relação a este ponto, estou em débito com o reverendo Larry Marshall, um colega erudito que, durante muitos anos, esteve imerso em espiritualidades e filosofias antigas, especialmente nos textos de Massey e Kuhn.

3: O CRISTIANISMO ANTES DO CRISTIANISMO

1. Eusébio, *História Eclesiástica*, capítulo 17 do Livro 2.
2. Godfrey Higgins, *Anacalypsis*, p. 441.
3. Gerald Massey, *The Natural Genesis*, vol. I, p. 313.
4. A propósito, Hórus diz a mesma coisa no mesmo papel, e o Senhor Krishna, no hinduísmo, afirma: "Eu sou a letra A, eu sou o começo e o fim", ao passo que o Cristo do Apocalipse diz: "Eu sou o alfa e o ômega". Assim como Jesus, Krishna diz aos seus discípulos que estará dentro deles e eles nele. Ele diz que é a luz e a vida e o sacrifício.
5. Estou em débito com Kuhn em relação à maior parte das pesquisas sobre este tema, mas para uma análise mais recente sobre o mesmo assunto, veja Marcus Borg, *Jesus and Buddha: The Parallel Sayings*.
6. Veja William Stewart, "The Egyptian Secret" [O Segredo Egípcio], na revista *Quest*, maio-junho de 2003.
7. No Livro de Enoque, escrito antes ou por volta de 170 a.C., o Cristo é mencionado como se já existisse no céu e às vezes é chamado de o Filho do Homem. Há ecos de Enoque no Apocalipse e nas cartas de Paulo, assim como nos Evangelhos.
8. Em *Antiquities*, de Montfaucon, uma estátua de um hierofante dos mistérios retrata uma mulher interpretando o papel de uma divindade síria, Cibele. Ela é representada com uma mitra do tipo episcopal na cabeça, uma túnica ou batina semelhante à de um padre católico até os calcanhares e uma sobrepeliz, com

um sobretudo no estilo episcopal com os doze signos do zodíaco ao longo das bordas. As semelhanças com as túnicas cristãs posteriores é impressionante.

9. Veja João 15:1-8.

4: O MAIOR ENCOBRIMENTO DE TODOS OS TEMPOS

1. Edward Gibbon, *The Decline and Fall of the Roman Empire* (Nova York: Modern Library, 1995), p. 502.
2. Eusébio, que morreu em c. 340, juntamente com os outros criadores da nascente ortodoxia, foi auxiliado enormemente pela afirmação do imperador Constantino de que a religião cristã era a cola que manteria unido o império. O impulso no sentido do centralismo foi então ultrapassado pelo poder de César.
3. Anselmo era o arcebispo de Cantuária na época. Ele viveu de c. 1033 a 1109.
4. *Catholic Encyclopedia,* vol. 5, p. 10.
5. Orígenes, *Comentário sobre Mateus,* XV, p. 14.
6. *Ad. Haeres (Contra a Heresia),* 26:2.
7. Como leitura complementar sobre o assunto, veja não só Kuhn mas também Mead, *Fragments of a Faith Forgotten.*
8. Em 16 de outubro de 2002.

5: JÁ ESTAVA TUDO ESCRITO ANTES... NO EGITO

1. Existem muitas fontes excelentes sobre este assunto, incluindo *Conceptions of God in Ancient Egypt,* de Eric Hornung (Ithaca: Cornell University Press, 1982). No entanto, para uma completa exposição dos principais fundamentos da vida religiosa e das crenças no Egito antigo, nada melhor do que ler a obra de Sir Wallis Budge, *Egyptian Religion.* Publicada originalmente em Londres, em 1900, ela se encontra atualmente disponível em uma nova edição. Budge diz que, apesar de todas as dificuldades envolvendo o estudo do que compreende uma vasta literatura que abrange praticamente 6 mil anos, atualmente sabemos o bastante "para provar com certeza que os egípcios possuíam, cerca de 6.000 anos atrás, uma religião e um sistema moral que, eliminados todos os acréscimos adulterados, não ficam atrás de nenhum outro entre os que foram desenvolvidos pelas maiores nações do mundo".
2. Compare com Gênese 2:7: "E formou o Senhor Deus o homem do pó da terra, e soprou-lhe nas narinas o fôlego da vida; e o homem tornou-se alma vivente".
3. Marcos 9:2-8.
4. Nas catacumbas de Roma se encontram muitas imagens do bebê Hórus nos braços da mãe, Ísis — o original da Madona com o Filho. Outras imagens, que

alguns fiéis supunham ser figuras do bebê Jesus, são na verdade do menino Hórus e incluem um disco solar.

5. Veja o excelente artigo sobre o número doze em *The Interpreter's Dictionary of the Bible*, vol. 4.

6: CONVENCENDO OS CÉTICOS

1. 1 Coríntios 3:16.
2. Nova edição padrão revisada da Bíblia inglesa.
3. Lucas 1:80.
4. Didron, *O Livro da Iconografia*, ilustração 124.
5. O livro *The Jesus Mysteries* traz uma extensa explicação sobre a natureza e a influência do que Freke e Gandy chamam de as religiões de mistérios de Osíris/Dioniso e, em particular, sobre o papel de Dioniso/Baco como o deus da videira e do vinho.
6. A edição de junho de 2003 da revista *Bible Review* apresentou um importante artigo sobre as origens egípcias do nome Moisés e sobre as coincidências egípcio-hebraicas em geral.
7. Marcos 6:47-51.
8. Capítulo 170.
9. Capítulo 131.

7: A BÍBLIA — HISTÓRIA OU MITO?

1. Sobre a história das mutilações cometidas em nome de Iavé, veja o Livro de Josué.

8: OLHANDO OS EVANGELHOS COM OUTROS OLHOS

1. Veja a obra de Robert Funk com o Seminário de Jesus, *The Acts of Jesus: What Did Jesus Really Do?* (Harper San Francisco, 1998).
2. Ibid., pp. 1-2.
3. Veja o livro de Elaine Pagels, *Beyond Belief: The Secret Gospel of Thomas* (Nova York: Random House, 2003) e o de B. L. Mack, *The Lost Gospel: The Book of Q and Christian Origins.*
4. No seu extenso relatório de 1998, "The Acts of Jesus: What Did Jesus Really Do?" [Os Atos de Jesus: O Que Jesus Fez Realmente?], os pesquisadores do

Seminário de Jesus concluem que, de todos os aforismos atribuídos a Jesus nos Evangelhos, apenas dezoito por cento são "verdadeiros ou prováveis". Com relação aos 176 "eventos" mencionados como se tivessem acontecido a ele ou com ele, concluem que apenas dezesseis por cento se incluem nessas mesmas categorias. É claro que aqueles pesquisadores assumem uma perspectiva histórico-crítica, o que no fim os deixa com muito pouco na verdade. Jesus é simplesmente um sábio itinerante que tem um fim horrível. Veja *The Acts of Jesus*, pp. 1-8.

5. Capítulo 19.
6. Nos Evangelhos, a história de Jesus caminhando sobre o mar é altamente simbólica em relação ao que se diz que ele surge no quarto turno da noite! É quando o Cristo aparece.
7. Visite www.jesuspuzzle.org.

9: EXISTIU UM JESUS NA HISTÓRIA?

1. Novamente, remeto o leitor a jesuspuzzle.org e ao bastante abrangente e acalorado debate que prossegue ali há vários anos. Earl Doherty, o autor do website e de um livro recente de título homônimo, compilou todos os estudos sobre esse assunto profundamente contencioso e controverso para que todos possam consultar. Como era de esperar, a obra foi recebida com escárnio e violenta desaprovação por parte da ala conservadora da Igreja. No entanto, quando comparada com os estudos exaustivos dos textos egípcios antecedentes, a meu ver ela faz um sentido incontestável. Um defensor da posição conservadora é o jornalista norte-americano, Lee Strobel, que publicou um livro de entrevistas com acadêmicos conservadores, *The Case for Christ.* Na época em que eu escrevia este livro, Doherty acabara de publicar uma refutação aos principais argumentos de Strobel, intitulada *Challenging the Veredict.*
2. No segundo semestre de 2002, uma grande comoção tomou conta da mídia mundial e dos pesquisadores acadêmicos quando um ossário que supostamente teria guardado os despojos de Tiago, o irmão de Jesus, foi encontrado em Jerusalém e acabou sendo exibido em museus de todo o mundo, incluindo o Royal Ontario Museum, de Toronto. O achado foi saudado com a primeira evidência arqueológica de um Jesus histórico. Entretanto, conforme previ em um texto na minha coluna no *Sunday Star* na ocasião, depois de alguns meses, um grupo de catorze especialistas declarou o ossário uma farsa completa. Ele datava do século I d.C., mas a inscrição em aramaico fora obviamente forjada. Ela tinha sido raspada uns dois anos antes e depois coberta por um verniz falsificado para dar a aparência de antiguidade.

3. Os fundamentalistas costumam alegar que a Bíblia, nos "autógrafos originais", é isenta de erro e portanto infalível. Eles deixam de comentar que não temos um único autógrafo de nenhum livro de toda a Bíblia.
4. Joseph Leidner, *The Fabrication of the Christ Myth.*
5. A única exceção possível ao argumento de Leidner encontra-se no quarto Evangelho. Uma das fontes em que o autor/editor se baseia demonstra algum conhecimento detalhado sobre Jerusalém.
6. Na edição Loeb das palavras de Josefo.
7. Neste ponto, remeto o leitor ao meu livro, *Finding the Still Point,* e à discussão no capítulo intitulado "The God Within" [O Deus Interior]. Ali expresso exatamente a mesma filosofia espiritual.
8. Para os que desejarem estudar esse assunto mais a fundo, recomendo a obra de Elaine Pagels sobre os gnósticos e os Evangelhos, e especialmente o livro dela sobre o gnosticismo paulino. Para mais detalhes, veja a bibliografia.
9. Veja Donald Akenson, *St. Saul* (Montreal: McGill University Press, 2000), p. 171.

10: O ÚNICO CAMINHO A SEGUIR

1. Frye, *The Double Vision,* p. 58.
2. Orígenes, *Philocalis* I.8.

APÊNDICE A

1. Higgins, *Anacalypsis,* p. xviii.
2. Durante os longos anos em que se dedicou a esse estudo no Museu Britânico, Massey contou com a amizade e os sábios conselhos do doutor Samuel Birch, um destacado egiptólogo. Ele atraía um grupo de estudantes aplicados, que depois o assistiam em sua pesquisa. Dois dos mais destacados colegas de trabalho de Massey foram George St. Clair, o autor de *Creation Records Discovered in Egypt,* e o doutor Albert Churchward, que escreveu *The Origin and Evolution of the Human Race.* Gerald Massey impressionou a tal ponto a romancista George Eliot que ela o tornou um dos heróis de um dos seus famosos romances. Assim Massey imortalizou-se na literatura como "Felix Holt, o Radical". Entre os amigos e admiradores norte-americanos de Massey estava o jornalista e editor de Nova York, D. M. Bernett. Na página 967 da segunda edição do seu *World's Sages, Thinkers and Reformers,* Bernett afirma: "Gerald Massey é um homem generoso, genial, e poucos o superam como amigo e companheiro. Os seus interesses e incentivos estão decididamente na direção da ciência e do

racionalismo. Há muitos anos, ele se libertou dos velhos laços e da cegueira dos credos e obrigações teológicas. Ele considera o sacerdócio um dos grandes males que há milhares de anos a humanidade tem sido compelida a enfrentar e suportar; para ele, uma das obras mais importantes a que os homens atuais podem dedicar-se é a de demolir os ídolos das épocas das trevas do passado". Não obstante um poeta, erudito em Shakespeare e um renomado egiptólogo, Gerald Massey é mais lembrado pela coragem das suas convicções. As suas pesquisas o levaram à conclusão de que só na África poderiam ser encontradas as origens dos mitos, mistérios, símbolos, línguas e religiões. O Egito era o porta-voz. Nas suas palestras, Massey costumava repetir a sua opinião de que a gnose, ou o mistério central, da religião cristã derivava basicamente do Egito por meio de diversas linhas de descendência hebraicas, persas, gregas, alexandrinas, essênias e nazarenas. Todas convergiram em Roma, onde a história foi fabricada a partir de temas identificáveis registrados no antigo Livro de Sabedoria. Foi durante esse período que ele ministrou as suas famosas palestras sobre a religião cristã gnóstica e histórica. Ele descreveu claramente a origem da religião cristã e afirmou inequivocamente que ela não derivou do budismo, conforme alguns então sustentavam. Muito tempo antes de pronunciar uma prece verbal, a raça humana já se expressava por ações ou uma linguagem gestual, afirmou Massey. Ele discutiu esse assunto extensamente em "Man in Search of His Soul during 50,000 Years and How He Found It" [A Busca Humana da Alma por 50.000 Anos e Como Ela Foi Encontrada]. Os psicólogos atuais reconhecem a linguagem gestual como uma indicação das verdadeiras atitudes humanas não expressadas; inconscientemente, as pessoas fazem gestos que revelam o seu pensamento. Em "The Seven Souls of Man" [As Sete Almas Humanas], Massey afirma: "A fabricação moderna dos mistérios antigos é uma grande imposição e fácil de ser identificada. Os mistérios chamados cristãos (...) eu os considero como a maior imposição de todas". Sua reflexão sobre fatos de natureza anormal ou extraordinária provou-lhe que a mente existe e atua invisivelmente. De maneira nenhuma ele se preocupava com "o outro mundo", pois é neste mundo que as pessoas precisam de ajuda. Para ele, não valeria a pena viver a não ser para acrescentar algo ao já existente. "Só ajudando os outros é que realmente podemos ajudar a nós mesmos", afirmou Massey na palestra "The Devil of Darkness in the Light of Evolution" [O Demônio da Escuridão à Luz da Evolução].

3. Eis a íntegra do obituário de Alvin Boyd Kuhn, conforme publicado no *The New York Times*, em 15 de setembro de 1963: "Elizabeth, N.J., 14 de setembro. O dr. Alvin Boyd Kuhn, escritor, conferencista e ex-professor de idiomas, morreu hoje no Morristown Memorial Hospital, aos 82 anos de idade. O dr. Kuhn escreveu dez livros e vinte livretos [monografias] sobre religião, filosofia, se-

mântica e interpretação da Bíblia. Proferiu 1.945 palestras nos Estados Unidos e no Canadá, discutindo, entre muitos assuntos, os Manuscritos do Mar Morto. O dr. Kuhn, que obteve o seu doutorado em Filosofia na Columbia University, ensinava latim, grego, francês, alemão, espanhol e inglês em colégios de Chambersburg, Harrisburg e outras cidades da Pensilvânia. Estudou hebraico e os hieróglifos para o seu trabalho na interpretação da Bíblia. Entre as suas obras, destacam-se: *The Lost Light*; *Shadow of the Third Century*; *Who Is This King of Glory?*; *India's True Voice*; *The Lost Key to the Scriptures*; *Man's Two Births*; e *The Red Sea*. O dr. Kuhn obteve o bacharelado no Franklin and Marshall College, onde por algum tempo foi secretário do diretor da faculdade. Deixa um filho, o dr. Alvin Kuhn, professor da University of Cincinnati; uma filha, esposa do dr. William Caulwell, docente de uma faculdade do Millersville State College (Pa.), e quatro netos".

APÊNDICE B

1. Na Bíblia hindu, o Bhagavad-Gita, o Senhor Krishna, o Cristo hindu, diz ao guerreiro Arjuna: "Eu sou o começo, o meio e o fim de toda a vida. (...) Eu sou o começo, o meio e o fim da criação. (...) No alfabeto, eu sou o A [alfa]".

Bibliografia

Acharya S. *The Christ Conspiracy: The Greatest Story Ever Sold.* Kempton, IL: Adventures Unlimited, 1999.

Assman, Jan. *Moses the Egyptian: The Memory of Egypt in Western Monotheism.* Cambridge, MA: Harvard University Press, 1998.

Barnes, Harry Elmer. *The Twilight of Christianity.* Nova York: Richard R. Smith, 1931.

Beard, Mary e John North. *Pagan Priest: Religion and Power in the Ancient World.* Londres: Duckworth Press, 1990.

Boardman, Griffin e Oswyn Murray. *The Oxford History of the Classical World.* Oxford: Oxford University Press, 1986.

Borg, Marcus. *Jesus and Buddha: The Parallel Sayings.* Berkeley, CA: Ulysses Press, 1999.

_____. *The Heart of Christianity: Rediscovering a Life of Faith.* San Francisco: HarperCollins, 2003.

Brandon, S. G. F. *Religion in Ancient History: Studies in Ideas, Men and Events.* Londres: Allen and Unwin, 1969.

Budge, E. A. Wallis. *Osiris and the Egyptian Resurrection.* Nova York: Dover Publications, 1973.

_____. *Osiris.* Vols. 1 e 2. Nova York: Dover Publications, 1973.

_____. *Proclus, the Platonic Theology in Six Books.* Nova York: Penguin Books, 1984.

_____. *Egyptian Religion.* Nova York: Citadel Press, 1997.

_____. *Gods of the Egyptians.* Nova York: Dover Publications, 1969.

_____. trad. *The Egyptian Book of the Dead.* Nova York: Dover Publications, 1967.

Burckhardt, Jacob. *The Life of Constantine.* Munique: Deutsche Verlags-Anstalt, 1929.

_____. *The Age of Constantine the Great.* Nova York: Dorset Press, 1949.

Burkert, Walter. *Greek Religion: Archaic and Classical.* Oxford: Blackwell Publishers, 1985.

_____. *Ancient Mystery Cults.* Cambridge, MA: Harvard University Press, 1987.

Campbell, Joseph. *The Hero with a Thousand Faces.* Londres: Paladin, 1949.

_____. *The Power of Myth.* Charlotte, NC: Anchor Publishing, 1991.

Carpenter, Edward. *Pagan and Christian Creed: Their Origin and Meaning.* Kila, MT: Kessinger Publishing, 1997.

Carpenter, Thomas e Christopher Faraone. *Masks of Dionysus.* Ithaca, NY: Cornell University Press, 1993.

Churton, Tobias. *Gnostics*. Londres: Weidenfeld and Nicholson, 1987.

Cross, F. L.(org.) *The Oxford Dictionary of the Christian Church*. Oxford: Oxford University Press, 1958.

Crossan, John Dominic. *The Historical Jesus: The Life of a Mediterranean Jewish Peasant*. San Francisco: HarperCollins, 1991.

_____. *Who Killed Jesus?: Exposing the Roots of Anti-Semitism in the Gospel Story of the Death of Jesus*. San Francisco: HarperCollins, 1995.

_____. *The Birth of Christianity: Discovering What Happened in the Years Immediately After the Execution of Jesus*. San Francisco: HarperCollins, 1998.

Doane, Thomas William. *Bible Myths and Their Parallels in Other Religions*. Kila, MT: Kessinger Publishing, 1997.

Doherty, Earl. *The Jesus Puzzle: Did Christianity Begin with a Mythical Christ?*. Ottawa: Canadian Humanist Publications, 1999.

Dunlap, Samuel F. *Sod: The Mysteries of Adoni*. Londres: Williams and Norgate, 1866.

Eliade, Mircea. *The Myth of the Eternal Return: Or, Cosmos and History*. Princeton: Princeton University Press, 1974.

Ellerbe, Helen. *The Dark Side of Christian History*. Bellingham, WA: Morningstar Books, 1995.

Eusébio. *The History of the Church from Christ to Constantine*. Nova York: Penguin, 1965.

Faulkner, Raymond O., trad. *The Book of the Dead*. Londres: British Museum Press, 1972.

Feldman, Louis H. *Josephus, the Bible and History*. Detroit: Wayne State University Press, 1989.

Fideler, David. *Jesus Christ, Sun of God: Ancient Cosmology and Early Christian Symbolism*. Wheaton, IL: Quest Books, 1993.

Finkelstein, Israel e Neil Asher Silberman. *The Bible Unearthed: Archeology's New Vision of Ancient Israel and the Origin of Its Sacred Texts*. Nova York: Touchstone Books, 2002.

Frazer, James George. *The Golden Bough*. Londres: Wordsworth Reference Books, 1922.

Freke, Timothy e Peter Gandy. *The Complete Guide to World Mysticism*. Londres: Piatkus Books, 1997.

_____. The Wisdom of the Pagan Philosophers. Boston: Journey Editions, 1998.

_____. *The Jesus Mysteries: Was the "Original Jesus" a Pagan God?*. Nova York: Random House, 1999.

_____. *Jesus and the Lost Goddess: The Secret Teachings of the Original Christians*. Nova York: Harmony Books, 2001.

Frye, Northrop: *The Double Vision: Language and Meaning in Religion*. Toronto: University of Toronto Press, 1991.

Funk, Robert e o Seminário de Jesus. *The Five Gospels: The Search for the Authentic Words of Jesus*. San Francisco: HarperCollins, 1997.

_____. *The Acts of Jesus: What Did Jesus Really Do?*. Nova York: HarperCollins, 1998.

Gadalla, Moustafa. *Historical Deception: The Untold Story of Ancient Egypt*. Erie, PA: Bastet Publishing, 1996.

Gibbon, Edward. *The Decline and Fall of the Roman Empire*. 5 vols., 1776-88. Reimpressão. Nova York: Modern Library, 1995.

The Gnostic Bible: Gnostic Texts of Mystical Wisdom. Willis Bornstone e Marvin Meyer (orgs.) Boston: Shambala Publications, 2003.

Graves, Kersey. *The World's Sixteen Crucified Saviors: Christianity before Christ*. Kila, MT: Kessinger Publishing, 1999.

Graves, Robert. *The Greek Myths*. Londres: Penguin Books, 1992.

Gregory, John. *The Neoplatonists: A Reader*. Londres: Kylie Cathie, 1987.

Hall, Manly P. *Mystics and Mysteries in Alexandria*. Los Angeles: Philosophical Research Society, 1981.

Harnack, Adolf von. *Mission and Expansion of Christianity*. 2 vols., 1908. Reimpressão. Nova York: HarperCollins, 1962.

Harpur, Tom. *For Christ's Sake*. Toronto: McClelland and Stewart, 1986.

_____. *Life after Death*. Toronto: McClelland and Stewart, 1991.

_____. *Finding the Still Point: A Spiritual Response to Stress*. Kelowna, BC: Northstone Publishing, 2002.

Higgins, Godfrey. *Anacalypsis: An Inquiry into the Origin of Languages, Nations and Religions*. 1833. Reimpressão. Kila, MT: Kessinger Publishing, 1997.

Hoeller, Stephan. *Gnosticism: New Light on the Ancient Tradition of Inner Knowing*. Wheaton, IL: Quest Books, 2002.

Hoffmann, R. Joseph, trad. *Celsus on the True Doctrine: A Discourse Against the Christians*. Oxford: Oxford University Press, 1987.

Hollroyd, S. *Gnosticism*. Boston: Element Books, 1994.

Hornung, Erik. *Conceptions of God in Ancient Egypt: The One and the Many*. Ithaca, NY: Cornell University Press, 1982.

Josefo, Flávio. *The Jewish War*. Nova York: Penguin, 1959.

_____. *The Antiquities of the Jews* (Loeb Classical Library). 9 vols. Cambridge, MA: Harvard University Press, 1965.

Kallen, Horace M. *The Book of Job as a Greek Tragedy*. Kila, MT: Kessinger Publishing, 1997.

Kennedy, H. A. A. *St. Paul and the Mystery Religions*. Londres: Hodder and Stoughton, 1969.

Kingsford, Anna Bonus e Edward Maitland. *The Perfect Way: Or the Finding of Christ*. Kila, MT: Kessinger Publishing, 1996.

Klausner, Joseph. *From Jesus to Paul*. 1934. Reimpressão. Boston: Beacon Press, 1961.

_____. *Jesus of Nazareth: His Life, Times and Teaching*. 1922. Reimpressão. Boston: Beacon Press, 1964.

King, C. W. *Early Christian Numismatics*. Londres: Bell and Dalby, 1873.

Knight, Christopher. *The Hiram Key: Pharaohs, Freemasons and the Discovery of the Secret Scrolls of Jesus*. Londres: Arrow Books, 1997.

Koester, Helmut. *Ancient Christian Gospels: Their History and Development*. Filadélfia: Trinity Press, 1990.

Kuhn, Alvin Boyd. *A Rebirth for Christianity*. Theosophical Publishing House, 1970.

_____. *The Root of All Religion*. 1944. Reimpressão. Kila, MT: Kessinger Publishing, 1993.

_____. *The Lost Light: An Interpretation of Ancient Scriptures*. 1940. Reimpressão. Kila, MT: Kessinger Publishing, 1997.

_____. *Prayer and Healing*. Kila, MT: Kessinger Publishing, 1997.

_____. *The Red Sea Is Your Blood*. Kila, MT: Kessinger Publishing, 1997.

_____. *Shadow of the Third Century: A Revaluation of Christianity*. Kila, MT: Kessinger Publishing, 1997.

_____. *Who Is This King of Glory?*. Kila, MT: Kessinger Publishing, 1997.

_____. *Mary Magdalene and Her Seven Devils*. nd. Disponível em http://www.members.tripod.com/~pc93 /mmag7dev.htm.

_____. *Let There Be Light on Genesis*. nd. Disponível em http://www.members.tripod.com/~pc93/ltblongn.htm.

_____. *The Great Myth of the Sun-Gods*. nd. Disponível em http://members.tripod.com/~pc93.kuhn.htm.

_____. *Christ's Three Days in Hell: The Revelation of an Astounding Christian Fallacy*. nd. Disponível em http://members.tripod.com/~pc93.kuhn/htm.

_____. *Easter: The Birthday of the Gods*. Courtice, ON: Canadian Theosophical Society, nd. Disponível em http://members.tripod.com/~pc93/kuhn.htm.

_____. *The Tree of Knowledge*. Vancouver: Canadian Theosophical Society, nd. Disponível em http://members.tripod.com/~pc93.kuhn/htm.

_____. *Creation in Six Days?*. Vancouver: Canadian Theosophical Society, nd. Disponível em http://members.tripod.com/~pc93.kuhn/htm.

_____. *Our Birth Is But a Sleep*. Olcott Foundation Lecture, 1959.

Lane Fox, Robin. *Pagans and Christians*. Nova York: Penguin, 1986.

Leedom, Tim C. *The Book Your Church Doesn't Want You to Read*. San Diego: Truth Seeker, 2001.

Leidner, Harold. *The Fabrication of the Christ Myth*. Tampa, FL: Survey Books, 1999.

Loisy, Alfred F. *The Birth of the Christian Religion: The Origins of the New Testament*. New Hyde Park, NY: University Books, 1962.

Ludemann, Gerd. *Heretics*. Norwich, GB: SCM Press, 1995.

Lund, Nils Wilhelm. *Chiasmus in the New Testament: A Study in the Form and Function of Chiastic Structures*. Londres: Hendrickson Publishers, 1992.

Lundy, John P. *Monumental Christianity: Or the Art and Symbolism of the Primitive Church*. Kila, MT: Kessinger Publishing, 2003.

Mack, Burton L. *The Lost Gospel: the Book of Q and Christian Origins*. Nova York: HarperCollins, 1993.

Martin, Luther H. *Hellenistic Religions: An Introduction*. Oxford: Oxford University Press, 1987.

Martin, Raymond. *The Elusive Messiah: A Philosophical Overview of the Quest for the Historical Jesus*. Boulder, CO: Westview Press, 1999.

Massey, Gerald. *Ancient Egypt, the Light of the World: A Work of Reclamation and Restitution in Twelve Volumes*. Vols. 1 e 2. Kila, MT: Kessinger Publications, 2001.

_____. *The Historical Jesus and the Mythical Christ*. Kila, MT: Kessinger Publications, 2002.

_____. *The Natural Genesis*. Kila, MT: Kessinger Publications, 1999.

Mead, G. R. S. *Fragments of a Faith Forgotten*. Kila, MT: Kessinger Publications, 1997.

_____. *Pistis Sophia: A Gnostic Gospel*. Kila, MT: Kessinger Publications, 1998.

_____. *Thrice Greatest Hermes: Studies in Hellenistic Theosophy and Gnosis*. 1906. Reimpressão. Kila, MT: Kessinger Publications, 1997.

Meyer, Marvin. *The Ancient Mysteries: Sacred Texts of the Mystery Religions of the Ancient Mediterranean World*. San Francisco: HarperCollins, 1987.

Mosheim, Johann Lorenz von. *History of the Christian Religion*. 2 vols. Nova York: South Converse, 1854.

Pagels, Elaine. *The Gnostic Gospels*. Nova York: Vintage Books, 1981.

_____. *The Gnostic Paul: Gnostic Exegesis of the Pauline Letters*. Filadélfia: Trinity Press, 1992.

Powell Davies, A. *The First Christian: A Study of St. Paul*. Nova York: New American Library, 1959.

Riley, Frank L. *Biblical Allegorism: A Key to the Mysteries of the Kingdom of God*. Kila, MT: Kessinger Publishing, 1997.

Robinson, James M., (org.) *The Nag Hammadi Library*. Nova York: HarperCollins, 1978.

Rushkoff, Douglas. *Nothing Sacred: The Truth about Judaism*. Nova York: Crown Publishing, 2003.

Schuon, Frithjof. *In the Face of the Absolute*. Bloomington, IN: World Wisdom Books, 1994.

Schweitzer, Albert. *The Quest of the Historical Jesus*. 1910. Reimpressão. Nova York: Macmillan, 1964.

Segal, Robert A., (org.) *The Gnostic Jung*. Nova York: Routledge, 1992.

Spong, John Shelby. *Why Christianity Must Change or Die: A Bishop Speaks to Believers in Exile*. San Francisco: HarperCollins, 1998.

_____. *A New Christianity for a New World: Why Traditional Faith Is Dying and How a New Faith Is Being Born*. San Francisco: HarperCollins, 2003.

Taylor, Thomas, trad. *Iamblichus on the Mysteries of the Egyptians, Chaldeans and Assyrians*. San Diego: Wizards Bookshelf, 1997.

_____. *Eleusinian and Bacchic Mysteries*. San Diego: Wizards Bookshelf, 1997.

Thorburn, T. J. *The Mythical Interpretations of the Gospels*. Kila, MT: Kessinger Publishing.

Turcan, Robert. *Cults of the Roman Empire*. Oxford: Blackwell Publishers, 1992.

Ulansey, David. *The Origins of the Mithraic Mysteries: Cosmology and Salvation in the Ancient World*. Oxford: Oxford University Press, 1989.

Waite, Charles B. *The History of the Christian Religion to the Year Two Hundred*. Chicago: C. V. Waite, 1900.

Weiss, Johannes. *Earliest Christianity: A History of the Period A.D. 30-150*. 1914. Reimpressão. Nova York: Harper's, 1959.

Wells, G. A. *Did Jesus Exist?*. Pemberton Publishing, 1975.

West, John Anthony. *The Traveler's Key to Ancient Egypt: A Guide to the Sacred Places of Ancient Egypt*. Wheaton, IL: Quest Books, 1995.

Wheless, Joseph. *Forgery in Christianity: A Documented Record of the Foundations of the Christian Religion*. 1930. Reimpressão. Kila, MT: Kessinger Publishing, 1997.

WEBSITES SUGERIDOS

www.crosscurrents.org/. Uma revista *on-line* para os interessados em discussões atuais sobre conhecimento/fé.

www.homestead.com/tomharpur/. Pensamento mundial sobre religião e espiritualidade.

www.jesuspuzzle.com/. Uma fonte para acompanhar as discussões em andamento suscitadas pelo livro do mesmo título.

www.newadvent.org/. Fontes de consulta tais como Enciclopédia Católica, Padres da Igreja etc.

www.tcpc.org/. A página do cristianismo progressista, uma corrente crescente, inclusiva, não dogmática da fé cristã.

www.theosophical.ca. A página de abertura leva a uma vasta gama de autores esotéricos, incluindo Massey e Kuhn.

www.tomharpur.com/. Um novo *site* especializado em espiritualidade cósmica.

www.truthbeknown.com/. As idéias altamente provocadoras, muitas vezes chocantes de um pesquisador polêmico e livre-pensador, Achary S.

www.webcom.com/~gnosis/search_form.html/. O arquivo gnóstico. Toda a biblioteca de Nag Hammadi e muitos outros textos gnósticos estão disponíveis aqui.

www.wisdomworld.org/. O mundo da teosofia explicado e estudado. Um guia para o conhecimento antigo.

www.medmalexperts.com/POCM